JOE BAUSCH

Knast

Ullstein

Besuchen Sie uns im Internet:
www.ullstein-taschenbuch.de

MIX
Papier aus verantwortungsvollen Quellen
FSC® C014496
www.fsc.org

Ungekürzte Ausgabe im Ullstein Taschenbuch
1. Auflage Juli 2013

Lektorat und Redaktion: Heike Gronemeier, München
Umschlaggestaltung: ZERO Werbeagentur, münchen, nach einer Vorlage von www.buero-jorge-schmidt.de
Titelabbildung: © Martin Steffen
Satz: LVD GmbH, Berlin
Gesetzt aus der Stone Serif und Stone Sans
Papier: Pamo Super von Arctic Paper Mochenwangen GmbH
Druck und Bindearbeiten: GGP Media GmbH, Pößneck
Printed in Germany
ISBN 978-3-548-37490-1

ullstein

Das Buch

Als Rechtsmediziner Dr. Joseph Roth beugt er sich im Kölner *Tatort* mit grünem Kittel mürrisch über Leichen. Nach Drehschluss fährt er zurück in sein richtiges Leben: Seit über fünfundzwanzig Jahren arbeitet Joe Bausch als Gefängnisarzt in Werl, einer der größten Justizvollzugsanstalten in Deutschland. Die Häftlinge vertauen ihm. Sie erzählen von den dunklen Seiten, lassen ihn tief in die Abgründe ihrer Seele blicken. Hautnah erlebt er Konflikte und Tragödien: Ein Mann in U-Haft hat Angst um seine schwangere Frau. Bei Joe Bausch legt er eine Lebensbeichte ab – und erhängt sich später. Ein Drogendealer gesteht ihm einen Mord, weil er weiß, dass sein Arzt an die Schweigepflicht gebunden ist. Persönlich und eindringlich erzählt Joe Bausch zum ersten Mal von einem Kosmos, in dem ganz eigene Regeln gelten. Und er gibt wichtige Denkanstöße, wie Häftlinge resozialisiert und Verbrechen verhindert werden können.

»Das Buch öffnet ein Fenster zu einer Welt, von deren Wirklichkeit wir keine Ahnung haben.«
Frankfurter Allgemeine Sonntagszeitung

Der Autor

Joe Bausch, Jahrgang 1953, arbeitet als Regierungsmedizinaldirektor in der Justizvollzugsanstalt Werl und ist bekannt als Rechtsmediziner Dr. Joseph Roth im Kölner *Tatort*.

Für meine Tochter
Laura Anjulie

Dieses Buch befasst sich mit dem Alltag in deutschen Gefängnissen, nicht mit individuellen Biographien. Es handelt vom Zustand des Strafvollzugs, nicht von Einzelschicksalen. Auch dort, wo über abstrakte und typisierte Beschreibungen des Gefängnislebens hinaus Beispiele geschildert werden, hat der Autor seine Erfahrungen so verfremdet, dass sie niemandem zuzuordnen sind. Die geschilderten Fälle beschreiben also keine lebenden oder toten Personen; sie haben sich nicht zugetragen, hätten sich aber so wie beschrieben zutragen können.

Inhalt

Von Greueln flüstert man –
und Taten unnatürlich
erzeugen unnatürliche Zerrüttung.
Die kranke Seele will ins taube
Kissen entladen ihr Geheimnis.
Arzt über Lady Macbeth

Prolog

Seit fünfundzwanzig Jahren bin ich Arzt im Knast. Rechne ich 220 Arbeitstage im Jahr und die Zeiten für Nacht-, Wochenend- und Bereitschaftsdienste zusammen, habe ich bis heute gut zwölf Jahre meines Lebens hinter Gittern verbracht. Hätte mir das jemand vor dreißig Jahren prophezeit, ich hätte ihn ausgelacht. Damals träumte ich davon, als Flying Doctor in Australien zu arbeiten. Die endlose Weite dieses Landes war für mich der Inbegriff von Freiheit und Selbstbestimmung. Von Enge hatte ich weiß Gott die Schnauze voll: das kleine Dorf im Westerwald, aus dem ich stamme, die starren Familienstrukturen, überhaupt das ganze System, in dem ich während der fünfziger und sechziger Jahre groß geworden bin – alles war irgendwie reaktionär. Mein Weg schien vorgezeichnet. Als ältester Sohn sollte ich den Bauernhof meines Vaters übernehmen oder wenigstens katholischer Priester werden. Der Großbauer, der Pfarrer, das waren die Respektspersonen auf dem Dorf. Meine Freiheit habe ich mir hart erkämpfen müssen. Das Aufwachsen auf einem Bauernhof kann im Rückblick etwas sehr Romantisches haben. Tatsächlich war das Leben hart, wir Kinder mussten früh mit anpacken. Der Besuch des Gymnasiums war keine Selbstverständlichkeit, sondern ein Privileg, das ich mir sauer verdienen musste. Der Hof, die Kirche und die Schule bildeten die drei Eckpfeiler, zwischen denen ich mich bewegte. Mehr

Spielraum war nicht. Heute weiß ich, dass mir das Aufwachsen in diesen starren Strukturen dabei geholfen hat, frei zu sein. Zwänge entwickeln einen unguten Sog; aber wer es schafft, sich dagegenzustemmen, aufzubegehren und auf sich selbst zu vertrauen, bekommt eine Menge Rüstzeug für das Leben mit. Deshalb ist es auch gar nicht so paradox, dass ich meine Freiheit in gewisser Weise wieder an den Nagel gehängt habe. Ich bin im Knast gelandet, eine größere Enge gibt es nicht. Aber ich habe mich aus freien Stücken dafür entschieden – meinem Lebensmotto folgend: »Es gibt einen Weg, den nur du gehen kannst. Frag nicht, wohin er dich führt. Geh ihn!« Es ist etwas anderes, wenn man einen Pfad beschreiten muss, den andere vorab markiert haben.

Heute bin ich der Hausarzt von Sicherungsverwahrten, von Mördern, Kinderschändern, Totschlägern, Vergewaltigern, Erpressern, Räubern, Drogendealern, Betrügern und Dieben. Ich bin RAF-Terroristen begegnet, ehemaligen KZ-Wärtern, hochkarätigen Wirtschaftskriminellen, Heiratsschwindlern, Brandstiftern und Frauen, die ihr Baby umgebracht haben. Aber auch vielen Eierdieben.

Etwas anderes als Arzt hätte ich im Knast niemals sein wollen. Auch nach fünfundzwanzig Jahren nicht. Der Beruf des Arztes ist ein freier Beruf, er gewährt ein hohes Maß an Selbstbestimmung – außerhalb der Mauern und auch dahinter. Ein Arzt im Knast genießt Ansehen und Respekt, wenn er seinen Job gut macht und mit den Abläufen vertraut ist. Wenn er bereit ist, seinen Rücken auch schon mal für seine Patienten breitzumachen, sprich: wenn er sich gegebenenfalls auch mit Anstaltsleitern, Psychologen, Sozialarbeitern, den Mitarbeitern von Sicherheit und Ordnung und nicht zuletzt mit dem uniformierten Dienst argumentativ auseinandersetzt. Auch wenn es nicht immer leicht ist, seine Unabhängigkeit zu wahren und sich dennoch einzumischen.

Mir macht es Freude, mit schwierigen Patienten umzugehen, ihre brüchigen Lebensläufe zu studieren und mich – anders als im Film oder auf der Bühne – mit realen Figuren zu beschäftigen, die plötzlich in der schlimmsten Tragödie ihres Lebens angekommen sind. Da geht es nicht um Fiktion oder irgendwelche Bagatellen. Im Knast ist alles echt. Das Leben hinter Gittern mag sich zwar hin und wieder um etwas drehen, was ich bereits im Theater gesehen oder sogar selbst auf der Bühne dargestellt habe. Aber hier stehst du nicht mehr auf Brettern, die die Welt bedeuten. Hier stehst du knöcheltief in der Scheiße, bist konfrontiert mit einer Realität, die dir alles abverlangt. Als Arzt im Knast bin ich verpflichtet, einen Menschen, dessen Taten ich womöglich zutiefst verurteile, als »normalen Patienten« zu betrachten. Hier sitzt ein Mensch, der meiner Hilfe bedarf. Ein armes Schwein, das im Knast an einer Krebserkrankung sterben wird. Das sich vor Schmerzen windet, nur noch ein Häufchen Elend ist. Auf seiner Akte prangt »Lebenslang«; wenn ich sie durchblättere, weiß ich, dass er wegen eines grausamen Doppelmordes zu Recht einsitzt. Wenn ich genauer lese, ergibt sich ein Gesamtbild; wie in einem Puzzle fügt sich ein Teil zum anderen. In den Biographien der Scheiternden zeigen sich menschliche Abgründe am exemplarischsten. Als Arzt im Knast kommt man diesen Abgründen sehr nahe. Sich davon abzugrenzen und dennoch die Fähigkeit zur Empathie nicht zu verlieren, ist wohl die größte Schwierigkeit. Ich bin der Überzeugung, dass mir mein zweites Leben als Schauspieler dabei hilft.

Das Theater, der Film, bildet immer auch ein Stück weit die Gesellschaft ab. Zeigt Ausschnitte einer inszenierten Wirklichkeit. Der Knast ist die Realität, ein Spiegel der gesamten Gesellschaft. Was hier angeschwemmt wird, gehört keineswegs nur zum Bodensatz Deutschlands, zur Unterschicht einer globalisierten Gesellschaft. Hier kommt es zu einem Frontalzusammenstoß von Welten, die in Freiheit keinerlei Berührungspunkte hätten. Das Einzige, was die Häftlinge eint, ist die Tatsache, dass sie mehr oder minder schwer gegen das Gesetz verstoßen haben. Wenn so unterschiedliche Charaktere auf engstem Raum zusammentreffen, sind Konflikte vorprogrammiert. Und ich als Arzt hinter Gittern bin oft die letzte vermittelnde Instanz. Ich bin für viele Häftlinge eine Vertrauensperson. Ich unterliege der Schweigepflicht, und das wissen auch die Täter, die im Knast einsitzen. Wir reden nicht nur über die Erkrankung, wegen der sie in meine Sprechstunde gekommen sind. Wir reden über das Leben, über die Straftat oder über den Druck, der im Knast herrscht. Als Arzt komme ich meinen kriminellen Patienten viel näher als mancher Anwalt oder Seelsorger. Als Arzt muss ich darüber entscheiden, wer wie lange in einer Beruhigungszelle eingesperrt bleiben soll, ich sehe die Auswirkungen schlimmster Misshandlungen, muss gegensteuern, wenn jemand an der Haftsituation zu zerbrechen droht. Manchmal habe ich das Gefühl, der Knast ist der Vorhof zur Hölle.

Dass ich an dieser Belastung noch nicht gescheitert bin, mag daran liegen, dass ich eine Art Doppelleben führe. Ich bin seit über zehn Jahren für das deutsche Fernsehen jener Mann im grünen Kittel, der sich im Kölner »Tatort« über Leichen beugt, nach dem ärztlichen Befund befragt wird und in knapper, zuweilen mürrischer Sprache Auskunft gibt. Nach der letzten Einstellung bei den Dreharbeiten ziehe ich den Kittel wieder aus und kehre in jene Strafvollzugsanstalt nach Südwestfalen zurück, wo ich mich seit fünfundzwanzig Jahren um knapp neunhundert Inhaftierte kümmere. Ich bin TV-Pathologe und Gefängnisarzt in einer Person, und man könnte sagen, ich gebe im Fernsehen lediglich etwas von dem wieder, was ich hinter hohen Gefängnismauern tagtäglich praktiziere. Den TV-Gerichtsmediziner sehen sonntags bis zu zehn Millionen Menschen über den Schirm flimmern. Den Gefängnisarzt, der seine Arbeit in einem uralten Knast verrichtet, sieht außerhalb der Mauern kein Schwein. Mir hat die Kombination mit der Schauspielerei geholfen, den Beruf des Gefängnisarztes so lange auszuhalten und dabei nicht zynisch zu werden.

Knast ist keine Autobiographie. Auch wenn mein eigener, auf den ersten Blick etwas unorthodoxer Lebenslauf sicher maßgeblich dazu beigetragen hat, dass ich heute als Arzt im Knast arbeite. Den Bausch im Knast gäbe es nicht ohne den Bausch auf der Bühne. Als junger Schauspieler am Theater war ich fasziniert von Regisseuren wie Zadek, habe alles aufgesogen, was irgendwie schräg war, authentisch, das pralle Leben. Im Knast schlägt es dir mit viel größerer Wucht entgegen. Du kannst dich nicht entziehen, hinter deiner Rolle verstecken. Ein Gefängnis ist eine hermetisch abgeriegelte Welt. Nur bei spektakulären Zwischenfällen hebt sich der Vorhang ein wenig, die »von draußen« können einen kurzen Blick erhaschen. Wie dieser Mikrokosmos tatsächlich funktioniert, erfährt man nicht. Wie schwer es ist, den Knast im Knast auszuhalten. Die Isolation, das System der Hackordnung unter den Häftlingen, die Spannungen, die beinahe körperlich spürbar sind, sobald das Haupttor hinter einem zufällt. Was macht das mit einem Menschen, der hier einsitzt oder auch nur hinter den Mauern einer JVA arbeitet? Als Schauspieler muss ich mich mit Haut und Haaren auf eine Rolle einlassen und meine eigene Persönlichkeit zurücknehmen. Als Arzt im Knast kann ich nur bestehen, wenn ich mich selbst akzeptiere – mit all meinen Stärken und Schwächen. Wenn ich mir meiner sicher bin und frei, wenn ich die Würde der Gefangenen respektiere.

Nirgendwo habe ich mehr über Moral, Menschlichkeit und Menschenwürde gelernt als in meinem Elternhaus und im Theater.

Und nirgendwo wurde ich schwerer geprüft als im Knast.

Und hier sollte ich nun also arbeiten, als Hausarzt all derer, die man früher gerne als »Abschaum der Nation« bezeichnete. Ich hatte gemischte Gefühle und nur unter der Bedingung zugesagt, dass ich von einem Tag auf den anderen kündigen könne, denn ich war mir nicht sicher, ob ich diese Aufgabe packen würde. Klar, sie war spannend und interessant, eine große Herausforderung. Doch der Job erschien mir wie der berühmte Sprung ins kalte Wasser. Außer einem erfolgreich absolvierten Medizinstudium hatte ich kaum etwas vorzuweisen, meine praktischen Erfahrungen – ich hatte bereits zwei Jahre als Assistenzarzt in einem Krankenhaus und einer Privatklinik gearbeitet – wirkten angesichts der Größe der neuen Aufgabe beinahe kläglich. Ich sollte zunächst zweimal in der Woche Sprechstunden für Strafgefangene abhalten, die mit allen Wassern gewaschen waren und jede Unsicherheit vermutlich gnadenlos ausnutzen würden. Wie ich zu ihnen ein Vertrauensverhältnis aufbauen sollte, war mir schleierhaft. Zumal ich zumindest in der Anfangszeit sicher von allen Seiten kritisch unter die Lupe genommen werden würde. Nicht nur von den Häftlingen, auch von den übrigen Ärzten, den Pflegern und den Bediensteten. Das liegt in der Natur der Sache, im Knast muss man einfach auf der Hut sein, bis man weiß, wie der andere tickt.

Angst vor der neuen Aufgabe hatte ich aber nicht. Es war eher eine gespannte Neugier, die mich erfasste, je näher ich dem Knast kam. Ob meine zukünftigen Patienten wirklich so waren, wie sie in der Zeitung beschrieben wurden? Wie benahmen sich all diese Mörder, Dealer und Halsabschneider im Alltag in der Haftanstalt? Wie war es, einem Mörder direkt gegenüberzusitzen? Gab es den geborenen Verbrecher, dem nicht mehr zu helfen war? Die Gedanken in meinem Kopf wirbelten wild durcheinander.

Nachdem ich meinen Wagen geparkt hatte, ging ich zur

Personalpforte und schellte. Per Gegensprechanlage wurde mir mitgeteilt, dass mich der Sanitätsdienstleiter gleich abholen würde. Als sich die Tür geöffnet und ich die Schleuse zum Vorhof passiert hatte, fiel mein Blick zuerst auf die imponierende Fassade der Anstaltskirche mit dem in den Himmel ragenden Turm. »Beten und büßen«, das war das Konzept deutscher Zuchthäuser bis Ende der sechziger Jahre. Vor mir lag nun derselbe Weg, den jeder neue Gefangene zu gehen hat. Türen wurden auf- und hinter mir wieder zugeschlossen, dann betrat ich den Vorraum mit den sogenannten Transporterzellen. In diesen Zellen werden Gefangene untergebracht, die weiterverlegt werden sollen oder eben erst im Knast angekommen sind und sich sozusagen noch in der Warteschleife befinden.

Als Nächstes passierten wir die Kammer. Hier werden Neuankömmlinge ein- oder umgekleidet, hier werden ihre privaten Sachen gefilzt, hier wird darüber entschieden, was sie auf die Zelle mitnehmen dürfen und was nicht. Alles, was bei der Überprüfung durchfällt, wird in Säcke oder in Kartons gegeben, die anschließend vor den Augen des Delinquenten verplombt oder versiegelt werden, bevor sie bis zu dessen Entlassung in einem großen siloartigen Raum gelagert werden. Mit seiner kargen Erstausstattung unter dem Arm verlässt der Täter die Kammer und betritt einen schmalen Flur, der nach ungefähr vierzig Metern ins Zentrum des alten Zuchthauses führt, eines beinah sakral anmutenden Kreuzbaus. Hier treffen die vier Seitenflügel aufeinander. Über mir die engmaschigen Sicherheitsnetze, vor mir vier Etagen mit Treppen und Balustradengängen rechts und links, an denen entlang sich nach beiden Seiten die Zellen reihen. So sieht über hundert Jahre alte preußische Gefängnisarchitektur aus. Sie erschien mir wie ein abweisendes Labyrinth.

Mein Weg brachte mich weiter über den Zellentrakt des

C-Flügels in den eingeschossigen Anbau, in dem sich das Lazarett befindet. Da meine Sicherheitsüberprüfung damals noch lief, war ich bei meinem ersten Gang natürlich nicht im Besitz eines eigenen Schlüssels. Ich versuchte mir vorzustellen, wie sich ein Gefangener fühlt, der zum ersten Mal diesen Weg gehen muss – in dem Bewusstsein, dass er die nächsten Jahre keine einzige Tür mehr selbst öffnen oder hinter sich schließen wird. Für mich war dieses Gefühl der Ohnmacht vierzehn Tage später beendet, als ich meinen eigenen Schlüssel erhielt. Jetzt war ich einer von denen, die an einem Bund große, blank abgewetzte Schlüssel tragen; deren schepperndes Geräusch hat mich lange verfolgt. Überhaupt gewöhnte ich mich nur allmählich an den Mikrokosmos Gefängnis mit seinen zahllosen Regeln. Ich tröstete mich mit dem Gedanken, dass ich dieser Realität stets nach Dienstschluss entfliehen konnte. Ich war nur der Arzt, kein Gefangener, der am Abend in seiner Zelle eingeschlossen wurde.

Als ich meinen eigenen Schlüssel erhielt, empfand ich das wie die Aufnahme in einen Orden: Ich hatte jetzt Schlüsselgewalt. Die einen haben einen Schlüssel, die anderen nicht. Nicht nur für die Gefangenen hat der Schlüssel einen Symbolwert, auch wenn dieses kleine Ding letztendlich nur darüber entscheidet, ob man etwas so völlig Banales tun kann, wie eine Tür zu öffnen. Im Gefängnis trennen Türen Welten.

Der Inhaftierte gibt im Knast nicht nur seine Klamotten ab, sondern beinahe jede Form der Eigenständigkeit, fast alles ist fremdbestimmt. Was soll's, mag man denken, hat sich der Kerl doch selbst zuzuschreiben. Dieses Gefühl der Ohnmacht wirkt noch lange nach, auch in Freiheit. Ich erinnere mich gut daran, dass mir ein ehemaliger Patient und Insasse der JVA einige Monate nach Ablauf seiner Haft ein Foto schickte. Das Bild zeigte ihn stolz wie Bolle mit einem Schlüssel in der Hand vor einer Wohnungstür. Auf der Rückseite des Fotos stand: »Hallo Doc, das ist die erste Tür, die ich nach 22 Jahren wieder selbst auf- und zugeschlossen habe.«

Jede Tür, die der Gefangene auf seinem langen Weg bis zu seiner Zelle passieren muss, bestätigt ihm aufs Neue seine Unfreiheit. Zwischen mir und der Freiheit liegt nicht nur eine verdammt hohe Mauer mit bewaffneten Turmposten, Überwachungskameras und Stacheldraht. Zwischen mir und der Freiheit liegt Tür auf Tür auf Tür auf Tür ...; es ist, als entferne man sich mit jeder Tür einen Schritt weiter von der Welt der anderen, bis man, in der Zelle angekommen, nur noch auf sich selbst reduziert ist. Das mag durchaus Sinn der Sache sein, schließlich ist Haft keine Butterfahrt. Der Gesetzgeber will abschrecken. Schmerzliche Eingriffe in persönliche Freiheiten sind ein Mittel, um Reue und Einsichtsfähigkeit zu fördern. Höflichkeit und Demut sind Haltungen, die jeder Gefangene schnell verinnerlichen sollte. So müssen Häftlinge im Abstand von anderthalb Metern vor der jeweiligen Tür warten, bis der Vollzugsbedienstete sie aufgeschlossen hat. Erst nach einer Aufforderung dürfen sie hindurchgehen und haben anschließend im gleichen Abstand zu warten, bis die Tür wieder verriegelt ist. Begleitet von einem Beamten marschieren sie den Gang entlang, bis ihnen die nächste Tür den Weg versperrt. Dieses Ritual wiederholt sich täglich unzählige Male. Es gibt keinen Insassen, der irgendeinen Weg außerhalb der Zelle alleine gehen darf. Der einzige Schlüssel, der sich während der Haft in seinem Besitz befindet, ist der für das Vorhängeschloss am Spind und hin und wieder der für die Zellentür. Das mag irritieren, hat aber einen konkreten Sinn. In Zeiten der »Freizügigkeit«, also den Stunden zwischen 18 und 20 Uhr, in denen sich die Gefangenen wochentags auf den Fluren und in den Teeküchen frei bewegen können, tragen sie selbst dafür Sorge, ihren Haftraum hinter sich zuzuschließen, damit sie nicht beklaut werden. Das funktioniert aber nur in diese eine Richtung.

Von innen haben sie keine Möglichkeit, die Zellentür aufzuschließen. Sie wird sich nur zu festgelegten Zeiten oder im Notfall öffnen.

Der dumpfe Klang, wenn die schweren Türen ins Schloss fallen, die scheppernden Schlüssel, die das Personal am Hosenbund trägt, waren auf meinem ersten Gang die lautesten Geräusche. Dafür, dass sich in diesem Knast knapp tausend Leute tummelten, war es erstaunlich ruhig. Hier und da ein Murmeln, mehr nicht. Die meisten Häftlinge waren bei der Arbeit, und die, die noch in den Zellen waren, hatten längst kapiert, dass alles, was über Zimmerlautstärke hinausgeht, zu einer Reaktion der Vollzugsbeamten führt. Wer schreit, tobt oder nicht bereit ist, die Musik leise zu stellen, der wird wegen Ruhestörung und Verstoß gegen die Anstaltsordnung diszipliniert. Und schon ist der Fernseher weg oder das Radio, oder der Störenfried wird schlimmstenfalls, wenn er sich weiter uneinsichtig zeigt, für kurze Zeit in den Bunker verbracht.

Mich hat diese Stille anfangs irritiert. Weil sie die Spannung verstärkt hat, die im Knast beinahe mit den Händen zu greifen ist. Bleiern, grau, wie die Türen, wie die Gänge.

Zeit

Ein drogenabhängiger Gefangener, den ich einmal gefragt habe, wie er Zeit im Gefängnis wahrnimmt, hat es auf den Punkt gebracht: »Wissen Sie, Doc, die Tage im Knast sind alle gleich lang, aber unterschiedlich breit.« Der eigentliche Zeitgeber im Knast ist nicht die Uhr, sondern der Schlüssel. Mit dem Aufschluss morgens beginnt der Tag, mit dem Nachtverschluss endet er. Dazwischen wechseln sich Einschließen,

Zuschließen, Aufschließen, Durchschließen, Umschließen und Vorschließen ab. Nirgendwo sonst habe ich so viele unterschiedliche Formen des Schließens oder Begriffe für das Wort Schließen kennengelernt wie im Knast. Das Geräusch, wenn der schwere Schlüssel ins Schloss greift, das laute Klacken – zweimal –, bis es sich öffnet, zeigt wie das Ticken einer Uhr an, dass die Zeit verrinnt.

In Werl stehen knapp 900 Insassen ohne Schlüssel etwa 420 Bediensteten und Mitarbeitern mit Schlüsseln gegenüber. Ein Häftling braucht keine Uhr, sie ist allenfalls schmückendes Beiwerk, eine Reminiszenz an vergangene oder zukünftige Zeiten. Wer ohnehin keinen Termin selbständig wahrnehmen kann, sich nicht ohne jemanden, der Türen öffnet und wieder hinter einem zuschließt, zu einer Verabredung beim Pfarrer, beim Sozialarbeiter oder beim Arzt einfinden kann, entwickelt ein anderes Gefühl für Zeit. Sie wird im Knast in ganz anderen Dimensionen gemessen. Die Zeit von der Festnahme bis zur Verurteilung, vom Antritt der Haft bis zum Zeitpunkt der Entlassung, wenn denn überhaupt ein fester Entlassungszeitpunkt feststeht. Die Zeit von Brief zu Brief, von Besuch zu Besuch, von Paket zu Paket, wenn es denn jemanden gibt, der eines schickt. Die Zeit von einem Einkauf bis zum nächsten, vom ersten Aufschluss frühmorgens bis zum Nachtverschluss.

Die Monotonie der Abläufe bestimmt nicht nur den Alltag der Insassen, sondern auch den der »Schlüsselträger«. Bei Dienstantritt nehmen sie den Schlüssel an der Pforte aus ihrem Fach, und dann sperren sie Hunderte Male am Tag Zellen- und Durchgangstüren auf und wieder zu. So wie den Beamten das Schließen in Fleisch und Blut übergeht, so gewöhnen sich auch die Gefangenen daran, Tage, Monate oder Jahre vor oder hinter verschlossenen Türen zu stehen und zu warten.

Das Lazarett

Der Weg zu meinem neuen Arbeitsplatz kam mir vor wie eine Ewigkeit. Eine Reise durch ein Labyrinth, hinein in eine mir völlig unbekannte Welt. Mit dem Lazarett würde ich endlich wieder ein Terrain betreten, auf dem ich mich sicher fühlte, in dem ich mich auskannte. Doch als ich im Krankentrakt stand, empfing mich dort eine Tristesse, die mich wirklich umgehauen hat. Grau gestrichene hohe Decken und Wände, die mit einem mannshohen und graugrün abgesetzten Sockel versehen waren. Düsteres, abgewetztes Mobiliar und eine medizinische Ausstattung, die an längst vergangene Zeiten erinnerte. Es hätte mich nicht gewundert, wenn plötzlich Ferdinand Sauerbruch um die Ecke gebogen wäre.

Stattdessen nahm mich der Sanitätsdienstleiter – so nannte man den Pflegedienstleiter damals – unter seine Fittiche und zeigte mir mein neues Wirkungsfeld. Zuerst die vier »Warteräume« zur Linken: Zellen mit einfachen, fest verschraubten Holzbänken auf beiden Seiten. An den Wänden hatten sich frühere Patienten mit allerlei anzüglichen Sprüchen, Flüchen und Schmierereien verewigt. Gegenüber der Behandlungsraum des Zahnarztes, zehn Schritte weiter der Eingang zu meinem Sprechzimmer. Auch hier fühlte ich mich um Jahrzehnte zurückversetzt. Ein dunkler, wuchtiger Schreibtisch aus den Sechzigern, eine fast antik wirkende Untersuchungsliege, ebenso anmutende Blechschränke, in denen sich die verschreibungspflichtigen Medikamente sowie verschiedene kleinere Untersuchungsgeräte befanden. Im sogenannten Ordinationsraum nebenan standen ein großer Aktenschrank für die Untersuchungsbögen der Patienten, ein weiterer Schreibtisch, ein Behandlungsstuhl, ein Autoklav zur Sterilisation von chirurgischen Instrumenten sowie weitere Schränke, in denen die

Medikamente verwahrt wurden, die von den Krankenpflegern ausgegeben werden durften.

Eine Tür weiter betrat man den Raum für die physikalische Therapie: Hier waren ein Kurzwellengerät, eines für die Bestrahlung mit Rotlicht sowie ein altertümlich anmutendes Gerät für Strombehandlungen und für die Wärmetherapie untergebracht. Gegenüber lagen der Röntgenraum und ein kleines Zimmer, in dem Laboruntersuchungen durchgeführt und Röntgenbilder entwickelt wurden; außerdem wurde den Häftlingen hier Blut abgenommen.

Zu beiden Seiten des langen Flures befanden sich die Krankenzellen mit einem oder mehreren Betten, außerdem eine Toilette sowie ein großes Bad mit Duschen und einer Badewanne. Alles war sehr sauber und gepflegt – aber verdammt alt. Die medizinische Ausstattung wirkte größtenteils wie aus der Zeit gefallen, nur wenige Dinge genügten dem Standard im Jahr 1987. Auf meine Nachfrage hin zeigte mir der Leiter des Sanitätsdienstes ein mobiles EKG-Gerät, einen 1-Kanal-Schreiber, der offenkundig sehr selten zum Einsatz gekommen war, und einen Defibrillator, der in einem Schrank langsam vor sich hin rostete.

Dass ich nicht sofort schreiend davongelaufen bin, lag an meinen zukünftigen Mitarbeitern. Die meisten empfingen mich freundlich und respektvoll, sie wirkten engagiert und hofften, dass nach Jahren des häufigen Arztwechsels endlich jemand gefunden war, der dauerhaft als Anstaltsarzt arbeiten wollte. Abgesehen von dem Hintertürchen der sofortigen Kündigung hatte ich mir eigentlich vorgenommen, in diesen Job ein, vielleicht zwei Jahre zu investieren. Von dauerhaft konnte aus meiner damaligen Perspektive also keine Rede sein. Gleichzeitig ist es aber auch nicht so, dass ich einfach hängengeblieben wäre. Zu einem Job im Knast muss man jeden Tag aufs Neue »ja« sagen. Man muss sich seine Neugierde bewahren, seine Empathiefähigkeit, seinen Glauben daran, dass man etwas bewegen kann. Und man braucht ein Team, auf das man sich verlassen kann. Bricht einer dieser Pfeiler weg, ist man verratzt. Der Knast ist wie ein Fluss. Wird man als Nichtschwimmer, als Neuling, da hineingeworfen, egal ob als Häftling oder Angestellter, muss man ganz schnell schwimmen lernen – oder man wird todsicher ertrinken.

Knastsprechstunde

Kaum dreißig Minuten nach meinem Rundgang über die Krankenstation begann meine erste Sprechstunde. Ich hatte keine Ahnung, was auf mich zukommen würde. Das Einzige, was mir der Leiter des Sanitätsdienstes noch mit auf den Weg gegeben hatte, war folgende Faustregel: Zu jeder Sprechstunde melden sich zwischen sechzig und achtzig Patienten an. Achtzig Prozent davon seien Simulanten, zwanzig Prozent tatsächlich krank. Diese möglichst schnell und sicher herauszufiltern und zu behandeln, sei eine der wichtigsten Aufgaben, die ein Arzt im Knast zu lösen habe, ansonsten sei es fast wie draußen.

Sechzig bis achtzig Patienten auf einen Sitz, das konnte ja heiter werden. Alles Männer, alle in der gleichen Anstaltskleidung, jeder mit einer anderen Geschichte, keine Ahnung, wie ich das alles auseinanderkriegen sollte.

Von meiner ersten Sprechstunde ist mir denn auch nur ein Patient nachhaltig im Gedächtnis hängengeblieben, und zwar mein allererster. Es handelte sich um einen etwa vierzigjährigen Insassen mit geschminktem Gesicht, schlechtsitzendem Toupet und leicht tuntenhaft wirkendem Auftreten. Seiner Akte entnahm ich, dass er in seinem Haftraum nur in Frauenkleidern herumlief und davon überzeugt war, transsexuell zu sein. Außerhalb der Zelle musste er die übliche Anstaltskleidung tragen. Wegen eines Gallensteinleidens sollte er zur Operation in das Justizkrankenhaus verlegt werden.

Bevor ich überhaupt einen Ton sagen konnte, legte er los. Er scheiße auf die ganzen Psychologen und Gutachter, die hätten ja alle keine Ahnung. Er fühle wie eine Frau, er kleide sich wie eine und überhaupt sei er eine. Und weil er nun mal eine Frau sei, habe er auch das Recht, wie eine behandelt zu werden. Aus ebendiesem Grund bestehe er im Krankenhaus auf einer angemessenen Unterbringung – und zwar auf der Frauenstation! »Wenn Sie das nicht hinkriegen, Herr Doktor, dann ...« Ohne die Drohung weiter auszusprechen, sprang der Patient auf und rauschte zur Tür hinaus. Ich blieb etwas ratlos sitzen. Nach ausführlicher Akteneinsicht war klar: Der Mann musste auf die Männerstation.*

Im Nachhinein konnte ich mich des Eindrucks nicht erwehren, dass mir die Krankenpfleger mit Absicht diesen Patienten zuerst ins Sprechzimmer geschickt hatten. Um mir einen kleinen Vorgeschmack auf die ganze Bandbreite unterschiedlicher Typen und Biographien zu geben, die mich in Zukunft erwartete.

Eine andere Episode aus meiner Anfangszeit ist mir ebenfalls noch bestens im Gedächtnis. In den ersten Wochen kamen erstaunlich viele Patienten mit Hämorrhoidalleiden, Analbeschwerden, Leisten- oder Hodenschmerzen zu mir. Natürlich habe ich jedes Mal eine gründliche körperliche Unter-

---

* Hier wie bei allen folgenden Beschreibungen konkreter Fälle gilt, was in der Vorbemerkung angekündigt worden ist: Der Autor hat seine Erfahrungen so verfremdet, dass sie niemandem zuzuordnen sind. Eine ähnliche Situation mit einem Transsexuellen hat es also gegeben, den beschriebenen Patienten aber nicht.

suchung durchgeführt, habe abgetastet und befühlt, Salben oder Medikamente verschrieben, doch anscheinend ohne nennenswerten Erfolg. Die Herren klagten nach wie vor über die gleichen Beschwerden, es hatte sogar den Anschein, als würden immer mehr Insassen an diesen Symptomen leiden. Bis mich einer der erfahrenen Krankenpfleger schmunzelnd über diese sonderbare Epidemie aufklärte: Ein Großteil der ihm bekannten schwulen Gefangenen sei inzwischen bei mir vorstellig geworden, um den neuen Doktor auf vergleichsweise intime Art kennenzulernen. Na, wenigstens konnten sie hinterher berichten, dass ich im wahrsten Sinne des Wortes keine Berührungsängste habe …

Auch meine Frau wurde auf die Probe gestellt. Etwa sechs Wochen nach meinem Amtsantritt ergab sich für sie die Möglichkeit, sich meinen neuen Arbeitsplatz anzusehen. Sie arbeitete als Krankenschwester, hatte also ein berufliches Interesse, und da sie noch nie einen Knast von innen gesehen hatte, nahm sie das Angebot des Sanitätsdienstleiters an, sie herumzuführen. Bis ich mit der Sprechstunde fertig war, sollte sie im Aufenthaltsraum der Krankenpfleger Platz nehmen. Dort wurde sie von einem Gefangenen, der als Hausarbeiter beschäftigt war, fürsorglich empfangen. Er kochte der »Frau Doktor« einen Kaffee und fragte beiläufig, ob sie nicht ein paar Zeitschriften zum Lesen und Blättern haben wolle. »Ist doch unterhaltsamer. Ich bring Ihnen mal die besten, die wir hier haben!«, meinte er und verschwand mit einem breiten Grinsen. Als ich mit dem Pfleger aus dem Sprechzimmer kam, staunte ich nicht schlecht, meine Frau mit hochrotem Kopf und unsicher lächelnd vor einem Stapel Sexmagazine sitzen zu sehen.

Wenn ich heute an meine Anfangszeit zurückdenke, muss ich manchmal grinsen. Nicht nur wegen solcher Geschichten. Sondern weil ich wirklich angekommen bin. Ich kann mir ein Leben ohne meine Arbeit im Knast nicht mehr vorstellen. Bald wanderte ich so schlafwandlerisch durch die Anstalt, als wäre ich hier seit langem zu Hause. Die Gänge des weitläufigen Gebäudes, in denen ich mich zunächst immer wieder verlaufen hatte, das ewige Durchschließen, die ganzen Sicherheitsvorkehrungen – all das kommt mir inzwischen so selbstverständlich vor, dass es mir gar nicht mehr auffällt. Das Lazarett hat sich mittlerweile zu einer modernen Krankenstation und Polyklinik gewandelt. Die Ausstattung ist auf dem neuesten Stand, die Gänge sind hell, Türen aus Sicherheitsglas sorgen zusätzlich für etwas Transparenz. Nur die Fenster erinnern daran, wo man sich befindet. Auf die dicke Scheibe folgt ein Edelstahlgitter, dahinter eine Feinvergitterung; zusätzlich verhindert Stacheldraht an den Dachkanten einen Aufstieg auf das Flachdach. Durch die Fenster blickt man auf die beiden großen Freistundenhöfe, auf einen Wachturm und eine mit Gittern und Stacheldraht abgetrennte kleinere Grünfläche, auf der gefährliche Insassen, denen der Kontakt zu anderen Gefangenen untersagt wurde, ihre Freistunden verbringen. Die Aussicht endet an der fünfeinhalb Meter hohen Mauer mit den sieben Wachtürmen.

Die knastspezifischen Abläufe während der Sprechstunde sind inzwischen Routine für mich. Im Vorführbüro sitzen zwei oder drei Krankenpflegebeamte, die Namenslisten führen, die Gefangenen empfangen und mit einer Sonde – ähnlich wie auf dem Flughafen – auf gefährliche Gegenstände überprüfen. Gefangene, die unter ständiger Bewachung stehen, genießen eine besondere Behandlung. Sie werden, begleitet von zwei Justizbeamten, unmittelbar dem Arzt oder den Krankenpflegern vorgestellt. Alle anderen werden nach dem Zufallsprinzip auf die einzelnen Wartezellen verteilt, um zu verhindern, dass sich Gefangene gezielt im Krankenrevier verabreden. Außerdem müssen die Vorführbeamten dafür sorgen, dass gewisse Sicherheitsmaßnahmen eingehalten werden: In den Akten ist vermerkt, wer beim Arzt nur in Begleitung vorstellig werden darf, wer sich mit wem eine tätliche Auseinandersetzung geliefert hat und wen man daher tunlichst nicht in ein und denselben Warteraum stecken sollte. Die Beamten sorgen dafür, dass kein Gefangener unbeobachtet bleibt, solange er sich in der Krankenabteilung aufhält, sie haben ein Auge darauf, dass dringende Fälle anderen vorgezogen werden und dass sich nie mehr als ein, maximal zwei Gefangene gleichzeitig in Sprechzimmer und Behandlungsraum aufhalten.

Wenn die Behandlung abgeschlossen ist, kümmern sie sich darum, dass der Patient zu seiner Arbeitsstelle oder seinem Haftraum zurückbegleitet wird. Zum Sicherheitskonzept eines Hochsicherheitsgefängnisses gehört nicht zuletzt, dafür zu sorgen, dass kein Gefangener sich »frei« – also unbegleitet oder außerhalb der Sichtweite von Beamten – im Knast bewegt. Der Aufenthaltsort eines Häftlings muss immer und zu jeder Zeit bekannt sein. Für den Gang zum Arzt bedeutet das, dass ein Insasse wie bei einer Stafette von einem Beamten zum nächsten übergeben werden muss, bis er die Praxis erreicht hat. Wird ein Gefangener dennoch einmal vermisst, muss sein Verbleib in Minutenschnelle geklärt werden können. Im Sprechzimmer und in den Untersuchungsräumen darf man weder als Arzt noch als Pfleger allein mit einem Patienten sein. Mindestens eine weitere Person muss bei der Behandlung anwesend sein, auch für den Fall, dass es zu einem Übergriff kommt.

Inzwischen bin ich einer der Dienstältesten in Werl, seit fast fünfzehn Jahren schon wohne ich sogar im Schatten der Gefängnismauern in einem alten, von Efeu und wildem Wein umrankten Haus. Das ist zwar recht praktisch, führt aber immer wieder auch zu kuriosen Szenen. Wie weit das Maß an sozialer Kontrolle und an Überwachung in die Wohnungen und die Gärten der angrenzenden Häuser hineinreicht, wurde mir schon wenige Wochen nach unserem Einzug klar. Eines

Abends schellte das Telefon, der Anruf kam aus dem Knast. Einer der Beamten hatte vom Wachturm aus gesehen, dass verdächtige Personen mit Taschenlampen durch unseren Garten schlichen. Er fragte an, ob er die Polizei informieren solle oder ob ich mich der Sache selbst annehmen wolle. In diesem Fall gehörte nicht allzu viel Mut dazu, die »Täter« zu stellen. Es handelte sich lediglich um meine Tochter, die mit einigen anderen Kindern zu später Stunde noch im Garten spielte.

Wenn man im Sommer mit Freunden auf der Terrasse sitzt, kann man sicher sein, dass man am nächsten Tag darauf angesprochen wird: »Na, am Wochenende ist es bei Ihnen ja ganz schön hoch hergegangen, ein feuchtfröhlicher Abend, was? Dauerte ja ziemlich lange. Hatten Sie Besuch aus München?« Spätestens nach einer solchen Bemerkung weiß man, dass man bei einem Krach mit den Kindern oder einem Ehestreit besser die Fenster schließen sollte.

Überrascht hat mich allerdings, wie schnell solche Informationen auch bei den Insassen die Runde machen. Ein Häftling verblüffte mich einmal mit folgender Bitte: »Ich habe gehört, dass Sie offenbar gute nachbarschaftliche Beziehungen zu unserem Anstaltsgeistlichen unterhalten. Beim nächsten Treffen könnten Sie doch einmal mit ihm über mich sprechen.« Andere Gefangene beglückwünschten mich während der Sprechstunde zu meinem neuen Auto.

Dem Blick vom Turmposten entgeht kaum etwas: an- und abreisende Gäste, Nachbarschaftsbesuche, Familienfeste und wer mit wem gelegentliche oder auch intensivere Kontakte unterhält. Das ist der Preis, den ich für einen kurzen Weg zu meinem Arbeitsplatz zu zahlen habe. Andererseits können wohl nur wenige Menschen von sich behaupten, ein so umfassend bewachtes Haus zu bewohnen ... Außer mir können das noch der Anstaltsleiter, der Geistliche sowie einige Inspektoren und Beamte des uniformierten Dienstes behaupten, deren Häuser und Dienstwohnungen sich wie ein Gürtel um die Anstalt legen. Ähnlich wie bei alten Kliniken, die Personalbauten für Ärzte und Pflegekräfte auf dem Gelände errichtet hatten. Bei Knästen galt früher die sogenannte Residenzpflicht für den Anstaltsleiter und das leitende Personal. Inzwischen wurde dieses Wohnkonzept aufgegeben, was auch daran liegt, dass Gefängnisneubauten heute eher fernab der Ortszentren errichtet werden. Zweckbauten aus Beton, die längst nicht mehr den Charme ausstrahlen wie jene denkmalgeschützten preußischen Anstalten aus der Zeit der Jahrhundertwende.

Im Knast und in der Stadt nennen mich alle nur »Doc«, nach meiner Rolle als Doktor Roth im »Tatort«. Die Menschen im Norden des Sauerlands sind offen und geradlinig, sie bevorzugen klare Kante. Scheint so, als würde ich da ganz gut reinpassen. Auch in den Knast. Ich habe in den vergangenen Jahrzehnten jenes Maß an Vertrauen und Anerkennung gewonnen, ohne das ein Arzt in der Haftanstalt nicht praktizieren kann. Dass mir das schon nach relativ kurzer Zeit gelungen ist, liegt vermutlich auch daran, dass ich seit meiner Kindheit keine Berührungsängste gegenüber Straffälligen kenne.

Heimat

Rückkehr auf den Hof

Irgendwann im vergangenen Sommer bin ich hingefahren. Ich war auf dem Weg nach München, wo wir die Dreharbeiten für eine Fernsehserie fortsetzten, die sich überwiegend ernsthaft, aber auch ironisch mit der Allgemeinmedizin beschäftigt. Die Sendung hieß »Die Ärzte« und lief täglich im Vormittagsprogramm des ZDF. Die Serie war gut gestartet, wir hatten Lob von allen Seiten bekommen, was der Stimmung bei der Produktion für die nächsten Staffeln nur guttat. Die übliche Nervosität, die ein neues Projekt immer mit sich bringt, war Gott sei Dank verflogen. Wir gingen zunehmend lockerer miteinander um, während wir die Ursachen von Schnupfen, Heiserkeit, Rückenschmerzen und Haarausfall erklärten oder über die Geheimnisse eines Orgasmus meditierten. Fernsehen kann ein brutales Medium sein, sobald es für einen Allgemeinmediziner darum geht, in einem Aufnahmestudio bei grellem Scheinwerferlicht und in allgemeinverständlicher Sprache über intimste Dinge des Zusammenlebens zu reden.

Vielleicht war es eine plötzliche Abneigung gegen diese künstlich inszenierte Welt, die mich an jenem Sommertag dazu veranlasste, einen kleinen Haken zu schlagen, um die Rückkehr ins Münchner Studio um einige Stunden hinauszuzögern. Jedenfalls bog ich beim Anblick des Limburger Doms spontan nach rechts ab, verließ die Autobahn und fädelte mich hinter schweren Lastwagen ein, um kurz darauf vertrautes Gelände zu erreichen: den einstmals so geliebten Westerwald, dessen flache Hügel am Horizont verschwammen. Hier gab es sanft gewellte Alleestraßen und dunkle Tannenwälder. Hier standen Pferde auf weiten Koppeln, kniehohes Gras wartete auf die erste Mahd, und die Mittagssonne warf dunkle, kurze Schatten. Vertraut und heimelig erschien mir das, was mir einst der Inbegriff spießbürgerlicher Enge war.

In meinem Heimatdorf gab es die Ritterburg noch, den plätschernden Lasterbach und die alte Stadtmauer mit ihrem sagenumwobenen Hungerturm, der im Mittelalter als Gefängnis gedient und mir als Kind stets einen Schrecken eingejagt hatte, wenn ich mir die Qualen der hier eingesperrten Sträflinge ausmalte. Ich ließ meinen Blick über die eleganten Villen am Hang schweifen, davor sorgsam gekehrte Bürgersteige. Am Straßenrand war ein Wohnwagen geparkt, auf seinem Rückfenster prangte der Slogan: »Träume nicht dein Leben. Lebe deinen Traum.« Dieses Motto hätte gut zu jenem rothaarigen jungen Mann gepasst, der 1971 aus dieser Gegend fortging, um draußen in der weiten Welt sein Lebensglück zu finden. Heimat ist für mich ein zwiespältiger Begriff. Hier, genauer in dem winzigen Weiler Ellar, wurde ich am 19. April 1953 geboren, hier habe ich fast zwanzig Jahre gelebt, mich sicher gefühlt – aber auch so gelitten, dass ich ausbrechen musste. Während ich über die Unter- und die Hochstraße hinauf auf den Kirchberg fahre, an abgemähten Feldern vorbei, dem Hof meiner Eltern immer näher kommend, erfasst mich ein eigenartiges Gefühl. Nicht nur jedem Anfang wohnt ein Zauber inne, sondern auch mancher Rückkehr. Nicht zwingend positiv, eher widersprüchlich, alles schwappt wieder nach oben. Unkontrolliert, ungefiltert.

Das Anwesen ist seit dem Tod meiner Eltern verpachtet, es wirkt still und beinahe verlassen. Ich überlege, ob ich ins Haus gehen soll, um die Pächter zu begrüßen. Doch ich verwerfe die

Idee, ohne Voranmeldung einfach so hereinzuschneien. Ich bleibe im Auto sitzen und lasse die Bilder auf mich wirken. Ich muss an die gemeinsamen Mahlzeiten in der Küche denken, bei denen mein Vater als Familienoberhaupt die Teller füllte und meine Mutter das Gebet sprach. Wenn mein Vater sich wieder erhob, war die Mahlzeit offiziell beendet. Ich sehe das Wohnzimmer vor mir, in dem an Weihnachten eine stattliche Tanne aufgestellt wurde, die mein Vater mit mir kurz vor Heiligabend im eigenen Forst geschlagen hatte. Ich habe den Geruch von Weizen in der Nase und von Heu und spüre mit einem Mal die tiefe Zufriedenheit und Erschöpfung, die mich früher erfasst hat, wenn wir nach einem anstrengenden Tag auf dem Feld stolz auf die lange Reihe von Säcken mit Kartoffeln blickten, die wir eingefahren hatten. Oder wenn nach der Hofschlachtung in meinem kleinen Zimmer Würste zum Trocknen an über zwei Stühle gelegten Stangen hingen. Beim Schweineschlachten hatte jeder eine feste Aufgabe. Ich musste schon als sechsjähriger Knirps dem panisch kreischenden Tier eine große Schüssel an die Kehle halten, um nach dem Schnitt das Blut aufzufangen. Anschließend musste ich das Blut mit einem Holzlöffel rühren, damit es nicht gerann. Mir war hundeelend und zum Kotzen zumute, aber kneifen war nicht. Ich wollte mir keine Blöße geben, erst recht nicht vor meinem Vater.

Ich sehe ihn vor mir, wie er im großen Wohnzimmer sitzt und von der Arbeit auf dem Feld oder von seinen Jahren im Krieg erzählt, die ihn nie wieder losgelassen haben. Josef Bausch ist bis heute mein Vorbild geblieben. Er war ein Mann, wie auch ich eines Tages einer sein wollte. Er wusste immer, wofür er stand, hatte Mut und Zivilcourage und lebte seine Überzeugung. Er war beileibe kein väterlicher Freund, sondern eine Autoritätsperson, die dem Sohn das Leben schwermachen konnte. Aber er war ein Bauer, der stolz auf sein Erbe war, ein Familienoberhaupt mit »Arsch in der Hose«, wie man hier sagt. Er war kräftig und groß, hatte keine Angst vor der Arbeit und packte mit an. Überall im Dorf, das damals kaum achthundert Einwohner hatte, respektierte man ihn. Man rühmte seinen Gerechtigkeitssinn, manche hatten sogar Angst vor ihm, weil er offen und klar seine Meinung sagte. Keine Selbstverständlichkeit während der verstockten Nachkriegszeit, die auf dem Dorf vielleicht länger dauerte als in manch größerer Stadt. Weil fast jeder etwas zu verbergen hatte. Gleichzeitig gab es hier immer eine Form des Gemeinschaftsgefühls, das ich vor allem als Jugendlicher sehr ambivalent betrachtet habe. Wie in allen kleinen Dörfern auf der Welt war auch in Ellar fast jeder auf den anderen angewiesen, sobald er einmal in Schwierigkeiten kam. Hier musste man einfach zusammenhalten. In diesem Gefühl der gegenseitigen, fast unverbrüchlichen Solidarität bin ich aufgewachsen. Bei Unwettern und anderen Katastrophen hatte man einander zu helfen und beizustehen. Noch heute ertappe ich mich dabei, dass ich bei einer schlechten Wettervorhersage einen besorgten Blick gen Himmel richte und darauf warte, dass das Telefon schellt. Weil das Dach des Nachbarhofes vom Sturm abgedeckt sein könnte oder es irgendwo brennt. Wenn das passierte, konnte man nur darauf hoffen, dass die Freiwillige Feuerwehr rechtzeitig kam und auch die Nachbarn beherzt zum Wassereimer griffen, um das Feuer zu löschen. Geschah das nicht, war man so gut wie verloren. Aber dieses »Wir«-Gefühl half auch dabei, Dinge zu deckeln, von denen man in den Fünfzigern am liebsten gar nichts mehr wissen wollte.

Mein Vater war ein typischer Erbhofbauer, der von seinen Vorvätern die Verantwortung für den Hof übernommen hatte, der selbstbewusst und frei auf seiner Scholle lebte und auf eine lange Familientradition zurückblicken konnte. Er lenkte die Geschicke seiner Familie wie ein Patriarch. Von ihm wurde erwartet, dass er den Laden zusammenhielt, und zwar in jeder

Hinsicht. Hier auf dem platten Land irgendwo zwischen Limburg und Hadamar sprach man nicht ohne Stolz darüber, dass man eigenes Land hatte. Einem Bauern mit hundertunddreißig Hektar Besitz konnte nicht mehr allzu viel passieren. So sah man das jedenfalls bei uns zu Hause. »Das wird uns auf Ewigkeit ernähren, wir sind freie Bauern auf eigenem Grund und Boden«, sagte mein Vater. Sätze wie diese sollten gerade im Rückblick auf den Krieg, der nur Leid und Verwüstung angerichtet hatte, eine Sicherheit, vielleicht sogar Geborgenheit vermitteln. »Das sind wir! Schaut euch um! So weit man blicken kann, gehört alles uns! Das ist nicht nur Land, auf dem man arbeitet und schuftet. Wenn andere keine Arbeit mehr haben und die Inflation alles verbrennt, haben wir immer noch unser eigenes, weites Land!« Wenn ich an jene Zeit zurückdenke, dann waren die Worte meines Vaters mehr als nur die pathetische Übertreibung eines Landwirts, der hier im Westerwald geboren war. Ich habe sie buchstäblich aufgesogen, sie wurden zu einer Art Kompass in meinem persönlichen und beruflichen Leben.

Aber zur Bürde dieses Erbes gehörte, dass man sich krummlegen musste, um es zu bewahren. Abgesehen von meinem jüngeren Bruder gab es weder weitere Geschwister oder gar Knechte oder Mägde, die unser großes Anwesen hätten mitbewirtschaften können. Wir waren ein Familienbetrieb, bei dem jeder mit anpacken musste, von Gutsherrenart keine Spur. Nur in besonderen Ausnahmesituationen konnten wir auf fremde Hilfe zurückgreifen.

Die Knechte oder Saisonarbeiter kamen damals nicht mit einer offiziellen Empfehlung vom örtlichen Arbeitsamt auf den Hof. Es waren ehemalige oder noch einsitzende Häftlinge auf Freigang aus den nahe gelegenen Zuchthäusern von Diez und Butzbach. Man sah in den Nachkriegsjahren nicht selten Zuchthäusler, die, in der Regel schwer bewacht, im Steinbruch, beim Straßenbau oder in der Landwirtschaft arbeiteten, oft bis zur völligen körperlichen Erschöpfung. Das »Zuchthaus« war bis zu seiner Abschaffung im Jahr 1969 eine Anstalt zur Vollstreckung von besonders harten und abschreckenden Strafen, Arbeitseinsätze inklusive.

Meine Eltern waren froh über jede Hand, die mit anpackte, und kümmerten sich wenig um die Vergangenheit der Hilfskräfte. So kam es, dass ich seit frühen Kindertagen Kontakt zu Sträflingen hatte. Mein Kinderzimmer – ein schlichter Raum mit einem Bett, unter dem der Pisspott stand, einem Nachttisch und einem Spülstein zum Waschen und Zähneputzen – lag Tür an Tür mit den Stuben, in denen sie immer wieder wochenweise untergebracht wurden. Manche von ihnen verschwanden sang- und klanglos, wenn die Arbeit auf den Feldern härter wurde. Aber es gab auch solche, die überall mit anpackten, wo gerade Not am Mann war, und mit der Zeit fast zu Familienmitgliedern wurden.

Was sie genau ausgefressen hatten, davon hatte ich lange keine Ahnung. Sie waren irgendwann wegen irgendeiner Straftat verurteilt worden, Punkt. Die meisten von ihnen hatten ihre Strafe verbüßt. Mehr wussten wir Kinder von diesen Fremden, über die natürlich heimlich getuschelt wurde, in der Regel nicht. Zum einen wohl deshalb, weil man uns nicht unnötig ängstigen wollte. Zum anderen aber auch, weil das Ganze über gegenseitiges Vertrauen funktionierte – und einen Pakt, den mein Vater mit den Bewährungshelfern eingegangen war, meist mit einfachem Handschlag und stets auf Treu und Glauben. Diese Männer suchten Arbeit und bekamen bei uns eine erste Chance. Alles wurde auf null gesetzt, ihre kriminelle Vergangenheit spielte keine Rolle.

Tatsächlich ist nie etwas wirklich Schlimmes passiert. Meinem Vater kam einmal sein bester Sonntagsanzug abhanden, ein Kerl namens Hermann hatte beschlossen, sich in feinem

Zwirn vom Acker zu machen. Und Hans-Werner, ein Junge aus dem Heim, den meine Eltern bei sich aufgenommen hatten, machte auch immer wieder Probleme. Nach Verbüßung einer Jugendstrafe kam er mit achtzehn Jahren in mein Elternhaus zurück und begann eine Schreinerlehre. Er schien sich so weit gefangen zu haben, bis er zu trinken begann. Er beklaute meinen Vater immer wieder und verschwand einmal sogar mit einigen tausend Mark, die mein Vater mit Viehverkäufen erzielt hatte. Auf Drängen und Bitten meiner Mutter verzichtete er zwar auf eine Strafanzeige, schmiss Hans-Werner aber nach wiederholten Diebstählen, Alkoholexzessen und heftigen Auseinandersetzungen nach Erreichen der Volljährigkeit mit einundzwanzig Jahren aus dem Haus.

Nur einmal wurde es mulmig, als mein Vater zu einem Krankenhausaufenthalt gezwungen war. Meine Mutter blieb mit uns Kindern allein zurück. Ich erinnere mich dunkel daran, dass sie große Angst hatte und sich nachts mit meinem kleinen Bruder im Schlafzimmer einschloss. Auch im Dorf war man besorgt und fragte sich, was in Abwesenheit des Hausherrn alles passieren könne. Deshalb wurden jeden Tag »Kundschafter« auf den Hof gesandt, um nach dem Rechten zu sehen. Ich selbst weiß das alles nicht mehr so genau, schließlich war ich erst fünf Jahre alt. Meine Mutter erzählte mir später, ich hätte keine Angst gehabt und jede Nacht in meinem Bett geschlafen. Das Angebot, mit ihr und meinem Bruder hinter verschlossenen Türen zu pennen, hätte ich abgelehnt.

Natürlich haben jene zuweilen etwas finsteren Gesellen, die den häuslichen Familientisch bevölkerten, auch meine Phantasie beflügelt. Und mehr noch: Im Nachhinein legten diese Menschen den Grundstein dafür, dass ich mich für »gebrochene Biographien« interessiere. Als Schauspieler wie auch als Arzt. Ich habe ganz früh gelernt, gegenüber Häftlingen keine Animositäten zu entwickeln und sie morgens genauso zu behandeln wie am Nachmittag meine Privatpatienten. Ich glaube, dass dies eine Erfahrung ist, die mich bis heute von anderen Kollegen unterscheidet.

Der »Emmi-Kuhn-Schlag«

Von Journalisten werde ich in den letzten Jahren immer wieder gefragt, ob der Grund für meine langjährige Tätigkeit im Knast und die intensive Beschäftigung mit Tätern darauf zurückzuführen sei, dass ich eine gewisse Faszination für das Verbrechen hege. Wohl kaum. Mich interessieren die Menschen dahinter und die Gründe, die sie zu Verbrechern haben werden lassen. Die einzige Tat, die bei mir jene besondere Mischung aus Faszination, Neugier und Entsetzen ausgelöst hat, liegt sehr lange zurück. Ich war ein Kind, und die grausigen Ereignisse verfolgten mich bis in meine Träume.

Es muss Anfang des Jahres 1958 gewesen sein, als in meiner kleinen Heimatgemeinde Gerüchte über einen Mordfall die Runde machten. Das Verbrechen habe sich in unmittelbarer Nachbarschaft der Dorfschenke ereignet. Tatsächlich rückte kurz darauf die Polizei mit mehreren Wagen an, parkte vor einem etwas heruntergekommenen Fachwerkhaus und verschwand im Keller. Wir Kinder aus dem Dorf beobachteten das Geschehen aus gebührender Entfernung. Aus den Gesprächen der Erwachsenen erfuhren wir, dass im Kriechkeller des Fachwerkhauses eine Leiche vergraben sei. Josef Schowe und seine Lebensgefährtin Emmi Kuhn stünden im Verdacht, Elisabeth, Schowes Ehefrau, umgebracht zu haben.

Die Schowes waren nach Kriegsende aus dem Osten Deutschlands gekommen und in den kleinen Fachwerkhof mitten im

Zentrum von Ellar eingezogen. Ein Jahr später dann quartierte sich in diesem Haus eine weitere Frau ein, jene jüngere und attraktive Emmi Kuhn. Die Dorfbewohner verhielten sich Flüchtlingen und Heimatvertriebenen gegenüber eher distanziert, wenn nicht grob abweisend. Bei gelegentlichen Treffen war man höflich, mehr aber auch nicht. Schowe war Handelsreisender in Sachen Textilien und deshalb viel unterwegs; er war ein leutseliger, charmanter Mann, dem es bei seinen seltenen Besuchen in der Dorfkneipe leichtfiel, Zugang zu den anderen Männern des Ortes zu finden. Frauen gingen damals nur zu besonderen Anlässen – bei Hochzeiten, Trauerfeiern oder Kirmes- und Karnevalsveranstaltungen – in die Schenke. Und so führte Elisabeth Schowe ein zurückgezogenes Leben, das sich den Blicken und der Aufmerksamkeit der Nachbarn weitgehend entzog. Von ihr wusste man nur, dass es sie gab, wo sie wohnte und zu wem sie gehörte.

Zur weiteren Isolation trug auch die Tatsache bei, dass die beiden Protestanten waren. Mit Ausnahme der wenigen anderen Flüchtlinge lebten damals keine »Andersgläubigen« in der erzkatholischen Gemeinde. Damit fiel auch der Besuch des sonntäglichen Gottesdienstes oder besonderer Kirchenfeiern als Möglichkeit zur Kontaktaufnahme mit den Einheimischen aus.

Als Josef Schowe eines Tages allein von einer gemeinsamen Reise mit seiner Frau zurückkam, stieß das im Dorf kaum auf Verwunderung oder gar Interesse. Niemand stellte Fragen. Schowe ließ einigen Nachbarn gegenüber beiläufig fallen, seine Frau habe so unter Heimweh gelitten, dass sie während der Reise in die alte Heimat beschlossen habe, dort zu bleiben. Es war damals nicht ungewöhnlich, dass Kriegsflüchtlinge sich entschieden, wieder zurückzugehen. Die Grenze zur späteren DDR, damals SBZ, Sowjetische Besatzungszone genannt, war ja noch offen, und es kam immer wieder vor, dass ganze Familien, die auch nach Jahren in ihrer neuen Heimat nicht Fuß gefasst hatten, von einem Besuch nicht zurückkehrten. Den alteingesessenen Dorfbewohnern schien das nur recht zu sein, man war mit dem Wiederaufbau beschäftigt und hatte genug mit sich selbst zu tun.

Dass Josef nun mit der Neuen, Emmi Kuhn, zusammenlebte, darüber wurde zwar ein wenig getuschelt, mehr aber auch nicht. Doch anders als Elisabeth war Emmi eine lebenslustige Frau, die Kontakte zu den Dorfbewohnern suchte, jedermann freundlich grüßte, mit uns Kindern scherzte, ihren Josef ab und zu in die Dorfschenke begleitete und so versuchte, sich in die Gemeinschaft zu integrieren. Ihre Attraktivität machte es ihr leichter. Bei den Festen und Tanzveranstaltungen war sie der Hingucker, und nicht nur die Junggesellen des Ortes suchten ihre Bekanntschaft. Sie tanzte und flirtete mit Leichtigkeit und Hingabe und zog alle Blicke auf sich. Keine leichte Zeit für Josef, den Emmis Treiben rasend eifersüchtig machte.

Anlässlich eines Maskenballs im Saal der Dorfkneipe tanzte, trank und flirtete Emmi mit einem jungen gutaussehenden Mann aus einer Nachbargemeinde. Kurz darauf machte Josef ihr vor der Toilette eine Szene, die in einem fatalen Satz gipfelte: »Wenn du mich hier weiter so zum Narren machst, passiert dir das Gleiche wie meiner Frau!« Diesen Satz hörte ein junger Polizist, der sich gerade auf dem Männerpissoir erleichterte. Hatte er sich verhört? Was hatte Schowe damit gemeint? Der mysteriöse Satz ließ den Polizisten nicht mehr los, und er begann nachzuforschen. Schnell erfuhr er, dass Schowes Ehefrau Jahre zuvor verschwunden war und dass man bereits kurz nach ihrem Verschwinden im Keller des Hauses nach ihrer Leiche gegraben habe – vergeblich. Dabei hatte das Pferd eines Ellarer Bauern vor der Kelleraußenwand auffällig gescheut. Der Polizist recherchierte weiter, fand aber keinerlei Hinweise für den Verbleib von Elisabeth Schowe. Seine Nachforschungen schienen ins Leere zu laufen. Doch so leicht wollte er sich nicht geschlagen geben.

Beim nächsten Maskenball machte er sich an Emmi heran, tanzte immer wieder mit ihr und lud sie anschließend in die Sektbar des Saales ein. Hierhin zogen sich gewöhnlich Paare zurück, um das zu tun, was damals in der Öffentlichkeit auf Missfallen gestoßen wäre. Eine vorsichtige körperliche Annäherung, vielleicht sogar ein Kuss. Hier erfuhr er von Emmi, dass sie Josef schon 1946 kennengelernt und eine Affäre mit ihm begonnen habe. Anfangs sei alles wunderbar gewesen, nur inzwischen drohe Josef mit seiner wahnsinnigen Eifersucht alles kaputtzumachen. Für Emmis »Verehrer« war dies das entscheidende Stichwort. Er legte sich richtig ins Zeug, um Schowe zu provozieren. Als der mit Emmi daraufhin die Veranstaltung abrupt verließ, folgte er den beiden unauffällig. Durch die maroden Fenster hörte er den immer lauter geführten Disput des Paares mit an. Beide waren sichtlich betrunken, die Stimmen überschlugen sich. Und dann fiel wieder dieser Satz: »Pass bloß auf. Wenn du mich weiter zum Gespött der Leute machst, landest du auch im Keller.«

Es war diese Äußerung, die am darauffolgenden Tag zur Verhaftung des Paares führte. Die Polizei durchsuchte das Haus und den Keller und fand dort schließlich die sterblichen Überreste von Elisabeth Schowe. Bei der Vernehmung gestanden Emmi und Josef die Tat.

Josef habe Emmi Kuhn auf einer seiner Reisen in Berlin kennengelernt, eine Affäre mit ihr begonnen und bald gemerkt, dass er mehr wollte. Seiner Frau erzählte er, dass er eine alte Bekannte wiedergetroffen habe, die im Westen ein neues Leben anfangen wolle und dabei seine Unterstützung brauche. Er habe sie für einige Tage, höchstens Wochen eingeladen. Nur so lange, bis sie eine Unterkunft und Arbeit gefunden habe. Emmi kam mit Sack und Pack, man verstand sich recht gut, sie blieb und ging Elisabeth im Haushalt zur Hand. Doch mit der Zeit bemerkte Elisabeth, dass zwischen Emmi und Josef mehr lief, es kam zu heftigen Eifersuchtsszenen. Eine Scheidung war damals ein schwieriges Unterfangen, eine andere Lösung musste also her. Eines Abends beschloss das Liebespaar, Elisabeth aus dem Weg zu räumen. Mord schien der einfachste, schnellste und billigste Weg.

Unter Josefs Anleitung übte Emmi an einem Hackstock im Hof die richtige Schlagtechnik. An einem Tag Ende Juli war es dann so weit. Elisabeth lag schlafend auf dem Sofa, als ein schwerer Knüppel auf sie niederfuhr. Sie hatte keine Chance. Das Paar zerrte die Tote in den Keller. Viele alte Häuser im Dorf hatten im Erdgeschoss Dielenböden, in die eine Klappe eingelassen war, durch die man Kartoffeln, Kohlen oder Holz in den Keller werfen konnte. In anderen Häusern gab es für diesen Zweck herausnehmbare Dielen. Durch die Öffnung schoben sie die Leiche nach unten und verscharrten sie im gestampften Lehmboden des Kellers. Dann packten sie, und Josef Schowe erzählte einigen Nachbarn, dass man eine Reise in die alte Heimat unternehmen wolle.

Etwa ein Jahr nach der Festnahme wurde ihnen der Prozess gemacht. Am Landgericht Limburg wurde das Paar wegen gemeinschaftlich begangenen Mordes zu einer lebenslangen Zuchthausstrafe verurteilt. Josef Schowe starb Jahre später im Gefängnis von Butzbach. Die Spur von Emmi Kuhn verlor sich im Laufe der Jahre. Was uns Kindern von ihr im Gedächtnis blieb, war der »Emmi-Kuhn-Schlag«. Wenn wir uns stritten, balgten oder uns gegenseitig kindlich drohten, fiel über Jahre immer wieder der Satz: »Wenn du nicht aufhörst, dann verpasse ich dir den Emmi-Kuhn-Schlag.«

Das war meine erste Erfahrung mit Verbrechen – eine Erfahrung, die so intensiv gewesen sein muss, dass ich mich heute noch, nach über fünfzig Jahren, an die Details und Namen der Täter erinnere, während ich die Namen der meisten Täter, die ich in den letzten Jahren als Arzt betreut habe, tatsächlich vergessen habe.

Mein »erstes Mal«

Meine erste Knasterfahrung machte ich schon ein paar Jahre vor meinem Amtsantritt in Werl. Ins Gefängnis zu kommen, war nicht leicht, mein erster Versuch scheiterte kläglich. Es war Anfang der siebziger Jahre, ich war damals noch als Jurastudent an der Uni Marburg eingeschrieben und bekam wegen eines Verkehrsvergehens eine Geldstrafe aufgebrummt. Alternativ sollte ich zehn Tage lang in den Knast gehen. Da ich chronisch knapp bei Kasse war, entschied ich mich für die Haft.

Nach einer feucht-fröhlichen Abschiedsparty mit Freunden in unserer Wohngemeinschaft wollte ich mich am nächsten Morgen im alten Stadtgefängnis, das sich damals nur einen Steinwurf weit entfernt in der Liebigstraße befand, zur Verbüßung der »Ersatzfreiheitsstrafe« stellen. Der Gedanke an einige Tage im Knast schreckte mich nicht besonders, ich hatte schließlich während meiner Bundeswehrzeit schon jede Menge Zeit im »Bunker« oder »Café Viereck«, wie der Haftraum im Soldatenjargon bezeichnet wurde, verbracht. Und da war es sicher weniger komfortabel gewesen. Das redete ich mir zumindest ein. Auf mich warteten eine halbwegs bequeme Unterkunft, ein sauberes Bett und jede Menge spannende Begegnungen mit ungewöhnlichen Menschen. Für den Fall, dass mir doch langweilig werden würde, packte ich ein paar Bücher in meine Sporttasche, darunter Musils *Der Mann ohne Eigenschaften*. Die wenigen Tage würde ich locker auf einer Arschbacke absitzen. Und für den Fall, dass mir der Aufenthalt wider Erwarten zusetzen sollte, gab es ja die Möglichkeit einer schnellen Entlassung, indem ich den Rest der Strafe finanziell berappte.

Wir feierten die ganze Nacht und ergingen uns bis in die Morgenstunden in weitschweifigen Phantasien über all das, was mich wohl erwarten würde. Noch deutlich vom Alkohol gezeichnet machte sich schließlich eine kleine Prozession von übernächtigten, langhaarigen Gestalten mit mir an der Spitze auf den Weg zum Knast.

An der Eingangstür angekommen, betätigte ich die Klingel und wartete. Nach einer gefühlten Ewigkeit blaffte mich ein Beamter durch die Gegensprechanlage an, was ich hier wolle. Ich kramte den Strafbefehl aus der Jacke und hielt ihn umständlich vor einen Monitor neben dem Tor. Die Minuten, bis mir geöffnet wurde, zogen sich. Doch dann endlich konnte ich unter dem Applaus und dem Gejohle meiner Wegbegleiter eintreten. Kaum war ich drin, stand ich nach wenigen Schritten schon vor einer Gittertür. Ein Beamter nahm den Strafbefehl entgegen und wies mich an, auf einer Bank Platz zu nehmen. Er müsse telefonieren. Nach einer knappen Stunde kehrte er zurück, drückte mir das Schreiben wieder in die Hand und erklärte: »Wir wissen nicht, was Sie hier noch wollen, die Geldstrafe wurde bereits überwiesen. Sie können gehen.« Mit diesen Worten übergab er mich einem anderen Beamten, der mich höflich, aber bestimmt vor die Tür setzte.

Verdutzt und etwas enttäuscht trottete ich zurück zu unserer Wohnung. Alle waren ausgeflogen. Gut so. Ich fühlte mich reichlich blamiert und war froh, fürs Erste meine Ruhe zu haben. Außerdem musste ich mir noch eine plausible Geschichte für meinen Kurztrip hinter Gittern ausdenken. Die Wahrheit erschien mir denn doch zu banal. Meine Mutter hatte die Geldstrafe beglichen, das hatte ein kurzer Kontrollanruf bei ihr ergeben. Dieser selbstlose mütterliche Einsatz für den Jungen wäre eine Steilvorlage für meine WG-Freunde gewesen …

Zwölf Jahre später haben sie mich dann dabehalten. Wenngleich nicht auf Anhieb. Das Krankenhaus in Fröndenberg hatte erst vor wenigen Wochen seinen Betrieb als Haftkrankenhaus aufgenommen. Ich hatte mich auf eine Stellenausschreibung hin beworben, die Zusage der Verwaltung für eine

Stelle als Assistenzarzt in der Chirurgie bekommen und wollte mich einige Wochen vor Arbeitsbeginn unbedingt meinem zukünftigen Chefarzt vorstellen. Nachdem meine Personalien aufgenommen worden waren und ich mit einer Sonde auf metallische Gegenstände untersucht worden war, durfte ich die Sicherheitsschleuse passieren. Die Chefsekretärin führte mich über einen großen Innenhof ins Gebäude, schloss zahllose Gittertüren vor mir auf und hinter mir wieder zu, bis ich endlich im Vorzimmer des Chefarztes angekommen war. Nach einem halbstündigen, freundlichen Gespräch mit dem Chefarzt begleitete mich die Sekretärin den gleichen Weg zurück.

»Und? Wie ist es gelaufen?«, wollte meine Frau wissen, die im Auto auf dem Parkplatz vor dem Justizgefängnis gespannt auf mich gewartet hatte.

»Super! Die freuen sich riesig, dass ich am 15. Januar anfange.«

Noch am Nachmittag schrieb ich eine Absage an ein Krankenhaus in Wuppertal, wo mir eine Weiterbildungsstelle in der Urologie angeboten worden war.

Etwa eine Woche später wurde ich zu einem dringenden Gespräch ins Knastkrankenhaus gebeten, wo man mir mit dem Ausdruck allergrößten Bedauerns mitteilte, dass sich der Chefarzt gegen meine Anstellung ausgesprochen habe. An meiner Qualifikation habe er nichts auszusetzen gehabt, aber mein Auftreten und meine Persönlichkeit seien für ihn Anlass gewesen, von meiner Einstellung dringend abzuraten. Für die Arbeit mit inhaftierten Patienten sei ich nach seiner Ansicht gänzlich ungeeignet.

Völlig konsterniert und am Boden zerstört hockte ich vor der Verwaltungsangestellten, die mir die schlechte Nachricht überbracht hatte. Die Aussicht auf eine erste, feste Anstellung als Arzt hatte sich in Luft aufgelöst. Die Dame musterte mich eingehend. Nach einer Weile sagte sie, nicht ohne Zögern in der Stimme: »Wir haben da zur Zeit keinen festen Anstaltsarzt in der JVA. Wenn Sie sich das vorstellen können, würde ich einen Kontakt vermitteln. Bis Sie etwas anderes gefunden haben, könnten Sie dort zweimal in der Woche Sprechstunden abhalten.«

Bis heute habe ich nicht einmal mehr den Versuch unternommen, mir etwas anderes zu suchen.

Knastalltag

Kleiderkammer

Haftanstalten folgen nicht nur in Deutschland, sondern überall auf der Welt dem Prinzip der Gleichmacherei. Sobald sich das Gefängnistor hinter dem Neuankömmling geschlossen hat, sind alle Privilegien verschwunden, die er früher vielleicht einmal hatte. Jetzt ist er nur noch eine Nummer, einer, der sich einfügen muss, der sich nicht von der Masse der anderen Insassen unterscheiden darf, schon gar nicht äußerlich. Nichts symbolisiert diesen Einschnitt so sehr wie der Gang in die Kleiderkammer.

Der Kammerbeamte entscheidet darüber, was der Neue in seine Zelle mitnehmen darf. Er lässt ihn Formulare unterschreiben und händigt ihm seine Grundausstattung aus. Dazu gehören ausgewählte Utensilien zur Körperpflege, aber auch einige Alltagsgegenstände, die Otto Normalbürger wohl bereits in der Zelle vermuten würde. Bettwäsche, eine unförmige Schaumstoffmatratze nebst Kopfkeil sowie etwas Geschirr und wenige private Sachen, deren Besitz ihm bei Haftantritt genehmigt wurde. Bevor er in Begleitung eines Beamten den Weg zur Zelle antreten darf, muss er allerdings noch seine Kleidung abgeben. Häftlinge im geschlossenen Vollzug – also Leute, die bereits rechtskräftig verurteilt wurden – müssen Anstaltskleidung tragen, da gibt es keine Ausnahme. Sie besteht meist aus schlechtgeschnittenen Jeans, einem grauen T-Shirt sowie einer

Jacke, dem sogenannten Blaumann. Nur jemand, der in Untersuchungshaft einsitzt, darf in der Regel seine eigenen Klamotten tragen.

Die Kleidungsfrage ist Anlass für ständige Querelen. Natürlich will ein Zuhälter am liebsten seine ballonseidene Hose tragen, und der Bodybuilder möchte ungern auf sein hautenges Muskelshirt verzichten; andere Knackis beharren auf eigenen Turnschuhen, um besser Sport treiben zu können, oder führen eine chronische Allergie gegen Knastwäsche ins Feld, in der Hoffnung, die eigene behalten zu dürfen. Hinter all diesen Einwänden steckt letztlich nichts anderes als die Angst, in diesem Meer aus Einheitsklamottenträgern seine Eigenständigkeit zu verlieren. Nur selten gibt es Fälle, bei denen eine Eingabe gegen die Kleiderordnung wirklich berechtigt ist. Ich erinnere mich zum Beispiel an einen Häftling, der in der Vorwendezeit in Werl einsaß. Der Kerl lebte im wahrsten Sinne des Wortes auf großem Fuß – er hatte Schuhgröße achtundfünfzig, es gab schlichtweg keine Anstaltsschuhe, die ihm gepasst hätten, und so musste er zunächst barfuß oder in Strümpfen herumlaufen. Auf eigene Schuhe konnte er nicht zurückgreifen, weil er barfuß verhaftet worden war. Das erregte nicht nur Mitleid, der Häftling wurde auch mit jeder Menge Spott bedacht. Weil ich das ganze Theater um seine Schuhe leid war, zog ich ihn aus dem Verkehr und behielt ihn so lange auf der Krankenstation, bis die Anstaltskammer ihm endlich die passenden Schuhe besorgt hatte.

Der Gang in die Kleiderkammer ist selbst für hartgesottene Typen ein einschneidendes Erlebnis. Es ist eine entehrende Prozedur, sich vor wildfremden Leuten nackt ausziehen und anschließend dabei zusehen zu müssen, wie die Beamten alles in einem Kleidersack verstauen und verplomben. Aus den Klamotten, die eben noch Alltag und Ausdruck der eigenen Persönlichkeit waren, wird in diesem Moment die »Entlassungskleidung«, die man erst wieder überstreifen darf, wenn die Strafe abgesessen ist.

Weil nur der Arzt befugt ist, in Sachen Knastkleidung Ausnahmen anzuordnen und etwa wegen drohender gesundheitlicher Nachteile das Tragen privater Wäsche gestatten darf, werde ich natürlich immer wieder mit dem leidigen Thema Knastwäsche konfrontiert. Die Häftlinge entwickeln dabei eine erstaunliche Kreativität. Ich hatte einmal einen Patienten, der mir sogar das Schreiben eines anerkannten Psychologen unter die Nase hielt: Um sein Seelenheil nicht massiv zu gefährden, sei das Tragen seiner persönlichen Lacoste-Klamotten unerlässlich. Das Krokodil-Emblem sollte wohl allen Mithäftlingen signalisieren, hier ist einer, der bessere Zeiten erlebt hat.

Abgesehen von dem Wunsch nach etwas Individualität ist es natürlich kein angenehmes Gefühl, in Unterwäsche zu schlüpfen, die schon von anderen Häftlingen verschlissen wurde. Was, wenn die einem Kindsmörder gehört hat? Absurde Gedanken, die einem da durch den Kopf schießen, von denen man sich aber nur schwer freimachen kann.

Oft bin ich dann derjenige, der als verantwortlicher Arzt entscheiden muss, ob Gründe für eine Ausnahmeregelung vorliegen. Eine solche Entscheidung zu treffen ist für mich nicht selten eine Gratwanderung. Wie reagieren die Mithäftlinge darauf? Wird es zu einer Flut von Beschwerden kommen, gleiches Recht für alle? Ich muss unnötige Rivalitäten vermeiden, die jederzeit in offene Konflikte umschlagen könnten. Bei der leidigen Klamottenfrage geht es ja nicht nur um die flauschige Angora-Unterhose oder das geliebte Polohemd mit dem eingewebten Markenzeichen. Jeder Neuankömmling kann sich mit Sonderwünschen, ohne es zu ahnen, gleich bei der Ankunft ins Aus schießen. Denn jede Form von erkennbarer Privilegierung ist ein Signal für die Mitgefangenen. Sie kann dazu führen, dass der Neue schikaniert, zumindest aber zum Gespött der anderen wird. Hier kommt ein Weichei, dem werden wir gleich mal zeigen, wo der Hammer hängt. Schlimmstenfalls wird er von den anderen abgezogen. Schon in der Kleiderkammer, wo oft andere Häftlinge beschäftigt sind, wird der Neue ausgiebig taxiert. Hier bleibt kaum etwas verborgen. Mit welchen Klamotten kommt er im Knast an, gibt er den Beamten eine wertvolle Uhr oder einen dicken Klunker zur Aufbewahrung? Hält er sich für etwas Besseres? Die Nachricht, dass da ein dicker Fisch angekommen sein könnte, wird auf den Fluren bald die Runde machen. Damit wächst die Gefahr, dass er von seinen Mithäftlingen um den einen oder anderen »Gefallen« gebeten werden könnte. Wer aussieht, als habe er Kohle, hat bald viele »Freunde«. Wer aussieht, als verfüge er über gute Kontakte nach draußen, wird schnell gebeten, diese auch für andere zu nutzen. Kriminelle riechen, wie einer tickt, wen man ausnutzen und von wem man profitieren könnte.

Bei einer Einzelunterbringung kann sich der Neue diesem Druck durch Mithäftlinge besser entziehen. In einer Gemeinschaftszelle hat er keine Chance. Alles, was er offen auf Regalen, am Waschbecken oder auf dem Bett ablegt, ist den Blicken der Zellengenossen ausgesetzt. Je geringer die Zahl der persönlichen Gegenstände ist, umso kleiner wird die Angriffsfläche für die anderen. Zumindest während der ersten Zeit kann einem das den Arsch retten. Wenn man länger einsitzt, werden die Knastkollegen andere Mittel und Wege finden. Jeder wächst an seinen Aufgaben.

Geruch

Das Erste, was dem Häftling auf dem Weg von der Kleiderkammer zu seiner Zelle auffallen wird, ist der Geruch. Dieser typische Knastgeruch. Eine Mischung aus Bohnerwachs und Eintopf. Kaltem Zigarettenrauch und ungelüfteten Betten. Männerschweiß, Kernseife und angebranntem Essen. Es gibt Kollegen, die lange im Knast gearbeitet haben und die bei diesem Geruch ganz nervös werden. Dann flüstern sie sich in der Straßenbahn zu: »Der da vorne muss ein Knacki sein. Vielleicht auf Freigang. Oder eben erst aus der Haft entlassen.« Dieser Geruch hängt überall, er fährt einem scharf in die Nase und legt sich wie ein schmieriger Film auf Haut und Haare. Ein Geruch, der zustande kommt, wenn viele Menschen auf engstem Raum untergebracht sind. Er dringt aus den Zellen, er hängt in der Kleidung der Inhaftierten, über den Fluren. Wie sollte es auch anders sein? Im Knast kann man nun mal schlecht lüften. Und selbst wenn man einmal alle Fenster und Türen auf Durchzug stellen könnte, würde das nicht ausreichen, um den Geruch aus Zellen und Fluren hinauszukriegen.

Wenn ich nur eine Sinneswahrnehmung nennen dürfte, die mir zum Thema Knast einfällt, dann wäre es mit Sicherheit dieser markante Geruch. In den Zellen selbst ist es am schlimmsten. Es sind gerade Männer, die – auf sich selbst zurückgeworfen und eingesperrt – dazu neigen, die tägliche Hygiene zu vernachlässigen. Manche verwahrlosen regelrecht, machen sich nicht einmal mehr die Mühe, ihre Kleidung zum Schlafen auszuziehen. Wenn sie den Sprechstundenraum betreten, riechen sie streng nach Bett und Schweiß und dreckiger Unterwäsche.

Unterschiedliche Hygienevorstellungen führen immer wieder zu Auseinandersetzungen auf den Gemeinschaftszellen.

Der eine stinkt wie ein Iltis, rülpst und furzt ohne Rücksicht auf Verluste, der andere verfällt fast schon in einen zwanghaften Hygienewahn. Es gibt Insassen, die ihre Zelle blitzblank scheuern. Man darf sie nur betreten, wenn man sich vorher ordentlich die Schuhe abgeputzt hat. In anderen Zellen ist man froh, wenn man sich die Schuhe hinterher abtreten kann. In einer Gemeinschaftszelle versucht jeder, seinen Stiefel durchzuziehen. Am Ende setzt sich derjenige mit seinen Vorstellungen durch, der entweder genügend Überzeugungsarbeit geleistet hat oder über die dickeren Arme verfügt. In jedem Fall aber hat der Satz »Ich kann den nicht mehr riechen, der stinkt mir« im Knast eine doppelte Bedeutung.

Die Zelle

Wenn sich die schwere Zellentür zum ersten Mal hinter dem Häftling schließt, trifft ihn die Macht des Vollzuges mit voller Wucht. Bis zu diesem Moment war alles geregelt. Anträge mussten ausgefüllt werden, dann das Umkleiden, das Durchschließen, alles neu, alles ungewohnt. Ein Mensch, der das erste Mal straffällig geworden ist, kennt Gefängnisse gemeinhin nur aus Kriminalfilmen. Kaum jemand kann sich vorstellen, was es wirklich bedeutet, in einer vergitterten, knapp zehn Quadratmeter großen Zelle zu sitzen. Für den Normalbürger gehört so eine Situation ins Reich der Phantasie; aber auch Ganoven, die schon einiges auf dem Kerbholz haben und ständig damit rechnen müssen, eingelocht zu werden, schieben die Gedanken an den Knast bereitwillig beiseite. Doch auf einmal wird aus einer vagen Vorstellung bittere Realität. Und zwar genau in dem Moment, in dem man feststellt, dass die Zellentür an der Innenseite keinen Griff und kein Schloss hat. Die beruhigende Gewissheit, jede Tür nach Belieben aufmachen und hinter sich verschließen zu können, ist schlagartig verschwunden. Erst in diesem Augenblick wird dem Häftling wirklich klar, was es bedeutet, eingeschlossen zu sein. Es ist ein Gefühl der Ohnmacht und Hilflosigkeit, das ihn bis zu seiner Entlassung nicht mehr loslassen wird. Plötzlich registriert er, dass er von nun an nur noch fremdbestimmt agieren kann. Der Vollzugsplan regelt, wann er was zu tun hat, die Aufschlusszeiten legen fest, wann die Zellentür geöffnet wird. Er realisiert, dass er außerhalb dieser Zeiten nur dann in Kontakt mit der Außenwelt treten darf, wenn er über die Sprechanlage einen triftigen Grund dafür vorbringen kann, warum sich die »Grünen« (so werden die Beamten in Uniform genannt) gerade jetzt mit ihm abgeben sollten.

Die Tür einer normalen Zelle ist etwa 75 cm breit und 1,75 m hoch. Wenn man groß gewachsen ist, sollte man also besser den Kopf einziehen. Manchmal denke ich, dass genau das beabsichtigt ist; dass der Insasse leicht gebeugt, demütig hinein- oder heraustritt. Vielleicht liegt es aber auch schlicht daran, dass vor hundert Jahren, als die meisten der großen Gefängnisse in Deutschland gebaut wurden, die Menschen allesamt ein Stück kleiner waren als heute.

Die Zellen sind etwas höher als breit, auch das ist ein Überbleibsel aus vergangenen Tagen, als hier noch Stockbetten standen. Eine Einzelzelle ist ungefähr 3,50 m lang, 2 m breit und etwa 2,40 m hoch. Vier Schritte sind es von der Tür bis zum Fenster. Wenn man sich in die Mitte der Zelle stellt und die Arme ausbreitet, kann man mit den Fingerspitzen die Wände rechts und links fast berühren. Das Fenster ist so hoch angebracht, dass man nur dann einen Blick hinauswerfen kann, wenn man auf einen Stuhl oder das Bett steigt. Es misst ungefähr ein Meter in der Breite und 90 cm in der Höhe. Vor dem Fenster befinden sich Edelstahlmangangitter, dahinter noch eine Feinvergitterung, die zum einen verhindert, dass Gegenstände aus den Zellenfenstern geworfen werden, und zum anderen, dass die Insassen »pendeln«.

Pendeln bedeutet, dass man Gegenstände an eine Schnur bindet und diese mit Pendelbewegungen von Zellenfenster zu Zellenfenster weiterreicht. Der eine bindet beispielsweise ein Päckchen Tabak an eine Schnur und schwingt diese so lange hin und her, bis der Empfänger sie mit einem Besenstiel zu sich heranholen kann. Durch die Feinvergitterung wird das unterbunden. Der Hauptgrund für die Anbringung dieser Zusatzgitter ist jedoch die Schutzfunktion. Man will verhindern, dass Gegenstände aus dem Fenster geworfen werden, die im Hof stehende Mithäftlinge oder Beamte verletzen könnten.

Die Grundausstattung der Zellen ist spartanisch. Unmittelbar hinter der Tür befindet sich die Toilette, gegenüber das Waschbecken; aus dem Hahn kommt nur kaltes Wasser. Darüber ist eine Ablage für Hygieneartikel angebracht, außerdem ein Spiegel. Seit einer Klagewelle vor fünf oder sechs Jahren wurden sämtliche Gemeinschaftshafträume mit Toilettenkabinen ausgestattet. So wird der Inhaftierte, der gerade seine Notdurft verrichtet, vor den Blicken der Mitgefangenen geschützt. Und diese vor Geräusch- oder Geruchsbelästigungen. Auch in Einzelzellen sind die Toiletten seitdem mit einer kleinen »Schamwand«, einer Art Paravent oder einem Vorhang abgetrennt.

An der anderen Zellenwand steht ein Bett, ein einfaches Eisengestell, eine Holzplatte dient als Lattenrost für die dünne Schaumstoffmatratze. Die Betten sind 80 cm breit und zwei Meter lang. Dazu kommen ein Stuhl, ein kleiner Tisch und ein Schrank oder Regal. An der Wand vielleicht noch ein kleines Bücherbrett. In den Gemeinschaftszellen gibt es entsprechend mehr Stühle und Betten, ansonsten sind Ausstattung und Aufteilung identisch. Die Gemeinschaftszellen bieten Platz für zwei bis vier Insassen, wobei jedem Häftling heute 13 bis 15 m^3 Raum zur Verfügung stehen müssen. Zu Zeiten des Zuchthauses war das noch ganz anders.

Je nach Größe des Gefängnisses lässt sich das Verhältnis von Einzel- und Gemeinschaftszellen grob auf 60 zu 40 beziffern. Ein Recht auf die Unterbringung in einem Einzelhaftraum gibt es nur in Ausnahmefällen. Viele Insassen müssen Monate, manchmal sogar Jahre in einem Gemeinschaftshaftraum verbringen, bevor sie auf der internen Warteliste so weit nach oben gerückt sind, dass sie endlich in der ersehnten Einzelzelle untergebracht werden können. So ist denn auch die Zahl derer, die sich während der Sprechstunden mit der Bitte an mich wenden, ihnen aus medizinischen Gründen einen Einzelhaftraum zu verordnen, relativ groß.

Der Mangel an Privatsphäre und Rückzugsmöglichkeiten macht den meisten Insassen der Gemeinschaftszellen schwer zu schaffen. Nur wenige fühlen sich in Gemeinschaft wohl. Viele leiden unter Verstopfung, weil sie Probleme damit haben, in der Nähe anderer ihren Stuhlgang zu verrichten. Andere klagen über Schlaflosigkeit, weil der Zellengenosse schnarcht, bis in die Puppen fernsieht oder nervige Musik hört. Dazu kommen die Belastungen durch die dauernde Nähe auf kleinstem Raum. Nichts bleibt vor den Mitgefangenen verborgen, selbst die Korrespondenz mit dem Gericht oder den Anwälten wird von neugierigen Zellengenossen eingesehen. Die Angst, beklaut zu werden, ist bei den meisten Insassen allgegenwärtig.

Die Zelle ist Schlafraum, Wohnraum, Esszimmer und Toilette in einem. Hier verbringen die Häftlinge an Wochenenden, wo man weder arbeiten noch sich beim Sport ablenken kann, bis zu dreiundzwanzig Stunden. Hier prallen die unterschiedlichsten Charaktere aufeinander, hier reibt man sich an den religiösen Vorstellungen des anderen, hier treffen Ethnien aufeinander, die sonst kaum Berührungspunkte haben. Einer Auseinandersetzung kann man auf der Zelle kaum entgehen. Die Möglichkeiten, einen Mitinsassen zu schikanieren, sind zahlreich, der Phantasie kaum Grenzen gesetzt. Nur wenn eine Sache so eskaliert, dass es laut wird, dass jemand massiv zu Schaden kommt oder ein Häftling vorab die Beamten informiert, kriegt der Vollzug das mit. Aber vieles bleibt im Verborgenen. Für die meisten Häftlinge ist die Unterbringung in einer solchen Gemeinschaftszelle der Inbegriff der Hölle im Knast.

Andere wiederum können nicht damit umgehen, allein auf Zelle zu hocken. Sie halten es nicht aus, auf sich selbst zurückgeworfen zu sein, haben das Gefühl, die Mauern ihrer Zelle würden immer näher rücken und sie erdrücken. Für diejenigen, die in einer Einzelzelle untergebracht sind, bin ich oft der Erste, der ihnen nach ihrer Einlieferung zuhört, mit dem sie reden können. Ich erlebe immer wieder Häftlinge, die, vor allem wenn sie zum ersten Mal eingeliefert werden, in einen regelrechten Schockzustand verfallen. Der Umgang mit ihnen verlangt mir ein hohes Maß an psychologischem Einfühlungsvermögen ab.

Zuerst muss ich die Haftfähigkeit attestieren und entscheiden, ob und in welchem Umfang der Inhaftierte für die Arbeiten in den Knastwerkstätten geeignet ist. Die körperliche Befähigung ist eine Sache, die psychische Verfassung eine ganz andere. Die Neuankömmlinge sitzen oft weinend, manchmal auch vollkommen stumm und apathisch vor mir. Es ist meine Aufgabe, sie zum Reden zu bringen, mir ein Bild von ihnen zu machen. Über die Hafttauglichkeit eines Erstinhaftierten zu entscheiden, der geschockt, depressiv und schlimmstenfalls suizidal auf seine Einbuchtung reagiert, gehört zu den größten Herausforderungen für einen Arzt im Knast. Dass eine Haft kein Spaziergang ist, liegt in der Natur der Sache. Aber die Grenze zu ziehen zwischen einer »normalen« Knastdepression, die sich wieder legt, sobald man sich »eingelebt« hat, und einer schweren Depression, die nicht so ohne Weiteres wieder verschwindet, ist enorm schwer. Eine Inhaftierung ist für einige wenige Insassen ein so schockierendes Erlebnis, dass sie daran zerbrechen. Die meisten hingegen haben damit gerechnet, dass ihr Tun sie eines Tages in Haft bringen wird. Sie nehmen ihr Schicksal schneller an und arrangieren sich damit, selbst wenn sie zum ersten Mal einsitzen. Für die Hafterfahrenen ist diese emotionale Achterbahnfahrt ein alter Hut, sie kehren mit ihrer neuerlichen Inhaftierung sozusagen in das Mutterhaus zurück. Hier kennen sie sich aus, hier sind sie bekannt, hier haben sie lange Zeit ihres Lebens verbracht. Es ist wie das Heimkommen des verlorenen Sohnes, der Knast ist eine vertraute Umgebung, die nicht mehr verschreckt, sondern als natürlicher Bestandteil des eigenen Lebens akzeptiert wird.

Manchmal fühle ich mich während dieser ersten Gespräche in einer ähnlichen Position wie ein Ringarzt beim Boxkampf: Ich weiß, dass dem Häftling einer der größten Kämpfe seines Lebens bevorsteht. Meine Aufgabe ist es, in dem Moment, wo er diesem Kampf, dieser Auseinandersetzung nicht mehr gewachsen ist, das Handtuch zu werfen. Ich muss ihn vorübergehend aus dem Ring nehmen, behandeln und fit machen für die nächste Runde. Ich muss in der Lage sein, den Täter als Menschen wahrzunehmen, der Gefahr läuft, ins Bodenlose zu fallen. Über dem gerade alles zusammenbricht. Ich muss zwischen den Zeilen lesen und mir ein Bild machen können über die weitere Entwicklung seiner Gefühlszustände. Dabei darf mir das Wissen um seine Tat nicht den Blick verstellen. Ich bin dafür verantwortlich, dass der Patient emotional nicht aus dem Ruder läuft und sich oder anderen etwas antut. Sollte diese Gefahr gegeben sein, muss ich die Anweisungen für eine unausgesetzte gemeinschaftliche Unterbringung geben, für regelmäßige Zellenkontrollen (in unregelmäßigen Abständen, zwischen jeder Kontrolle dürfen allerdings höchstens 15 Minuten liegen) oder das Verbringen in einen kameraüberwachten Haftraum, notfalls sogar für den Bunker. Solange ich nicht in Absprache mit Psychologen und Betreuungsbeamten zu einer anderen Feststellung gelange, solange wird etwa ein suizidgefährdeter Häftling unter besonderer Beobachtung bleiben. Er wird keine gefährlichen Gegenstände auf seiner Zelle haben dürfen, kein Messer, keine Gabel, nur Plastikbesteck und -geschirr. Weder scharfkantige Gegenstände noch solche, mit denen sich ein Insasse erhängen könnte, dürfen im Haftraum vorhanden sein. Der Häftling muss seinen Gürtel abgeben, die Schnürsenkel, den Fernseher mit dem langen Kabel, auch Vorhänge werden abgenommen. Diese Art der Unterbringung wird so lange beibehalten, bis die Gefahr der Eigengefährdung auf ein absolutes Minimum reduziert ist.

Bei jedem neuen Häftling, der mir vorgestellt wird, laufen andere Filme im Kopf ab, jeder reagiert anders. Am einen Ende der Skala steht der Suizid als letzter Ausweg. Am anderen Ende das Unsichtbarmachen, das bedingungslose Anpassen, kein Problem, alles paletti. Dazwischen ist Raum für sämtliche emotionale Reaktionen, zu denen ein Mensch fähig ist. Die Fragen, die ich mir in dieser Situation stellen muss, sind immer die gleichen. Wie verwandelt sich ein Mensch, der urplötzlich zusammen mit einem Wildfremden in der Zelle sitzt, dessen Sprache er vielleicht nicht versteht und mit dem er fortan die Toilette teilen muss? Wann beginnt die Angst? Überfällt sie den Verhafteten in dem Augenblick, in dem die schwere Eisentür am Gefängniseingang zugefallen ist? Oder erst später, in der Zelle, wenn sich das Guckloch an der Tür verdunkelt und er weiß, dass er von außen beobachtet wird? Wenn er die Stille in seiner Einzelzelle nicht mehr aushält oder den Lärm in der Gemeinschaftszelle? Die Antworten auf diese Fragen fallen immer unterschiedlich aus. Wer schon ein Leben im Gefängnis hinter sich hat, der mogelt sich besser durch, kennt alle Schliche und muckt nicht auf. Für Ersttäter gilt: Man muss jung sein, um den Knast einigermaßen zu überleben.

U-Haft

Der Druck, der besonders auf haftunerfahrenen Untersuchungshäftlingen lastet, ist meiner Erfahrung nach viel größer als bei Häftlingen im Strafvollzug. Zwar gilt bis zum Abschluss der Ermittlungen für U-Häftlinge die Unschuldsvermutung, aber die eingeschränkten Möglichkeiten der Kommunikation, das Eingesperrtsein, die vielen Stunden alleine in der Zelle oder zusammen mit anderen Häftlingen, die sich fast klaglos in ihr Schicksal ergeben oder nur noch über die Höhe der zu erwartenden Strafe spekulieren – das alles kocht die meisten schneller weich, als sie sich selbst jemals vorstellen konnten.

Die Untersuchungshaft, kurz U-Haft genannt, ist eine Maßnahme, die im Rahmen eines Ermittlungsverfahrens durch den Untersuchungsrichter angeordnet wird. In der Regel geht ihr eine Festnahmeanzeige voraus. Innerhalb von vierundzwanzig Stunden muss ein Tatverdächtiger dem Untersuchungsrichter vorgeführt werden, der über die vorübergehende Unterbringung im Knast entscheidet. Voraussetzung für die Unterbringung in U-Haft ist natürlich der dringende Tatverdacht. Darüber hinaus müssen verschiedene weitere Haftgründe gegeben sein. Das sind zum Beispiel Flucht- oder Verdunkelungsgefahr oder auch die Gefahr einer Wiederholung der Tat. Naturgemäß geht man davon aus, dass bei jemandem, dem eine besonders schwere Tat vorgeworfen wird, ein erheblicher Fluchtanreiz besteht. Bei Verdunkelungsgefahr steht zu befürchten, dass der Verdächtige, sofern er nicht in U-Haft genommen wird, alles daran setzen wird, Beweise zu vernichten, Zeugen unter Druck zu setzen oder andere Maßnahmen zu ergreifen, die seine Verurteilung verhindern sollen. Bei politisch motivierten Straftaten gibt es weitere Sondervorschriften, die zu einer Unterbringung in U-Haft führen können.

In der Regel werden U-Häftlinge einzeln untergebracht. Nur bei akuter Suizidgefahr kann es zu einer gemeinschaftlichen Unterbringung kommen oder zu der bereits erwähnten Unterbringung in einem besonderen, kameraüberwachten Haftraum. Die Außenkontakte des Häftlings – Telefongespräche oder Besuche von Angehörigen – müssen vom Untersuchungsrichter genehmigt werden. Er entscheidet, mit wem der Häftling telefonieren darf, ob die Telefongespräche aufgezeichnet oder mitgehört werden müssen; sämtliche Post wird ausnahmslos durch das Untersuchungsgericht kontrolliert und gegengelesen.

Sofern der Untersuchungsrichter nicht anders verfügt, hat der U-Häftling im Vergleich zu verurteilten Tätern einige Privilegien. Er darf seine private Kleidung tragen und bis zu zweihundertzehn Euro monatlich für den anstaltsinternen Einkauf verwenden, sofern er über die entsprechenden Geldmittel verfügt. Bis vor einigen Jahren war es auch noch möglich, dass der U-Häftling sich sein Essen von draußen aus einem Restaurant bestellen konnte. Heute geht das nur noch, wenn die Anstalt über ausreichende personelle Ressourcen verfügt. Justizvollzugsbeamte haben verständlicherweise wenig Interesse, sich als Zimmerservice oder Laufbursche eines U-Häftlings zu betätigen, der sich anschließend auch noch darüber beschwert, dass die Pizza nur lauwarm bei ihm angekommen ist.

Für sämtliche Gegenstände, die der U-Häftling mit auf seine Zelle nehmen möchte – Zeitungen, Bücher, Fernseher oder Ähnliches –, muss er einen Antrag beim Anstaltsleiter oder Untersuchungsrichter stellen. Es wird streng darauf geachtet, dass er keine wertvollen Gegenstände wie beispielsweise Uhren, Ketten oder Schmuck mitnimmt. Das dient zum einen dazu, dass er nicht in die Verlegenheit kommt, von Mitgefangenen bestohlen oder genötigt zu werden, diese Gegenstände herauszugeben. Zum anderen soll verhindert werden, dass er Mitgefangene damit besticht, für ihn etwa Informationen nach draußen zu schmuggeln.

Die Situation der U-Häftlinge ist geprägt von Hoffen und Bangen, Verzweifeln, Verdrängen und Verleugnen. Gerade U-Häftlinge klagen häufig über körperliche Symptome wie Panikattacken, Herzrasen oder Schlaflosigkeit, die allesamt Ausdruck der besonderen Belastung sind, denen vor allem Haftneulinge ausgesetzt sind. Nicht von ungefähr ist die Zahl der Suizide oder Suizidhandlungen in der U-Haft am größten. Knapp sechzig Prozent der Suizide werden von Untersuchungsgefangenen begangen, obwohl die Untersuchungshaft nur rund achtzehn Prozent der Haftarten – dazu zählen Sicherungs-, Erzwingungs-, U- und Strafhaft – ausmacht. Innerhalb der ersten drei Monate der Inhaftierung ist die Gefahr besonders hoch.

Die Untersuchungshaft darf nur so lange dauern, wie die entsprechenden Gründe dafür gegeben sind. Außerdem sollte sie in einer gewissen Verhältnismäßigkeit zu dem zu erwartenden Strafmaß im Falle einer Verurteilung stehen. Und sie sollte sechs Monate nicht überschreiten. Über diesen Zeitraum darf sie nur dann hinausgehen, wenn ein mit einer Freiheitsstrafe verbundenes Urteil ergangen ist oder ein Oberlandesgericht entscheidet, dass aufgrund besonderer Schwierigkeiten oder des enormen Umfangs der Ermittlungen die Fortdauer der Untersuchungshaft gerechtfertigt ist. Die Untersuchungshaft und die Strafhaft werden grundsätzlich in Justizvollzugsanstalten vollzogen. Die Zuständigkeit für den U-Häftling liegt jedoch beim Untersuchungsrichter, während in Strafhaft alle Entscheidungen vom Anstaltsleiter beziehungsweise von den dazu befugten Abteilungsleitern getroffen werden. Anders als in der Untersuchungshaft haben in der Strafhaft Richter und Staatsanwälte auf die alltägliche Durchführung des Vollzuges keinen Einfluss, allenfalls bei Entscheidungen über vorzeitige Entlassungen oder Haftunterbrechungen. In Strafhaft gelangen nur verurteilte Täter, hier gilt keine Unschuldsvermutung mehr, auch wenn es immer wieder Häftlinge gibt, die nach der Verurteilung ihre Tat hartnäckig leugnen.

Die Frauen der Gefangenen

Ich sehe sie Tag für Tag, wenn ich zum Dienst gehe oder am Wochenende, wenn ich aus dem Küchenfenster blicke: die Besucherinnen. Mütter, Schwestern, Freundinnen oder Ehefrauen der Insassen, die sich auf den Weg in den Knast machen. Für viele ist das über Jahre hinweg ein festes Ritual. Sobald sie den Knast betreten haben, ist der Ablauf immer gleich: Besuchsschein ausfüllen, Warten auf die Leibesvisitation, anschließend der Gang in den Besucherraum. Einige Frauen bringen ihre Kinder mit, die kleineren können in der Spielecke herumkrabbeln, bis die Besuchszeit zu Ende ist. Eine Stunde, mehr Zeit steht für einen normalen Besuch selten zur Verfügung. Sonderregelungen, wie der Aufenthalt in den Langzeitbesuchszellen oder die Teilnahme an einem Ehe- oder Partnerschaftsseminar, verlängern die Zeit, die die Besucherinnen freiwillig im Knast verbringen. Dazu später mehr.

Eine Haftstrafe trifft nicht nur den Täter, sie ist immer auch eine Strafe für die Familien der Häftlinge, für deren Frauen und Kinder. Ich frage mich oft, wie die Familien diese schwierige

Situation aushalten. Naturgemäß gehen viele Beziehungen über kurz oder lang in die Brüche, scheitern Ehen, ziehen sich Eltern oder Kinder von Häftlingen zurück. Von einigen der Inhaftierten weiß ich, dass sie nie besucht werden, allenfalls per Post Kontakt zu ihren Familien draußen halten. Andere sehen im Besuchsraum des Knastes zum ersten Mal ihre Babys, die vor Haftantritt gezeugt wurden.

Frauen, die über viele Jahre Haft zu ihren Männern stehen und den Kontakt halten, gehört mein tiefster Respekt. Was sie fühlen, was sie denken, wie sie die Besuche im Knast erleben, darüber ist kaum etwas bekannt. Mir fällt kein Interview, keine Dokumentation oder Reportage ein, die sich mit den Frauen von Knackis beschäftigt hätte. Nicht, dass es nicht schon probiert worden wäre. Eine Journalistin, die eine Reportage über Frauen von Insassen machen wollte, hat über zwei Jahre recherchiert und versucht, wenigstens eine Handvoll Frauen zu bewegen, vor der Kamera über ihre Erfahrungen zu berichten. Sie ist auf ganzer Linie gescheitert. Diese Frauen haben gelernt zu schweigen, sich selbst und ihre Kinder vor Ablehnung, Häme und falscher Neugier zu schützen. Bis auf diejenigen vielleicht, die draußen selbst in einem Milieu leben, in dem es normal ist, dass Lebenspartner, Söhne oder Freunde im Knast einsitzen. Die anderen haben sich in der Regel eine Legende zurechtgelegt, für ihre Kinder, die Nachbarn, die Lehrer, den Arbeitgeber: Ich lebe von meinem Mann getrennt, und wir wissen noch nicht, ob wir uns scheiden lassen; mein Mann arbeitet auf Montage und kommt nur selten nach Hause; mein Freund ist LKW-Fahrer und arbeitet im Fernverkehr; mein Verlobter jobbt gerade im Ausland; mein Sohn ist vorübergehend in sein Heimatland zurückgegangen, um da eine Existenz für uns aufzubauen; mein Mann kümmert sich eine Zeitlang um seine kranken Eltern, die in ihrem Alter nicht zu uns nach Deutschland ziehen wollen ... Die Frauen schwören ihre Kinder auf diese Geschichten ein, in der Hoffnung, sie so vor Nachfragen von Spielgefährten, Kindergarten- oder Klassenkameraden schützen zu können.

Und wenn der Mann dann plötzlich wieder auftaucht, müssen neue Legenden her, neue Lügen, die erklären sollen, warum er jetzt dauernd zu Hause rumhängt. Wer nach dem Knast ins Leere fällt, keinen Job findet, gerät schnell wieder in gefährliches Fahrwasser. Und bei vielen Frauen kommt die Angst wieder hoch, dass sich die Geschichte wiederholen könnte, der Teufelskreis von Neuem beginnt.

Gelegentlich klingelt bei mir das Telefon, und eine Angehörige oder Partnerin eines Häftlings ist am Apparat. Für solche Telefonate gibt es immer konkrete Anlässe. Sie bitten mich, ein besonderes Auge auf die Gesundheit ihrer Männer zu haben, sie sorgen sich um ihre kleinen Kinder, weil ihr Mann etwas von einer ansteckenden Krankheit geschrieben oder erzählt hat. Andere haben Angst, ihr Mann könnte sich etwas antun, wenn er im nächsten Brief erfährt, dass sie sich von ihm trennen oder scheiden lassen wollen, weil sie einen neuen Lebenspartner gefunden haben. Die eigenen, ganz persönlichen Nöte werden kaum thematisiert.

Auch in der öffentlichen Wahrnehmung spielt die Verzweiflung der Familienangehörigen keine Rolle; der Fokus liegt auf dem Täter, auf der Tat; dass die Familien mit bestraft werden, interessiert nicht. Frei nach dem Motto: selbst schuld, wenn die sich mit so einem einlässt. Im Internet gibt es einige Plattformen, in größeren Städten mit einer JVA auch schon einmal eine Selbsthilfegruppe. Die meisten Betroffenen fühlen sich dennoch alleingelassen.

Im Knast haben wir nur die Möglichkeit, im Rahmen der bereits erwähnten Paar- oder Eheseminare, die meist von Anstaltsgeistlichen durchgeführt werden, ein wenig gegenzusteuern. Wenngleich diese Seminare in erster Linie dazu dienen, alle Beteiligten auf die Zeit nach der Entlassung vorzubereiten. Denn viele Beziehungen scheitern häufig erst nach einer längeren Phase des gemeinsamen Durchhaltens, oft unmittelbar vor oder nach dem Ende der Haft. Ein Zuhause, eine stabile Familienstruktur ist nach Ansicht aller Experten und Gutachter die beste Garantie, um Rückfälle zu vermeiden.

Wer keine Familie, keine Ehefrau oder Freundin mehr hat, die draußen auf ihn wartet, tut gut daran, möglichst schnell eine zu finden. Viele einsitzende Männer kümmern sich bereits während der Haft darum. Sie schalten Annoncen, beginnen Brieffreundschaften, die manchmal in persönliche Begegnungen im Besuchsraum münden. Was Frauen dazu bringt, Kontakt zu Mördern, Vergewaltigern, Kindesmissbrauchern und Betrügern aufzunehmen, ist mir bis heute ein Rätsel. Die meisten kommen meiner Erfahrung nach aus seriösen Verhältnissen und hatten zuvor noch keinen Kontakt zu Kriminellen. Sie scheinen bar aller Ahnung, was auf sie zukommt. Ist es unerträgliche Einsamkeit, ein überzogenes Helfersyndrom, die Lust am Spiel mit dem Feuer? Ein gerüttelt Maß an Masochismus? Die große Verzweiflung, keinen »normalen« Mann mehr zu finden? Einige heiraten sogar schon nach kurzer Zeit – ich kann mich an eine Reihe von Hochzeitsfeiern in der Anstaltskirche erinnern, mit Kuchen aus der Gefängnisbäckerei. Und das, obwohl die Frauen wissen, dass ihr neuer Partner noch für viele Jahre einsitzt und sie zu Hause nach wie vor allein sein werden.

Bei einigen vermute ich, dass sie in vorangegangenen Beziehungen die Unterlegenen und schlimmstenfalls »Opfer« waren. Frauen, die sich wertlos fühlten, vom Partner missachtet oder erniedrigt. Trotz des Leids, das ihnen zugefügt wurde, gelingt es ihnen nicht, aus diesem Schema auszubrechen. Sie suchen unbewusst nach ähnlichen Typen, und alles beginnt von vorn. Die Vorzeichen sind allerdings etwas anders: Hier erleben sie sich in einer vergleichsweise stärkeren Position. Die Männer, nicht viel anders als die, die ihnen früher Alpträume bereiteten, sind eingesperrt, bewacht, domestiziert. Die Hoffnung, dauerhaft ein Trauma überwinden zu können, zerschlägt sich aber häufig in dem Moment, in dem der erste unbewachte Langzeitbesuch oder gar die Entlassung des neuen Partners ansteht. Dann ziehen sich viele Frauen wieder zurück. Der Gedanke an ein gemeinsames Leben, an Begegnungen jenseits der Mauern, ohne die unmittelbare Möglichkeit, sich einer Situation entziehen zu können, schreckt sie ab. Andere Beziehungen scheitern am Widerstand oder an der Kritik von Kindern und Eltern.

Noch einmal zurück zu der Frage, was in den Köpfen von Frauen vorgeht, die sich auf eine Beziehung mit einem Häftling einlassen. Was denkt sich eine Mutter, wenn sie sich mit einem Sexualstraftäter und Kindesmörder im Knast trifft? Sie kann nicht einmal behaupten, sie habe es vorher nicht gewusst. Denn allerspätestens bevor ein Langzeitbesuch ermöglicht wird, informiert man sie offiziell – durch den Anstaltspsychologen oder andere Fachdienste – über die Straftaten des Häftlings und die Risiken, die mit der Aufnahme einer Beziehung verbunden sein könnten. Meistens sind es die Täter selbst, die zuvor schon eine »kleine Beichte« ablegen. Aber wie gelingt es ihnen, diese Frauen dennoch für sich einzunehmen? Gefühle zu wecken, die sie davon abhalten, hilfesuchend davonzulaufen? Jeder weiß, dass die Knackis sich und ihre Taten in einem milden Licht darstellen. Diejenigen, die ganz offen sprechen, haben es mit ihrer Tat meist auf die erste Seite der Zeitung oder in die Nachrichten geschafft. Aber selbst denen gelingt es, Frauen einzulullen und sogar so von ihrer Tatversion zu überzeugen, dass sie sich instrumentalisieren lassen. Ich habe Frauen erlebt, die gegen den Strafvollzug Front machen, sich kritiklos und uneinsichtig auf die Seite ihrer inhaftierten

Lebenspartner schlagen. Ähnlich wie beim Stockholm-Syndrom, nur freiwillig und ohne Druck.

Nach besonders spektakulären Verbrechen gehen ausgerechnet bei diesen Tätern Liebesbriefe und Heiratsangebote gleich wäschekörbeweise ein. Sie antworten fleißig, schreiben selbst oder lassen schreiben, um die Frauen bei der Stange zu halten. Vor allem, weil sie wissen, dass eine Beziehung ihre Aussichten auf eine Entlassung entscheidend begünstigt.

Aber manche dieser Knastverbindungen haben auch fatale Folgen: Über Jahre hinweg hatte ein zu lebenslanger Freiheitsstrafe und anschließender Sicherungsverwahrung verurteilter Häftling eine Beziehung zu einer Frau. Diese hatte sich von ihrem Mann getrennt und danach ihm zugewandt. Während eines Langzeitbesuches im Knast kam es dann zu einer verhängnisvollen Situation. Die Frau teilte dem Häftling in der Liebeszelle mit, dass sie vorhabe, zu ihrem Ex zurückzukehren. Die Gefängnismitarbeiter oder ein Psychologe waren von ihr zuvor über ihre Absicht nicht informiert worden. Und so ließ sich das, was jetzt kam, nicht verhindern: Als dem Häftling klar wurde, dass er sie nicht würde halten können, brachte er sie um. Anschließend versuchte er, sich selbst das Leben zu nehmen. Ganz offenbar hatte sie nicht damit gerechnet, dass gerade dem Mann nach ihrer Zurückweisung die Sicherungen durchbrennen könnten, der ihr nach Jahren der Haft so geläutert, verständnis- und liebevoll erschienen war. Eine Fehleinschätzung, die sie mit dem Leben bezahlte.

Männer wie dieser Häftling haben nichts mehr zu verlieren. Die Verantwortung für diese furchtbare Tat der Justiz oder dem Vollzug zuzuschieben, wäre pharisäerhaft. Die Frau hatte sämtliche Warnungen in den Wind geschlagen und sich ohne Schutz, ohne Netz und doppelten Boden in eine Situation begeben, in der die Anstalt sie nicht schützen konnte. Es mag hart klingen, aber wer mit dem Feuer spielt, läuft Gefahr, darin umzukommen. Jede dieser Frauen weiß, worauf sie sich einlässt. Und ich müsste lügen, wenn ich sage, ich verstehe sie.

Frauen im Vollzugsdienst

Neben den Frauen und Freundinnen der Knackis begegnet man in Männergefängnissen seit einigen Jahren vermehrt weiblichen Bediensteten. Ihre Zahl wächst beständig, selbst in Hochsicherheitsgefängnissen sind inzwischen bis zu fünfzehn Prozent der Mitarbeiter des uniformierten Dienstes Frauen. Traditionsgemäß arbeitet eine große Anzahl Frauen im Sozialdienst, in der Krankenpflege und im psychologischen Dienst. Sie sind wichtige Stützen im Knastalltag, nicht nur, weil sie einfach gut in ihrem Job sind. Frauen machen häufig detailliertere Beobachtungen und können diese in der Regel besser beschreiben als ihre männlichen Kollegen. Insbesondere bei der Beurteilung von Sexualstraftätern ist ihre Einschätzung von großer Wichtigkeit.

Es gibt Täter, die selbst im Knast keinerlei Kontakt zu weiblichen Personen haben dürfen. Und deshalb gibt es Zellen, manchmal auch ganze Abteilungen, die eine Beamtin nie ohne die Begleitung eines männlichen Kollegen betreten darf. Die Häftlinge, die da einsitzen, könnten jede sich bietende Gelegenheit zu einem Übergriff nutzen. Gerade hier ist das Auftreten von weiblichen Uniformierten ein wichtiger Gradmesser für das Verhalten der Insassen.

Bei Auseinandersetzungen mit Gefangenen setzen Frauen verstärkt auf Deeskalation, weniger auf Konfrontation und Härte. Außerdem haben sie eine ausgezeichnete Antenne für Stimmungsschwankungen und verfügen häufig über ein besseres Frühwarnsystem, was Verhaltensauffälligkeiten anbetrifft. Für viele Inhaftierte sind sie darüber hinaus die besseren Ansprechpartner, wenn es um familiäre oder persönliche Probleme geht. Vor einem Mann geben sich die meisten Häftlinge ungern eine Blöße, man will ja nicht als Weichei gelten. Wer aber merkt, dass ihm zugehört wird, wer sich verstanden fühlt, der wird seltener Randale machen. Die Beschäftigung von weiblichen Bediensteten in Gefängnissen führt so auch zu einem Mehr an sozialer Sicherheit. Und zu mehr Normalität. Ein Gefangener, der für ein Leben nach der Haft resozialisiert werden soll, kann im alltäglichen Umgang mit einer Beamtin für die Zeit nach der Haft lernen.

Insofern ist die vermehrte Beschäftigung von Frauen in Männergefängnissen der absolut richtige Weg. Trotzdem ist es so: In einem Männerknast und erst recht in einem Hochsicherheitsgefängnis werden nach wie vor auch kräftige Arme gebraucht, Männer, die zupacken, wenn es brennt, die einen tobenden Gefangenen überwältigen, fixieren und in den Bunker verbringen können. Auch das gehört zum Alltag im Knast.

Untiefen

Abhängigkeit und Hackordnung

Für den U-Häftling wie für den Neuling in Strafhaft gilt: Es wird dauern, bis er sich in die Routine des Knastalltags eingefügt hat. Jeder, der neu in Haft ist, braucht jemanden, der ihm das System Knast erklärt, der ihm sagt, wen man in bestimmten Situationen ansprechen kann, wie und an wen man Anträge stellen muss und wie man am schnellsten einen Gesprächstermin bekommt. Er muss herausfinden, wie die Anstalt tickt – und zwar auf verschiedenen Ebenen. Es gibt die offizielle Seite, auf der es um alltägliche Abläufe und Formalitäten geht. Und es gibt die inoffizielle. Wer von den »Grünen« ist ein scharfer Hund, welchen Mitgefangenen sollte man besser meiden, wer macht besonders einen auf dicke Hose und so weiter. Es ist ein wenig so, als ob man irgendwo im Ausland gestrandet ist, die Sprache nicht versteht und keine Ahnung hat, wie man sich zurechtfinden soll. Es sind nur die Neuen, die Unerfahrenen und die Schwachen, die eine gemeinschaftliche Unterbringung einer Einzelzelle vorziehen. Weil sie hoffen, vom Wissen der anderen zu profitieren. Genau die sind es allerdings auch, die schnell unter die Räder kommen. Die abgezogen werden, sich unterordnen oder sogar prostituieren müssen. Es sind relativ junge, empfindsame Insassen, Drogenabhängige oder psychisch Auffällige, die dauernd über sich reden wollen oder müssen, die Sensiblen, Weichen, teilweise etwas feminin Wirkenden, die auch draußen immer einen Beschützer hatten, der ihnen gesagt hat, was sie zu tun und zu lassen haben. Die Mitläufer und unterwürfigen Charaktere, die Ängstlichen und körperlich Unterlegenen, die es gewohnt sind, sich unterzuordnen, die ihre Beschützer fast instinktiv suchen und dafür alles in Kauf nehmen.

Aufgrund dieser Erfahrung haben wir im Knast eine Abteilung gegründet, die sich »GmbH« nennt. Das Kürzel steht für »Gefangene mit besonderer Hilfsbedürftigkeit«. In dieser speziellen Abteilung bringen wir die »potentiellen Opfer« unter. Trotzdem gelingt es nicht immer, sie vor Übergriffen und letztlich auch vor sich selbst zu schützen. Denn viele gehen fast traumwandlerisch sicher ihren scheinbar vorbestimmten Weg im Knast weiter, begeben sich in fatale Abhängigkeitsverhältnisse und setzen so eine nicht enden wollende Geschichte der Unterdrückung fort. Sie halten die Zeit im Gefängnis ohne jemanden, der ihnen Schutz, Nähe und Zuwendung gibt, nicht aus. Sie sind bereit, den Preis dafür zu bezahlen. Die erfahrenen Knackis wittern leichte Beute wie ein Rudel Wölfe ein einsames Wild. Die Schikanen reichen von vergleichsweise alltäglichen Dingen wie Mobbing oder dem Abpressen von Tabak oder Kaffee bis hin zu wirklich intriganten und skrupellosen Aktionen. Im Knast nennt man so etwas »jemandem eine Lampe bauen«.

Mit dem Arsch an der Wand

Ein gar nicht so seltenes infames Spiel unter den Gefangenen ist die vorsätzliche Weitergabe von Falschinformationen an Vollzugsbedienstete, wenn man einen missliebigen Häftling aus der gemeinsamen Zelle, von der Abteilung oder vom Arbeitsplatz loswerden will und die üblichen Drohszenarien nicht schnell genug den gewünschten Erfolg zeigen. Dann bedient man sich gewisser Mechanismen und kann sich relativ sicher sein, dass der Apparat wie gewünscht reflexartig reagiert. Es gibt verschiedene Typen, die Häftlinge gerne loswerden wollen. »Wackelkandidaten« zum Beispiel, also ein Mithäftling, bei dem man sich nicht sicher sein kann, dass er nicht doch Informationen über geplante Drogengeschäfte, Geiselnahmen oder Ausbruchsversuche an die »Grünen« weitergibt. Oder einer, der sich sträubt, als Kurier oder Mittelsmann behilflich zu sein, weil er seine bevorstehende Entlassung nicht gefährden will. Oder einer, der sich weigert, später für seine alten »Freunde« aus dem Knast tätig zu werden. Die Gründe sind zahlreich, die Strategien der Häftlinge ebenfalls.

Man könnte den Mithäftling so massiv bedrohen, dass er von sich aus einen Antrag auf Verlegung stellt. Doch das reicht oft nicht, weil der Betroffene diesem Druck nicht nachgibt, jedenfalls nicht sofort oder nicht schnell genug. Außerdem müsste er seinen Antrag begründen, und das könnte riskant sein. Wenn er die eigentlichen Hintergründe preisgibt, gilt er im ganzen Knast als Verräter. Wenn er nur Andeutungen macht, gerät er zwischen die Fronten. Auch diejenigen, die ihn unter Druck setzen, laufen Gefahr, dass ihre Pläne scheitern oder dass sie schlimmstenfalls dafür belangt werden. Deshalb ist es viel leichter, die Sache einfach »durchzustechen«, wie es so schön heißt. Mit anderen Worten: einfach ein infames Gerücht verbreiten.

Das kann während der Freistunden geschehen, während des Sports oder in Gesprächen mit anderen Häftlingen, die gute Kontakte zu Beamten haben und im Knast ohnehin als Informanten gelten. Es geht auch direkter, indem man einen Beamten zur Seite nimmt und bedeutungsschwanger offenbart: »Ich will ja nichts sagen, aber der X hat wohl anderen

Mitgefangenen gegenüber immer wieder geäußert, dass er bei nächster Gelegenheit eine Geisel nehmen will.« Wenn man in diesem System des Misstrauens ein geschickter Denunziant ist, dann ist eine solche gezielte Fehlinformation ein nahezu perfektes Instrument, um seine Interessen durchzusetzen.

Die einfachste Übung ist es da noch, einem Zellengenossen einen Krümel Haschisch, eine kleine Menge Heroin, ein Handy oder ein spitzes, scharfes Messer unterzuschieben. Anschließend lässt man den Bediensteten gegenüber beiläufig fallen, der Mitinsasse sei vermutlich in Drogengeschäfte oder andere kriminelle Machenschaften im Knast verwickelt, und in die wolle man auf keinen Fall mit hineingezogen werden. Werden die Beamten bei der anschließenden Durchsuchung fündig, kann man sich entspannt zurücklehnen und darauf warten, dass der missliebige Zellengenosse verlegt oder unter verschärfte Haftbedingungen gestellt wird. Die Wahrscheinlichkeit, dass die anderen Knackis einem alten Hasen eine Lampe bauen, ist meiner Erfahrung nach viel größer, weil er sich nicht so leicht dem Druck von außen beugt. Er weiß besser, wie er sich schützen kann. Sicher sein kann man sich nie.

Jakob T. war so ein armes Schwein, dem seine Mitgefangenen übel mitspielten. Er saß seit fast fünfzehn Jahren im Knast ein, erst seit ein paar Monaten durfte er sich etwas freier bewegen und als Faktotum in der Sporthalle arbeiten. Er galt als angepasst, verlässlich und ungefährlich, weshalb man ihm nach sorgfältiger Prüfung diese Arbeit, einen Vertrauensposten, übertragen hatte.

Eines Tages traten einige Gefangene an ihn heran und versuchten ihn dazu zu überreden, für sie Drogen und Bargeld zu »bunkern«. Als Hallenwart müsse er schließlich einige gute Verstecke kennen, im Zweifelsfall könne er auch einen kleinen »Bunker« in den Sportgeräten oder in der Hallenverkleidung anlegen. Aber Jakob wollte erstens seinen Job nicht gefährden und zweitens nicht seine eines Tages anstehende Entlassung. Deshalb lehnte er das Angebot ab.

Wenige Wochen später wurde seine Zelle gründlich gefilzt. Es hatte einen anonymen Tipp gegeben. An der Rückwand seines Spindes versteckt fand man einen angespitzten Schraubenzieher, eine Sim-Karte und etwas Bargeld. Der Tippgeber hatte durchblicken lassen, er habe Wind von einem geplanten Fluchtversuch Jakobs mit Geiselnahme bekommen. Der Fund führte dazu, dass Jakob seinen Job verlor und für mehrere Monate unter höchste Sicherheitsmaßnahmen gestellt wurde. Viel tragischer aber war, dass seine Chancen auf eine vorzeitige Haftentlassung zerstört wurden.

Fälle wie dieser, so schlimm sie für die Betroffenen sind, gehören beinahe zum Alltag im Knast. Es gibt auch Geschichten, bei denen einem wirklich die Spucke wegbleibt. Dazu fällt mir ein besonders boshafter und intriganter Fall von Lampenbauen ein. Ich wurde zu einem Notfall in eine Einzelzelle gerufen. Dort fand ich einen Insassen vor, der sich eine Plastiktüte über den Kopf gestülpt hatte und sämtliche Körperöffnungen – den Mund, die Nase, die Ohren, den Penis und den Anus – mit Klebeband zugeklebt hatte. Er lag nackt auf dem Boden der Zelle, und niemand konnte sich einen Reim darauf machen, was ihn zu dieser Tat veranlasst hatte. Das Erste, was ich damals über ihn in Erfahrung bringen konnte, war, dass er seit vielen Jahren einsaß und währenddessen wiederholt über längere Zeiträume in einer externen psychiatrischen Klinik behandelt worden war. Möglicherweise litt er an einer aktualisierten Psychose, denkbar war auch ein autoerotischer Unfall.

Nach einer ersten Notversorgung wurde er zur weiteren Behandlung in eine Spezialklinik überstellt, die ihn anschließend wieder in die JVA entließ. Ich nahm den Mann zur weiteren Beobachtung und Nachsorge stationär im Krankenrevier auf. Glücklicherweise trug er keine dauerhaften körperlichen Schäden davon. Seine psychische Situation hingegen war kritisch. Trotz einer begleitenden Medikation und intensiver Auseinandersetzung blieb er in den Gesprächen, die ich mit ihm führte, misstrauisch und ängstlich. Es dauerte etliche Wochen, bis er sich mir gegenüber langsam öffnen konnte.

Als Erstes erzählte er mir von seiner Wut darüber, dass er nun schon das fünfte Jahr einsaß, obwohl er doch wegen schwerer Körperverletzung nur zu vier Jahren verurteilt worden war. Als ich Akteneinsicht genommen hatte, wusste ich auch, warum er immer noch hinter Gittern saß. Wegen psychischer Auffälligkeiten, die nach ungefähr achtzehn Monaten seiner Haft immer wieder auftraten, war seine Haft mehrfach unterbrochen und er in eine Klinik überstellt worden. Solche Haftunterbrechungen werden nicht angerechnet, die heruntertickende Uhr wird sozusagen angehalten, bis er wieder in die JVA überstellt wird.

Die psychiatrischen Unterlagen aus dieser Zeit lieferten auch einen ersten Anhaltspunkt dafür, warum er sich sämtliche Körperöffnungen zugeklebt hatte. Der Patient litt an einer wahnhaften Störung, einer vermutlich inzwischen chronischen Psychose mit ausgeprägtem Verfolgungswahn. In einem unserer Gespräche erzählte er mir, er sei überzeugt davon, es gäbe Leute in der Anstalt, die sämtliche Körperflüssigkeiten und Exkremente sammeln und von der Polizei untersuchen lassen würden. Daraus würden sie dann die Informationen ziehen, die dazu dienten, ihn weiter in Haft zu behalten. Dass es ganz normal war, dass die Zeit seiner Haftunterbrechungen nicht auf die Verbüßung der Strafe angerechnet würde, wollte oder konnte er nicht mehr verstehen.

In den folgenden Wochen gelang es mir, die dauerhafte Haftunfähigkeit des Patienten durchzusetzen. Er wurde aus dem Gefängnis entlassen, mit der Auflage, sich in psychiatrische Behandlung zu begeben. Tatsächlich ist er nie wieder straffällig geworden.

Kurz vor seiner Entlassung wurde ich zufällig auf dem Flur des Krankenreviers Zeuge eines interessanten Gesprächs. Zwei ältere, ebenfalls schon längere Zeit einsitzende Gefangene unterhielten sich über meinen Patienten. Und dann fiel ein Satz, der mich stutzig machte: »Gott sei Dank wird die arme Sau jetzt entlassen, dem haben sie ja damals eine Riesenlampe gebaut.«

Ich zitierte einen der beiden in mein Büro, um ihn zu dieser ominösen Geschichte zu befragen. Der erzählte mir nach einigem Zögern Folgendes: Mein Patient, damals Anfang zwanzig und neu im Knast, war mit zwei alten Hasen in einer Zelle gelandet. Die merkten schnell, dass sie es mit einem Süchtigen zu tun hatten, den man ausnehmen konnte wie eine Weihnachtsgans. Er verschuldete sich rasch, geriet immer mehr in Rückstand, was den Tausch von Kaffee oder Zigaretten gegen Drogen anging. Um die anderen hinzuhalten, erzählte er ihnen, er habe kurz vor seiner Inhaftierung ein halbes Kilo Kokain in einem stillgelegten Stellwerk an einer Bahntrasse gebunkert. Wenn es ihm gelänge, die Schore irgendwie zu veräußern, werde er nicht nur seine Schulden bezahlen können, sondern müsste sich auch auf absehbare Zeit keine Sorgen mehr darüber machen, wie er seine Sucht weiter finanzieren soll.

Die beiden Gauner boten bereitwillig an, bei dem Deal behilflich zu sein, und gaben vor, über gute Kontakte zu verfügen. Sie könnten dafür sorgen, dass das Kokain in die richtigen Hände komme, der Dealer verlässlich sein – und dem Greenhorn einen fairen Anteil zukommen lassen würde. Das Ganze natürlich gegen eine angemessene Beteiligung.

Nach wochenlangen Planungen sollte die Sache endlich steigen. Der junge Mann erhielt damals nur Besuch von seinen Großeltern, bei denen er die längste Zeit seines Lebens aufgewachsen war. Die Eltern hatten sich früh getrennt. Die Großeltern führten ein kleines Kolonialwarengeschäft, galten als ehrbare und prinzipientreue Leute. Daher zögerten sie anfangs, als ihr Enkel sie bat, ihm einen Gefallen zu tun. Sie müssten nicht mehr tun, als zu dem Stellwerk zu gehen und dort an einem bestimmten Platz nach einem Paket zu suchen. Das sollten sie ungeöffnet an einen Mann weitergeben, dessen Telefonnummer er ihnen während des Besuchs zusteckte. Es kostete ihn einige Überredung, bis sein Großvater schließlich einwilligte.

Er suchte und fand das Paket, rief den Mittelsmann an und vereinbarte Zeit und Ort für ein Treffen. Bei der Übergabe wurde er verhaftet. Wie sich herausstellte, war der angebliche Abnehmer des Pakets ein Drogenfahnder – der unbescholtene Großvater wurde in einem Prozess wegen des Besitzes und versuchten Handeltreibens mit Betäubungsmitteln zu zwei Jahren Haft verurteilt, die nur zu einem Teil zur Bewährung ausgesetzt wurden. Die Untersuchungshaft und einen Teil der Strafe verbüßte er tatsächlich hinter Gittern.

Die Zellengenossen hatten hinter dem Rücken des Mannes ein perfides Spiel gespielt. Während sie dem jungen Mann gut zuredeten und sich nach dem Fortgang der Aktion erkundigten, hatte einer der beiden Kontakt zur Staatsanwaltschaft aufgenommen. Er habe Informationen über ein unmittelbar bevorstehendes Drogengeschäft in beträchtlichem Umfang und könne der Kripo einen todsicheren Tipp über die Abwicklung geben. Im Gegenzug für seine sachdienlichen Hinweise erwarte er für den Fall – und auch nur für den Fall, dass seine Infos zu einer erfolgreichen Verhaftung führen würden – ein kleines Entgegenkommen. Sprich: Hafterleichterungen.

Der Großvater verlor seine Existenz, ging in den Knast, die Großmutter starb kurze Zeit später an Krebs. Dass er seine wichtigste Bezugsperson zu einer Straftat verleitet und ins Elend gestürzt hatte, konnte der junge Häftling nicht verkraften. Selbst am Tod seiner Großmutter fühlte er sich mitschuldig. Er verfiel über Monate in einen depressiven Zustand, zog sich völlig zurück und sprach mit niemandem mehr. Kein Mensch klärte ihn darüber auf, wie sich die ganze Sache wirklich zugetragen hatte und dass es ausgerechnet einer seiner beiden Mitinsassen gewesen war, der ihm diese Lampe gebaut hatte. Seine Schuldgefühle und seine Isolation führten geradewegs hinein in eine langjährige, quälende Krankheitsgeschichte, die in eine schwere Psychose mündete. Der Knacki, der ihm diese Lampe gebaut hatte, wurde drei Jahre vor Strafende aus der Haft entlassen. Er hat seine vorzeitige Entlassung dazu genutzt, einen ehemaligen Mittäter umzubringen, der gedroht hatte, ihn auffliegen zu lassen. Wenige Jahre später wurde er wegen Mordes zu einer lebenslangen Freiheitsstrafe verurteilt und hat sich später erhängt.

Misstrauen

In jedem Gefängnis existiert eine Form der Repression, die sich aus sich heraus reproduziert. Es wird verschwiegen und vertuscht, ganz besonders gegenüber den Vollzugsbeamten, mit denen man auf keinen Fall spricht – es sei denn, man will gezielt denunzieren. Die Insassen halten wie Pech und Schwefel zusammen, selbst Opfer wollen dazugehören und sich nicht durch eine Beichte noch weiter in die Scheiße reiten. Es herrscht eine »Kultur des Misstrauens«, eine diffuse Stimmungslage, die zwischen Angst und Selbstbehauptung, zwischen Offenheit und Verschwiegenheit hin- und herpendelt. Man findet sie bei den Bediensteten genauso vor wie bei den Häftlingen. Ein Satz, der in allen Gefängnissen der Welt Gültigkeit hat, lautet: »Pass auf, dass du mit dem Arsch immer an der Wand bleibst!«

Oder anders formuliert: »Pass auf, dass dir niemand eine Lampe baut.« Wer allzu gutgläubig und vertrauensselig ist, wer sich schnell über den Tisch ziehen lässt, sollte möglichst keinen Job im Strafvollzug antreten. Draußen darf man ein lieber Mensch sein, in der Knastwelt aber herrschen Gesetze, die sich von denen im zivilen Leben beträchtlich unterscheiden. Im Umgang mit den Gefangenen lauern überall Fallstricke; auf den ersten Blick mag eine Situation wirken wie die spiegelnde, glatte Oberfläche eines ruhigen Sees. Ein falscher Schritt, ein missverständliches Signal, und im Bruchteil einer Sekunde wird aus dem stillen Gewässer ein tosendes Meer.

Gefangene gehen meist ziemlich locker miteinander um. Was man draußen einmal war, geht drinnen keinen etwas an, die meisten duzen sich. Dieser pseudo-vertraute Umgang kann dazu führen, dass sich die Beamten von den Häftlingen aufs Glatteis führen lassen. Kumpelhafte Anbiederung, Sätze wie: »Du bist ja wenigstens einer von den Guten«, können dazu führen, dass man die nötige Distanz fahren und sich instrumentalisieren lässt. Dann rutscht einem vielleicht eine Äußerung heraus, ein Versprechen, das man hinterher weder halten kann noch halten darf. Und schon ist man in eine Falle getappt, die mit der klaren Absicht gestellt wurde, das grünuniformierte oder das medizinische Personal reinzulegen.

Wenn man im Knast arbeitet, muss man sich immer wieder die Frage stellen: Was will der andere von mir? Was führt er tatsächlich im Schilde? Wenn es nur darum geht, dass man lächerlich gemacht werden soll, kann man beinahe von Glück reden. Wobei es für einen Vollzugsbeamten brutal schwer werden kann, wenn die Inhaftierten die leiseste Unsicherheit wittern. Man kann Gift darauf nehmen, dass die Geschichte, wie man einen von den »Grünen« oder den Arzt so richtig verarscht hat, im ganzen Knast die Runde macht. Wenn deine Autorität erst mal einen Knacks bekommen hat, ist es vorbei.

Das heißt nicht, dass man immer den knallharten Hund geben muss. Macht kann man auch missbrauchen. Aber man muss immer auf der Hut sein, egal welchen Posten man im Vollzug innehat.

Im Knast hat man es nun einmal mit kriminellen Menschen zu tun, die nicht deshalb einsitzen, weil sie so nette, rücksichtsvolle Zeitgenossen sind. Oft handelt es sich um höchst manipulative Persönlichkeiten, die gelernt haben, alle Register zu ziehen, und dabei auch vor Gewalt nicht zurückschrecken. Natürlich hoffen wir im Vollzug immer auf gute Führung und eine positive Entwicklung des Häftlings. Aber wir müssen stets damit rechnen, dass sich die Stimmungslage von jetzt auf gleich verändern kann. Wer mir soeben noch voller Bewunderung sagte: »Herr Bausch, ich habe Sie im Fernsehen gesehen, war mal wieder richtig klasse!«, der kann schon fünf Minuten später derjenige sein, der mir ein Messer an den Hals setzt und befiehlt: »Geben Sie mir den Schlüssel, oder ich bringe Sie um.«

Die Diplompsychologin Susanne Preusker, die jahrelang eine sozialtherapeutische Abteilung für Sexualstraftäter in der JVA Straubing leitete, hat diesen abrupten Wechsel am eigenen Leib erfahren. Über Stunden wurde sie von einem Häftling, den sie vier Jahre lang als Psychologin betreut hatte, als Geisel festgehalten und mehrfach vergewaltigt. Als Folge der Tat gab sie ihren Beruf auf; sie sagt heute: »Es gibt ihn tatsächlich, den nicht therapierbaren Kriminellen mit seinen eigenen Vorstellungen zu Werten und Lebensentwürfen, die den unseren so gar nicht entsprechen.«

Dass der Knast eine Parallelwelt mit eigenen Gesetzen ist, erlebe auch ich immer wieder in der JVA Werl. Die Lebensbedingungen in einem Gefängnis sind schwierig. Jeder ist auf den eigenen Vorteil bedacht; Freundschaften unter den Häftlingen, die auf gegenseitigem Vertrauen gründen, gibt es wenige. Und zwischen den Angestellten und den Insassen gibt es eine Grenze, die man nicht überschreiten darf. Weil das Gefühl von Argwohn und Misstrauen alles dominiert, ist überall eine gewisse Unruhe und innere Unsicherheit spürbar. Das verraten kleine Gesten. Es gibt wohl keine Institution, wo sich Angestellte und Beamte jeden Tag die Hände schütteln und mit dem Satz begrüßen: »Guten Tag, Herr Kollege, wie geht's?« In einer Zeit, in welcher der Händedruck aus dem Alltagsleben weitgehend verschwunden ist, gibt man sich in deutschen Strafanstalten so oft die Hand, als wäre man im vorletzten Jahrhundert steckengeblieben. Es ist ein Ritual, mit dem man sich der Hilfe und Unterstützung des anderen versichern möchte: »Du bist einer von uns, weil du mir deine Hand gibst und mich berührst.« Beim Personal ist das Händeschütteln Zeichen für eine Art Korpsgeist. Jemanden anfassen, ihm die Hand geben und ihm dabei in die Augen schauen, heißt: »Ich will dir vertrauen können.« Diese Nähe und Sicherheit darf man aber nur unter seinesgleichen suchen.

Auch die Gegenseite hat ihre Rituale. Eines davon kann man sogar an den Händen einzelner Häftlinge ablesen, die sich zur Erinnerung an ihre Knastzeit markante Tätowierungen beigebracht haben. Drei blaue Punkte auf dem Handrücken zwischen Daumen und Zeigefinger können unterschiedliche Bedeutungen haben: Sie können Glaube, Liebe und Hoffnung symbolisieren. Oder: Schwul, pervers und arbeitsscheu. Oder: Tod den Bullen, der Justiz und dem Gesetz. Aber was immer sie zu bedeuten haben, sie werden stolz wie Vereinswappen oder Hoheitszeichen getragen. Genau wie die »Knastträne« im Gesicht, nur dass die noch viel auffälliger ist. Dass diese Tätowierungen in der Gesellschaft draußen als Stigma gelten, spielt keine Rolle. Von dieser Gesellschaft hat man sich im Zweifel vor langer Zeit verabschiedet, sie kann einem nichts mehr bieten als weiteres Außenseitertum. Draufgeschissen, schließlich ist genau diese Gesellschaft in den Augen vieler Häftlinge für den persönlichen Abstieg verantwortlich. Also soll sie die Zeichen auch zu sehen bekommen.

Ich möchte noch einmal auf das Händeschütteln unter den Bediensteten zurückkommen, weil dieser Akt innerhalb des Gefängnisses eine nicht zu unterschätzende Funktion hat. Er bedeutet: »Wir sind hier zusammen, wir stehen das gemeinsam durch! Im Falle eines Konfliktes springst du mir bei. Wenn ich in eine Situation gerate, in der ein Häftling auf mich losgeht, dann muss ich mich darauf verlassen können, dass du mir schützend zur Seite stehst.« Im Ernstfall sind Kollegen schließlich die einzigen Bodyguards, die man hat. Und die muss man gut behandeln. Selbst einem Kollegen, den du eigentlich nicht leiden kannst, wirst du den Handschlag niemals verweigern. Weil sonst bei deinem Gegenüber sofort die Frage aufkommen würde: Soll ich tatsächlich für jemanden Kopf und Kragen riskieren, der mir nicht einmal die Hand geben will? Der Handschlag manifestiert also in der Welt des Misstrauens das gegenseitige Vertrauen. Er ist wie das An-die-Hand-Nehmen im dunklen Wald. In einer Kultur des Misstrauens ist jeder gut beraten, diejenigen, die auf der gleichen Seite stehen, so nah wie möglich um sich zu wissen. Das lindert die Angst, von der im Gefängnis niemand spricht, obwohl sie allgegenwärtig ist.

Der Handschlag unter Kollegen kann natürlich nicht darüber hinwegtäuschen, dass es auch hier Rivalitäten gibt. Wir treffen nicht auf der Insel der Glückseligen zusammen, sondern im Knast. Und auch wenn wir den dicken Schlüssel am Bund tragen, lassen sich menschliche Schwächen nicht aussperren. Das ist in keinem Arbeitsverhältnis der Welt möglich. Beamte leiden unter ihren Vorgesetzten, wieder einmal wird der Falsche befördert usw. Die üblichen Animositäten eben, die auch so manche Intrige nach sich ziehen kann. Beförderungen sind im Gefängnis wie draußen ein ständiger Quell für Querelen, die die Stimmung nachhaltig vergiften können. Hat der Vorgesetzte keine plausible Antwort parat, kann rasch denunziert werden, nach Mustern, die man aus bürokratischen Institutionen zur Genüge kennt. Da werden plötzlich Geschichten erfunden und nach Herzenslust ausgeschmückt, da wird intrigiert, bis die Schwarte kracht. Und wenn gar nichts mehr geht, schreckt man auch nicht davor zurück, die Grenze zu überschreiten und Gefangene vor den eigenen Karren zu spannen. Und das ist der entscheidende Unterschied zu normalen Jobs außerhalb der dicken Mauern. Denn wer mit dem Teufel speist, muss bekanntlich einen langen Löffel haben.

Ich erinnere mich an eine Geschichte, die man mir über eine Kollegin aus einer anderen Haftanstalt erzählte. Sie galt allgemein als sehr gute Ärztin, die niemals die Geduld verlor und sich all jenen Gefangenen widmete, die Zuspruch brauchten, um die Haft zu überstehen. Die wollten häufig einfach nur erzählen und über sich, die Familie und ihr Leben berichten.

Eines Tages setzte ausgerechnet ein Insasse, für den die Kollegin besonders viel Zeit aufgebracht hatte, das Gerücht in Umlauf, er sei von ihr unter Missachtung ärztlicher Vorschriften mit beträchtlichen Mengen an Beruhigungsmitteln versorgt worden. Die Kollegin war im ersten Moment fassungslos, zumal sie immer akribisch notiert hatte, wann sie welche Beruhigungsmittel verabreicht hatte. Die Vorgesetzten waren sich anfangs sicher, dass die Vorwürfe haltlos waren. Dann begannen sie allerdings zu zweifeln: Hatte sich die Ärztin in ihrer Vertrauensseligkeit vielleicht doch manipulieren lassen? Man wurde unsicher. Wer lügt hier eigentlich, fragte man sich: Der Gefangene? Die Ärztin? Steckten sie beide unter einer Decke? Lief da ein Deal, der aus welchen Gründen auch immer von einer Seite aufgekündigt worden war? Haben missgünstige Kollegen den Häftling angeschoben?

In der Kultur des Misstrauens gelten natürlich keine eigenen Gesetze, sondern die üblichen Regeln für die Ermittlungstätigkeit von Sicherheitsinspektoren oder der Polizei. Hier riskiert keiner, dass man ihm Blauäugigkeit oder Kumpanei vorwerfen könnte. Je schwerer die Anschuldigungen gegen einen Mitarbeiter wiegen, desto umsichtiger und vorsichtiger wird ermittelt, um Verdunkelung oder Verdeckung auszuschließen. Wer erst einmal in Verdacht steht, die Seiten gewechselt zu haben, darf nicht auf das Mitgefühl und die Solidarität seiner Kollegen zählen.

In dem hier beschriebenen Beispiel gilt zunächst einmal die Unschuldsvermutung und überwiegt das Vertrauen gegenüber der Mitarbeiterin. Schließlich zeigt die Erfahrung, dass Gefangene mit ihren Anschuldigungen in den meisten Fällen einem unliebsamen Beamten schaden wollen, indem sie irgendwelche Scheißhausparolen in die Welt setzen. Auch wenn sie sich als haltlos erweisen, bleibt etwas hängen.

Sicher ist es ein Unterschied, ob ein Bediensteter gegen Vorschriften verstoßen hat, die allenfalls disziplinarisch geahndet werden würden, oder ob ihm Straftaten angelastet werden. In jedem Fall muss den Vorwürfen oder Gerüchten nachgegangen werden. Der belastete Mitarbeiter wird als potentielles Sicherheitsrisiko eingestuft und zunächst beobachtet. Konkret, in besagtem Fall, bedeutete das: Die Kollegen in der Abteilung bekamen Anweisung von oben, erst einmal nichts zu sagen, um den Fall gründlich überprüfen zu können. Mit anderen Worten, sie sollten der Ärztin hinterherspionieren und sämtliche Arzneimittelbestände kontrollieren. Das war nun wirklich die Kultur des Misstrauens in ihrer reinsten Form! Die Kollegin kam ein paar Tage später ahnungslos zum Dienst und wurde von allen mit Handschlag und dem üblichen Spruch begrüßt. Sie ahnte nicht, dass sie aufgrund einer unter Umständen haltlosen Behauptung unter Beobachtung stand. Auch dem Gefangenen, der die Ärztin denunziert hatte, durften meine Kollegen, so gerne sie es getan hätten, nicht unverblümt sagen, dass er mit seiner Intrige, so es denn eine gewesen war, eine redliche Frau beruflich ans Messer liefert. Stattdessen musste der zuständige Sicherheitsinspektor wie ein Schwein im Dreck wühlen, in der Hoffnung, einen Trüffel zu finden, der die Sache aufklärt. Und Gott sei Dank wurde er schnell fündig: Die Ärztin hatte sich nichts, aber auch gar nichts zuschulden kommen lassen, man hatte ihr eine Lampe gebaut. Trotz der Aufklärung des Falles und ihrer Rehabilitierung bei den anderen Kollegen und Mitarbeitern hat sie Narben davongetragen: Sie führte nie wieder Vier-Augen-Gespräche mit den Knackis, agierte nie wieder so gelassen und souverän wie zuvor, sondern nur noch mit äußerster Vorsicht. Und einige von denen, die in ihr ein Vorbild im Umgang mit den Gefangenen gesehen hatten, zogen aus dieser Erfahrung ihre eigenen Lehren. Ein halbes Jahr später hat sie den Dienst quittiert. Bei der ganzen Sache gab es nur Verlierer; bis auf das Misstrauen, das hatte eine weitere Schlacht gewonnen.

Denunziantentum

Das Denunziantentum kann eine Pest sein, manchmal kommt es mir so vor, als würde die Stasi im Knast eine zweite Hochblüte erleben. Ein Informant kann einen Fall aufbauschen, der keiner ist, er kann Details liefern, die jeder Grundlage entbehren, die sich aber später dennoch in den Akten wiederfinden. Man kann als Vollzugsbeamter ja nicht einfach so zur Tagesordnung übergehen, wenn einer der Gefangenen sagt, dass der Typ aus Zelle 10 eine Geiselnahme plane. Wenn man das ignoriert, kann es rasch passieren, dass der eigene Hintern plötzlich brennt. Weil man eine Information nicht ernst genommen hat und man selbst oder/und andere dadurch womöglich zu Schaden gekommen sind.

Als Arzt werde ich zum Beispiel gerne mit Psychogeschichten konfrontiert: »Herr Doktor, Sie müssen sich unbedingt um den kümmern, sonst tut der sich was an.« Der Kerl mache zwar nach außen hin einen ganz normalen Eindruck, aber das diene nur dazu, seine wahren Absichten zu verschleiern. Also schaut man sich den Betreffenden genauer an und kommt zu dem Ergebnis, dass das Gerede eigentlich nicht zutreffen kann. Der Mann wirkt vielleicht emotional aufgeregt, aber von Selbstmordabsicht keine Spur. Wenn ich kein Zutrauen zu meinem eigenen Urteil habe und Verantwortung scheue, gehe ich den bequemen Weg und verfüge, dass man Sicherungsmaßnahmen in Erwägung ziehen sollte. Tue ich das, kommt sofort ein Prozess in Gang, der den angeblich Gefährdeten lange Zeit vom normalen Vollzug isolieren wird: unausgesetzte Unterbringung in einer Gemeinschaftszelle oder Unterbringung in einer Einzelzelle mit ständiger Kameraüberwachung, Verlust der Arbeit, Vorenthaltung aller gefährlichen Gegenstände, mit denen er sich das Leben nehmen könnte. Anschließend Gespräche mit Psychologen und Psychiatern, der Patient durchläuft das volle Programm. Im Zweifelsfall sitzt der Bedauernswerte später in meiner Sprechstunde und sagt: »Doktor, ich bin nicht selbstmordgefährdet. Ich weiß gar nicht, was die alle haben. Merken Sie eigentlich, wer hinter diesem System steckt? Wer hat denn hier ein Interesse daran, mich einzusafen? Soll ich meine Arbeitsstelle verlieren, um einem anderen Platz zu machen? Wer will mich hier eigentlich loswerden?«

Wenn ich als Arzt die tatsächliche Suizidgefahr eines Häftlings beurteilen möchte, muss ich das System verstehen, das mich unter Umständen instrumentalisieren will. Und genau das ist eine verdammte Gratwanderung, bei der eine Fehleinschätzung meinerseits tödliche Folgen haben kann.

Bis ein Häftling merkt, dass ein anderer ihn reinlegen will, ist es meist schon zu spät, die Knastmaschinerie längst angelaufen. Niemand hebt für ihn die Hand, ihm bleibt nichts, als sich lauthals zu beschweren. »Ich hab so eine Krawatte! Da erzählt irgendein Arschloch, ich würde hier ausbrechen, Geiseln nehmen oder mit Drogen handeln, und jetzt sitze ich hier. Ich hab meinen Job verloren, bekomme keinen Besuch mehr und habe keinen Kontakt zu meiner Familie. Alles ist plötzlich kaputt. Und warum? Weil irgendjemand aus der Abteilung mich loswerden will!« Wenn sich das nicht belegen lässt, wird die Maschinerie noch eine Weile weiterlaufen. Und wir, das Personal, stecken als ein Teil des Systems mittendrin.

Denunziation und das Streuen von Gerüchten sind in einem Gefängnis sehr effektive Waffen. Nicht das Messer oder die Fäuste sind es dann, sondern gezielte Indiskretionen, die einen anderen vernichten können. Damit lassen sich Konkurrenten auf dem Drogenmarkt beseitigen oder Denkzettel verpassen, die der andere lange nicht vergisst. Im Zuchthaus hätte man früher schlicht auf eine günstige Gelegenheit gewartet und einem Mithäftling mit den Fäusten eine fette Abreibung verpasst. Heute wird subtiler agiert und zwar in einer Art und Weise, die manchmal an totalitäre Systeme erinnert. Schöne neue Gefängniswelt!

Es trifft alle

Auch ich bin nicht davon verschont geblieben. Knackis haben immer wieder versucht, mir eine Lampe zu bauen. Ich erinnere mich an sechzig oder siebzig Beschwerden und Eingaben sowie ungefähr vierzig Strafanzeigen, die Häftlinge allein in meinem ersten Jahr in Werl gegen mich gestellt haben. Fast ausnahmslos Versuche, mir den Schneid abzukaufen und einfach mal abzuchecken, wie konsequent ich tatsächlich bin und wie gut ich Druck aushalte.

So gab es unter anderem einen Gefangenen, der unter psychosomatischen Beschwerden litt. Das war nach sorgfältiger Diagnosestellung klar. Deshalb entschied ich, ihn mit Psychopharmaka zu behandeln – allerdings ohne einen Psychiater hinzuzuziehen, wie ich das inzwischen tue. Die Diagnose war für mich eindeutig, und eine Vorstellung beim Psychiater unnötig.

Der Patient war sehr zufrieden, kam regelmäßig in meine Sprechstunde, berichtete immer wieder von einer deutlichen Besserung der Beschwerden, bedankte sich höflich, ja beinahe überschwänglich. Ich fiel aus allen Wolken, als ich ungefähr ein Dreivierteljahr später just von diesem Patienten wegen Körperverletzung angezeigt wurde. Aus dem Schreiben der Staatsanwaltschaft erfuhr ich, dass er mich beschuldigte, ihn falsch behandelt zu haben: Ich hätte ihm, ohne dass er das gewollt habe, Medikamente verabreicht, die ihn in seiner Konzentrationsfähigkeit massiv eingeschränkt hätten. Kurzum: Er beschuldigte mich, durch meine Medikation erst all jene Beschwerden hervorgerufen zu haben, wegen denen er ursprünglich bei mir vorstellig geworden war.

Die Lage, in die ich dadurch geriet, war völlig absurd: Ein Patient wollte mich vor den Kadi zerren, so weit, so gut, das ist sein gutes Recht. Da ich aber weiterhin sein behandelnder Arzt blieb, saß ich meinem Ankläger Sprechstunde für Sprechstunde Aug in Aug gegenüber. Man wird als Knastarzt seine Patienten ja nicht so einfach los und kann nicht sagen: »Ich möchte Sie nicht mehr behandeln, schließlich haben Sie mir in aller Deutlichkeit gezeigt, dass Sie mir nicht mehr vertrauen.«

Für mich war das damals eine völlig neue Situation. Ich

hatte mir bis dahin nicht vorstellen können, dass ein Patient seinen Arzt, mit dem er monatelang einen vertrauensvollen Umgang gepflegt hat, urplötzlich und aus heiterem Himmel anzeigt. Ich habe mich zu Hause abendelang intensiv mit der Gesundheitsakte des Häftlings befasst, alles noch einmal rekapituliert und genauestens überprüft, aber ich fand nichts, was ich mir hätte vorwerfen müssen. Tagsüber geriet ich mitten hinein ins Absurdistan: Da kam der Patient, als wäre nichts gewesen, bat um weitere Medikamente und trug seine üblichen Beschwerden vor, wohl wissend, dass er mir gerade eben eine Anzeige bei der Staatsanwaltschaft eingebrockt hatte.

Es hat mich einige Kraft gekostet, die Sache sportlich zu sehen, auch wenn ich guter Hoffnung war, dass ich diese Auseinandersetzung gewinnen würde. Ich leistete eine wahnsinnige Fleißarbeit, schrieb zahllose Seiten über den Behandlungsverlauf, von der ersten Begegnung an über die Anamnese, die Epikrise, also die therapeutischen Maßnahmen, die ich eingeleitet hatte, die Fortschritte der Behandlung und so weiter. Am Ende meiner detaillierten Stellungnahme angelangt, die ich bei der Staatsanwaltschaft abgeben musste, war ich mir sicher, dass ich mir nichts hatte zuschulden kommen lassen. Trotzdem war es ein seltsames Gefühl, dass über Wochen und Monate das Damoklesschwert einer Verurteilung über mir schwebte.

Die Geschichte, die die ganzen Vorwürfe zum Einsturz brachte, hat mich dann aber doch aus den Latschen gehauen. Als das Verfahren eingestellt wurde, erschien der Patient in meiner Sprechstunde, um sich bei mir persönlich zu entschuldigen. Er erzählte mir, dass er von Mitgefangenen genötigt worden sei, mich anzuzeigen. Er sei das schwächste Mitglied in einer Gruppe von Gefangenen gewesen, einer habe verlangt, er solle zeigen, dass er zu ihnen gehöre. Zum Beweis solle er versuchen, dem neuen Arzt einen Denkzettel zu verpassen. Mal sehen, wann der einknickt, wie der den Druck aushält. Die anderen wussten, dass er aufgrund seiner psychosomatischen Probleme regelmäßig bei mir vorbeischaute – ein leichtes Spiel also, den Kerl deswegen hochzunehmen und gleichzeitig eine Bewährungsprobe zu fordern. Das Verrückte war, dass der Typ, der ihn zu der Anzeige angestiftet hatte, ebenfalls bei mir in Behandlung war. Das erfuhr ich aber erst später. Ein nicht sehr großer, aber vor Kraft strotzender Mann mit einer langen Knastkarriere, der sich mit seiner gewalttätigen Art zwar schon immer Respekt verschafft, aber nur wenig Freunde gemacht hatte. Ausgerechnet mit diesem Kerl hatte ich übrigens ein anderes Schlüsselerlebnis im Knast: Dieser brutale Mensch, der andere nach Strich und Faden demütigte, saß bei mir in der Sprechstunde, heulte wie ein Schlosshund und kroch vor Schmerzen auf dem Boden herum. Bandscheibenvorfall. An diesem Tag hat er sein ganzes verkorkstes Leben vor mir ausgebreitet. Keine zwei Stunden später bin ich ihm zufällig in seinem Trakt über den Weg gelaufen. Aus heiterem Himmel brüllte er mich an: »Du Arschloch, du Wichser, was willst du hier? Hau bloß ab, Mann, sonst mach ich dich platt!« Ich dachte, ich bin im falschen Film. Bei seinem nächsten Besuch in der Sprechstunde meinte er zu mir unter vier Augen: »Es tut mir leid, Doc. Sie sind hier der Chef, dort drüben bin ich es. Das ist meine Rolle vor den anderen, die muss ich spielen, und da kann ich für Sie keine Ausnahme machen. So funktioniert das System nun mal.«

In diesem System geht es vor allem darum, wer zuerst zuckt, wer zurückzieht. Man muss die anderen beeindrucken, egal wie. Indem man andere Häftlinge niedermacht, indem man die Beamten anpöbelt oder provoziert, indem man eine falsche Anzeige macht. Die Mittel sind egal, es geht um den Effekt. Die Geschichte hat mir ziemlich früh die Augen geöffnet, wie dieses System funktioniert. Erfahrenere Mitarbeiter haben mich damals bestärkt und mir erzählt, dass jeder von ihnen schon mindestens einmal im Laufe seines Berufslebens erlebt hat, wie es sich anfühlt, wenn man zu Unrecht beschuldigt wird.

Beschwerden, Strafanzeigen und Eingaben bei der Vollzugsbehörde gehören seit vielen Jahren zum Alltag in deutschen Gefängnissen. Es gibt den Satz, dass derjenige, der sich noch keine Strafanzeige oder Beschwerde eingefangen hat, auch noch keine für einen Gefangenen unliebsame Entscheidung getroffen hat. Mittlerweile habe ich mir den Ruf erarbeitet, mich nicht so ohne Weiteres über den Tisch ziehen zu lassen, weshalb ich mich im Schnitt nur noch wegen drei oder vier Fällen pro Jahr vor dem Staatsanwalt verantworten muss. Das ist inzwischen kein Grund zur Aufregung mehr, der Gang dorthin gehört für mich zum Alltag. Ich sehe die regelmäßigen Besuche beim Staatsanwalt gewissermaßen als Teil der Qualitätssicherung meiner Arbeit an. Kontrolle schadet nie. Aber auch den Beschwerdeführern oder Anzeigeerstattern gegenüber bin ich nicht nachtragend, weil ich weiß, dass die Häftlinge – in diesem Fall meine aus unterschiedlichen Gründen frustrierten Patienten – irgendein Ventil brauchen, um ihren Druck loszuwerden.

Wenn mir heute ein Patient mit seinem Rechtsanwalt oder einer Anzeige bei der Staatsanwaltschaft droht, reagiere ich in der Regel gelassen. »Bitte, machen Sie das, zeigen Sie mich an, informieren Sie Ihren Rechtsanwalt, ich bin gerne bereit, meine Diagnose und die entsprechenden Therapieentscheidungen zu erläutern und zu rechtfertigen.« Ich glaube, es ist diese Gelassenheit, die im Endeffekt abschreckend wirkt. Nicht weil ich am längeren Hebel sitze, sondern weil ich signalisiere, dass sie sich den Falschen für ihre Aggression gesucht haben. Für viele Insassen ist die Auseinandersetzung über gesundheitliche Fragen das letzte Feld, auf dem sie Frustration und Wut loswerden können. Wenn man das als Arzt erst einmal begriffen hat, wird man den Patienten gegenüber verständnisvoller und auch großzügiger, was die Toleranz für zum Teil schwer beleidigende Äußerungen anbelangt. Deshalb gebe ich inzwischen auf verbale Drohungen und Beleidigungen relativ wenig. Zu oft habe ich erfahren, dass sich die meisten dieser Patienten im Schnitt eine Woche später zur nächsten Sprechstunde einfinden, um mich um Entschuldigung zu bitten. Die allerwenigsten Insassen halten einen längeren Streit mit den Krankenpflegern oder dem Anstaltsarzt aus. Sie wissen ganz genau, dass wir es sind, die ihnen im Notfall beispringen und helfen.

Zinker

Der Zinker ist eine Figur, die den meisten Leuten aus Büchern oder Filmen wie dem gleichnamigen Edgar-Wallace-Streifen bekannt ist. Ein Typ, der die Karten heimlich zinkt und deswegen falschspielen kann; der Mann mit Schlapphut und dunkler Ganovenbrille, der die anderen beim Pokerspiel betrügt; der Undurchsichtige, über den man munkelt, er würde sogar seinen besten Kumpel verraten, wenn es seinem eigenen Vorteil dient.

Auch im Knast gibt es Zinker, obwohl in jedem Gefängnis das eiserne Gebot gilt, dass man nicht singt oder gar mit dem »Feind« kollaboriert. Wer das trotzdem tut, hat bald in der gesamten Strafanstalt einen lädierten Ruf. Ein Zinker kann deswegen in Ungnade gefallen sein, weil er den Beamten des Wachpersonals Informationen zugesteckt hat. Etwa darüber, wer Drogen in den Knast geschmuggelt hat oder Ähnliches. Wenn die anderen davon Wind bekommen, wird sein unrühmliches Verhalten so schnell wie möglich von den Mithäftlingen sanktioniert werden. Jeder im Knast liebt den Verrat, aber keiner den Verräter.

Der Zinker sollte von nun an auf der Hut sein, sobald er die Duschen oder einen der Gemeinschaftsräume betritt. In dem Augenblick, in dem mehr als zwei Häftlinge zu ihm in den Waschraum kommen, sollte er sofort das Weite suchen. Sonst kann es ihm passieren, dass er nach Strich und Faden vermöbelt wird. Erst vor kurzem hatte ich einen Inhaftierten zu behandeln, der in der Teeküche brutal zusammengeschlagen worden war. Ein großer, kräftiger Kerl, der wahrlich nicht zartbesaitet war – aber gegen ein halbes Dutzend Mithäftlinge war er machtlos. Man hatte ihn so lange mit einer schweren Bratpfanne traktiert, bis bei ihm die Lichter ausgingen. Hinterher fehlten ihm drei Zähne, der Unterkiefer war gebrochen. Über die Täter hat er kein Sterbenswörtchen verloren. Er versuchte sich damit herauszureden, dass ihm leider die Erinnerung an den Tathergang fehle. Im Knast verbreitete er, seine Verletzungen stammten von einem üblen Sturz.

Ich erlebe auch immer wieder Patienten, die plötzlich in der Sprechstunde auftauchen und stammeln: »Herr Doktor, ich bin völlig fertig. Im ganzen Trakt redet keiner mehr mit mir, weil irgendjemand behauptet hat, ich sei ein Zinker. Seitdem ist dauernd Stress, ich kann keinen Tabak mehr tauschen, und an meinem Arbeitsplatz sagen sie mir offen ins Gesicht, dass sie mich hier nicht haben wollen.« Die anderen signalisieren solchen Insassen ganz unverblümt: »Hallo, alter Freund, du hast hier keine Verbündeten mehr. Du bist jetzt ganz allein.« Er wird in seiner Zelle und auf dem Flur, beim Freigang, während der Arbeit, beim Revierdienst oder in den Gemeinschaftsräumen isoliert. Das ist das Mindeste. In der Regel passiert Schlimmeres, weil der Zinker in jeder Justizvollzugsanstalt als Freiwild gilt. Er hat den Ehrenkodex verletzt und die Seiten gewechselt, jetzt kann sich jeder an ihm austoben.

Für die Aufsichtsbeamten ist ein Zinker eine nützliche Figur. Im täglichen Strafvollzug benötigt man überall den Denunzianten, der sich gut auskennt und notfalls Informationen weitergeben kann. Deshalb werden einem potentiellen Zinker Avancen gemacht und Vorteile versprochen. Wie ein Kronzeuge den Strafprozess mit seiner Aussage in eine konkrete Richtung lenken kann, so kann der Zinker die interne Ermittlungsarbeit beeinflussen. Man versucht unter den Häftlingen stets eine Gemengelage herzustellen, von der man profitieren kann. Unser Sicherheitskonzept verfolgt zum Beispiel das Ziel, Häftlinge mit unterschiedlichen Biographien zusammenzubringen: etwa einen Menschen mit sieben Monaten Haft zu einem anderen auf Zelle zu legen, der vielleicht erst acht seiner insgesamt zwölf Jahre abgesessen hat. Oder wir bringen einen Mörder mit einem Junkie zusammen, der versprochen hat, sich einer Therapie zu unterziehen. Für ihn gibt es damit eine begründete Hoffnung auf ein besseres, drogenfreies Leben. Wir brauchen im Knast Optimismus, um gegenzusteuern. In einem Umfeld, wo viele zusammenkommen, die nichts mehr zu verlieren haben. Jede Hoffnung auf Freilassung gibt neuen Lebensmut, jede Hoffnung auf ein Leben ohne Drogen kann auf den Zellengenossen abfärben. Und sie kann die Bereitschaft stärken, das zufällige Wissen über geplante Straftaten nicht ängstlich zu verschweigen, sondern mutig den Diensten mitzuteilen.

Die Zinker und heimlichen Informanten spielen für unsere tägliche Sicherheit eine ganz wichtige Rolle. Fast neunzig Prozent der knastüblichen Straftaten – Geiselnahme, Drogengeschäfte, geplante Übergabe von Waffen oder Handel mit Pornos – werden heute von diesen geheimen Zuträgern und nicht von den Polizeiinspektoren aufgedeckt, die als zusätzlicher Sicherheitsdienst neben der normalen Aufsicht in jeder deutschen JVA agieren. Es kann sogar sein, dass der spätere Zinker von Sicherheitsinspektoren bewusst installiert wurde. Man hat ihm vor der Einweisung gesagt, dass sich in seiner künftigen Zelle ein Drogenhändler befindet, der etwas Verdächtiges im Schilde führt. Oder man informiert ihn darüber, dass der neue Zellenkumpan ein millionenschwerer Bankräuber ist, der nicht sagen will, wo er die große Kohle versteckt hält. Das könne er doch einfach mal herausfinden. Über den Preis könne man ja später verhandeln. Der Neue wird also in die Zelle gesetzt, um den V-Mann zu geben. Sein Zellenkumpan hat nicht die leiseste Ahnung, dass er in höherem Auftrag handelt und später eine Vergünstigung erhalten wird, falls er eine nützliche Information weitergeben konnte. Wenn ihm das nicht gelingt, muss er die Folgen ausbaden. Und damit meine ich nicht die Tatsache, dass er keine Vergünstigung bekommt. Stattdessen dürfte er heftige Prügel kassieren, wenn der Mithäftling spannt, dass er ausgehorcht werden soll.

Die Chancen, dass er das spitzkriegt, stehen gar nicht schlecht. Man muss sich nur vorstellen, wie das abläuft, wenn einem ein Neuer auf die Zelle gepackt wird. Der andere wird ihn eine Zeitlang distanziert beobachten und gründlich durchchecken. Sobald der Neue sich außerhalb der Zelle befindet, wühlt der andere dessen Post durch, um herauszufinden, wofür der Neue in den Knast gewandert ist. Wenn er mitbekommt, dass der Neue auffällig oft mit Beamten spricht und sehr freundschaftlichen Umgang pflegt sowie häufig nicht auf Zelle ist, wird er misstrauisch werden. Er wird sich bei anderen Mithäftlingen erkundigen und irgendwann genügend Informationen eingeholt haben, die seinen Verdacht bestätigen.

Gleichzeitig gibt es natürlich auch den Fall, dass Häftlinge einen anderen ganz bewusst zum Zinker machen wollen. Weil sie selbst davon profitieren. Eines Tages rief mich ein Beamter an, der mir ganz besorgt mitteilte, dass sich ein Haftinsasse seit Tagen nicht mehr aus der Zelle traue. Der Häftling stehe kurz vor dem ersten Hafturlaub und habe eigentlich allen Grund, sich zu freuen. Jetzt habe er plötzlich seine Arbeit aufgegeben und werde seit längerem sogar beim nachmittäglichen Hofgang vermisst. Bei unseren Nachforschungen stellte sich heraus, dass es keine privaten Gründe gab, die sich negativ auf das Verhalten des Gefangenen auswirkten. Seine Frau rief regelmäßig an, schrieb Briefe und ließ ihren Mann wissen, dass sie sich auf seine Heimkehr freue.

Ich suchte den Mann auf und traf auf einen Häftling, der versuchte, mir mit stoischem Gleichmut einzureden, dass mit ihm alles in bester Ordnung sei. »Es geht mir gut. Ich habe nichts. Ich brauche nur eine Auszeit.« Erst als ich ihn zu einem Vier-Augen-Gespräch bat, rückte er zögernd mit der Wahrheit heraus. Er könne seine Zelle nicht mehr verlassen, weil er von Mitgliedern einer organisierten Bande unter Druck gesetzt werde. Die hätten ihn vor einiger Zeit unmissverständlich aufgefordert, im Rahmen des anstehenden Hafturlaubs Drogen in das Gefängnis zu schleusen. Er hatte abgelehnt, aus Angst, er könne auffliegen und seine bevorstehende Entlassung gefährden. Er sehne sich nach seiner Familie, wolle nur noch seine Ruhe und endlich raus aus dem Knast.

Das Geständnis des Mannes verriet viel über die subkulturellen Machenschaften, die heute in fast jeder Justizvollzugsanstalt anzutreffen sind. Weil der Gefangene als »urlaubsgeeignet« eingestuft war, durfte er die Haftanstalt unter bestimmten Auflagen für einen befristeten Zeitraum verlassen. In solchen Fällen geht die Anstaltsleitung davon aus, dass der Betreffende seinen kurzen Urlaub in Freiheit nicht zur Flucht oder zu neuen Straftaten missbrauchen wird. Wer sich dabei nichts zuschulden kommen lässt, der kann ziemlich sicher damit rechnen, dass seine Entlassung nicht mehr lange auf sich warten lässt.

Für die Drogenbosse, die im Knast dealen, sind solche Häftlinge Gold wert. Sie werden viel daransetzen, sie vor ihren Karren zu spannen. Der Mann sagte zu mir: »Ich soll Drogen schleppen. Aber das will ich nicht. Wenn ich mich weigere, könnte mir etwas Schlimmes passieren. Dann fährt mir während der Arbeit ein Gabelstapler über die Füße. Die haben mir massiv gedroht.« Die Angst stand ihm ins Gesicht geschrieben. Er war völlig ratlos, wie er sich verhalten sollte. Wenn er offenbarte, dass er erpresst wurde, konnten seine Erpresser leicht das Gegenteil behaupten und sagen, das sei alles frei erfunden, ein Hirngespinst. Aus diesem Grund hatte der Häftling keinen anderen Ausweg mehr gesehen, als sich wie ein Mönch zurückzuziehen. Aber mehrere Wochen allein in einem Haftraum zu bleiben, halten nur wenige aus. Wenn sich die Außenkontakte nur darauf beschränken, dass die Tür aufgeschlossen wird und die Hausarbeiter oder Essensträger für einen Moment hereinkommen. So etwas macht schnell die Runde, alle machen sich Gedanken über das sonderbare Verhalten. Dann werden dem Häftling scheinheilig Grüße bestellt, man hoffe doch sehr, dass man sich bald wiedersehe. Irgendwann geht einer während der Freistunde unter seinem Zellenfenster entlang und ruft nach oben: »Lüdenscheid, Bismarckstraße, hübsches Kind. Die quiekt bestimmt gut, wenn man sie vögelt!« Spätestens dann knicken die meisten ein.

Letzten Endes wurde der Mann mit meiner Unterstützung und der Hilfe durch den Sicherheitsinspektor der JVA vor Schlimmerem bewahrt. Showtime …

Seltene Vögel

Promis

Im Knast bilden sich Allianzen, die auf den ersten Blick sonderbar anmuten, aber ihren Sinn haben, weil man sich auf engstem Raum organisieren und arrangieren muss. Ein Wirtschaftsbetrüger aus gutem Hause hängt plötzlich mit einem Junkie ab, ein Dieb mit einem Vergewaltiger. Die gemeinsame Ebene ist die des Erfahrungsaustauschs. Der eine ist vielleicht ein erfahrener Knacki, der dem Greenhorn wichtige Tipps geben kann, ohne die man im Knast ziemlich schnell verratzt. Das gilt für den kleinen Heinz Mustermann genauso wie für Promi-Nasen oder solche, die sich dafür halten.

Auch hinter den hohen Mauern von Werl pochen manche darauf, gleicher als gleich zu sein. Ein prominenter Neuzugang wird selbstredend erwarten, dass man ihn kennt und ihm allein deswegen besondere Beachtung schenkt. Ich versuche diesen Leuten gleich am Anfang klarzumachen, dass mich das nicht weiter interessiert. Bei mir wird keine Extrawurst gebraten. Aber eine solche Haltung können sich nicht alle erlauben.

Jeder Prominente ist zunächst einmal wie die berühmte Fliege im Arsch der Justiz. Fliegen im Arsch der Justiz sorgen dafür, dass man nicht auf seinem Hintern sitzen bleibt, sondern dass die Dinge viel schneller als sonst in Bewegung kommen. Das gilt für den Prozess genauso wie für den Knast. Etwa beim Thema Hafterleichterung oder medizinische Betreuung.

Da kommt dann der inhaftierte Industrielle in meine Sprechstunde, wedelt mit einem Rezept, das ihm sein Hausarzt ausgestellt hat, und verlangt, dass er exakt nach den Vorgaben des renommierten Prof. Dr. Dr. X behandelt werden will. Wenn das tatsächlich medizinisch notwendig ist, habe ich kein Problem damit, den Vorgaben des Kollegen zu folgen. Wenn dahinter nichts als Schikane oder Großmannssucht steckt – ganz nach dem Motto: Ich habe schon immer alle nach meiner Pfeife tanzen lassen und werde auch hier im Knast auf meinen Sonderstatus pochen –, lässt mich das kalt. Ich muss das Ganze natürlich in den Akten vermerken, aber damit ist es in der Regel noch nicht getan. Man kann die Uhr danach stellen, dass einen gleich am nächsten Tag die Anwälte des prominenten Häftlings per Fax und Mail mit Anfragen bombardieren. Ist die Herzkatheter-Untersuchung bereits erfolgt? Haben Sie ihm die Pillen verabreicht und für eine Einzelzelle gesorgt? Diese Anwälte werden verdammt gut bezahlt und überbieten sich deshalb mit ihren Eingaben. Nicht nur ich als Arzt, sondern auch die Anstaltsleitung wird unter Dauerbeschuss genommen. Und wenn das nicht reicht, folgen Eingaben bei einschlägigen Institutionen. Da wird plötzlich der Petitionsausschuss des Landtages bemüht, die zuständige Kammer für Strafvollstreckung und sogar das Justizministerium. Man kennt sich schließlich in gewissen Kreisen, hat Beziehungen. All das sorgt dafür, dass die Angelegenheiten dieses Häftlings immer wieder ganz oben auf die Dringlichkeitsliste gesetzt werden. Keiner will den geringsten Fehler machen.

Ich kann durchaus nachvollziehen, dass der Absturz für einen schlipstragenden Manager gefühlt etwas höher sein muss als für einen, der schon immer ums Überleben kämpfen musste und früh auf die schiefe Bahn geraten ist. Für einen, der bislang alles hatte, sind die Einschnitte, die eine Haft mit sich bringt, härter als für einen, der froh ist, mal wieder ein Dach über dem

Kopf zu haben und drei Mahlzeiten am Tag zu bekommen. Der Chef eines großen Industrieunternehmens war bis kurz vor seiner Inhaftierung noch von beflissenen Hilfskräften umgeben, zu denen vielleicht mehrere Sekretärinnen, ein privater Koch oder ein Fahrer in schicker Uniform gehörten. Ihm hatte man jeden Wunsch von den Augen abgelesen. Jetzt findet er sich mit einem Mal in einer winzigen Zelle wieder, die kleiner ist als der Kellerraum, in dem zu Hause der kostbare Weinvorrat lagert. Dass er plötzlich wie ein hergelaufener Verbrecher behandelt wird und sogar über eine Sprechanlage darum bitten muss, aus der Zelle gelassen zu werden, ist schlimm. Dass man von ihm verlangt, den Wunsch nach einem Telefongespräch zu begründen, wird ihn schier um den Verstand bringen und lässt die ersten Tage im Knast zu einer Erfahrung werden, die er lange nicht vergessen wird. Für die Justiz kann dieser jähe Absturz des Insassen in die Machtlosigkeit durchaus von Vorteil sein. Weil sie oftmals der Aufklärung des Falles dienlich ist. Einen Manager zum Beispiel, der im Rahmen einer Schmiergeldaffäre wegen Steuerhinterziehung oder wegen Untreue angeklagt ist, wird allein die Zeit in Untersuchungshaft so zermürben, dass er schnell seine Hintermänner nennt und ein umfassendes Geständnis ablegt. Ich erlebe die Bereitschaft, das Schweigen zu brechen, oft viel stärker bei Menschen, die aus bürgerlichen Schichten stammen. Nur Junkies geben ähnlich schnell den Widerstand auf. Das aber liegt in der Regel schlicht und ergreifend daran, dass sie während des Entzugs auch ihre eigene Großmutter verkaufen würden. Der Rest der Insassen lässt sich grob in zwei Lager aufteilen: die absolut Hartgesottenen, die den Widrigkeiten des Gefängnisalltags um jeden Preis trotzen, und die breite Masse, die irgendwann kapituliert und sich der neuen Lage anpasst. Aber auch hier gilt, Ausnahmen bestätigen die Regel …

Der Ausbrecherkönig

Die seit langem eingefädelte Überrumpelungsaktion begann am 20. Dezember 1986. Über die Nordseeinsel Sylt fegte ein rauer, böiger Wind. Seit den frühen Morgenstunden lagen Spezialfahnder des Bundeskriminalamts auf der Lauer. Wochenlang hatten die Beamten die Post von Alfred Lecki kontrolliert und sein Telefon abgehört. Sie wussten, dass der Polizistenmörder und mehrfache Millionenräuber an jenem Tag nach Sylt kommen würde, um in einem abgelegenen Ferienhaus den Weihnachtsurlaub zu verbringen. Als es dunkel war, schlugen die Fahnder zu. Ahnungslos tappte der langgesuchte Verbrecher in die Falle.

Nach seiner Festnahme wurde er in die JVA Werl überstellt, wo er ein alter Bekannter war. Nach einem spektakulären Ausbruch aus dem Gefängnis von Essen war er während der siebziger Jahre nach Werl gekommen, das schon damals als eines der sichersten Gefängnisse des Landes galt. Dort hatte man ihn unter besonders scharfe Sicherheitsmaßnahmen gestellt. Kein Vollzug liebt es, von einem Häftling vorgeführt zu werden. Für Lecki sicher eine schwierige Haftzeit. Altgediente Gefangenenbetreuer erinnerten sich mit Respekt an diesen Mann, der nur allzu gerne über seine wilde Jugend in Berlin erzählte, so als könne er damit erklären, wie er auf den Irrweg des Verbrechens geraten war. Während der Nachkriegsjahre hatte er gelernt, sich ohne Skrupel durchzuschlagen. Er hatte den Vater bei Hamsterkäufen begleitet und auf dem Schwarzmarkt getrickst und betrogen. Früh lernte er auch, mit Waffen umzugehen.

Seine Knastkarriere begann, als er im Jahr 1967 wegen wiederholter Gesetzesübertretungen, darunter Fahren ohne Führerschein und Trunkenheit am Steuer mit Unfallfolge, verknackt wurde. Das richterliche Fahrverbot auf Lebenszeit hatte fatale Wirkungen, verbaute es doch dem jungen Autonarren, der gerade seine Lehre als Karosseriebauer beendet hatte und kurz davorstand, den väterlichen Betrieb zu übernehmen, die berufliche Karriere. Diese Kränkung hat er nie verwunden.

Im August 1968 hatte Lecki die Hälfte seiner Strafe bereits verbüßt, als er mit einem selbstgefertigten Dietrich seine Zellentür öffnete und mit einer Leiter über die Mauer kletterte. Das war sein erster Ausbruch. Er setzte sich aus West-Berlin ab und tauchte im Ruhrgebiet unter; dort überfiel er mit vorgehaltener Maschinenpistole Banken und Geschäfte in Serie. Erst im Juli 1969 ging er der Polizei ins Netz. Bei einer Routinekontrolle überraschten ihn zwei Streifenpolizisten schlafend in seinem Wagen. Statt seinen Ausweis hervorzukramen, zog Lecki eine Pistole und schoss auf die Beamten. Der Polizeiobermeister brach tot auf der Straße zusammen, sein Kollege wurde schwer verletzt.

Der Polizistenmörder wurde schon wenige Tage später in Braunschweig verhaftet und landete in Essen in U-Haft. Kaum fünf Monate später war er schon wieder frei. Gemeinsam mit einem Mithäftling hatte er Nachschlüssel angefertigt. Die beiden nutzten die stimmungsvolle Feier am ersten Weihnachtstag im Jahr 1969 zur Flucht. Der Ausbruch sorgte landesweit für Schlagzeilen, man stellte die Professionalität des Vollzugs in Frage und zweifelte, ob die deutschen Gefängnisse überhaupt sicher seien. Die zuständigen Verantwortlichen kamen in schwere Bedrängnis. Und auf dem Boulevard amüsierte man sich über das dreiste Verbrechen: Der Legende nach hatte der Chor der Essener Gefangenen gerade das Lied »Macht hoch die Tür« angestimmt, als das Verbrecherduo in aller Seelenruhe aus dem Knast spazierte.

Kurz darauf überfielen die beiden einen Geldtransporter sowie mehrere Banken. Die Inszenierung der Überfälle, bei denen sie rund fünf Millionen Mark erbeuteten, war ziemlich martialisch. Beide waren maskiert und trugen Maschinenpistolen. Mit hoch erhobener Knarre, aus denen sie stets ein paar Schüsse zur allgemeinen Einschüchterung abfeuerten, stürmten sie den

Tatort. Nach dem Überfall sprangen sie in bereitgestellte Fluchtfahrzeuge, die vorher mit falschen Nummernschildern versehen worden waren.

Lecki galt seit seiner spektakulären Flucht aus Essen endgültig nicht mehr nur als Zufallsgangster, sondern als gefährlicher Gewaltverbrecher. Er wurde nach dem Polizistenmord, der zweifachen Flucht aus dem Gefängnis sowie zahlreichen Überfällen international zur Fahndung ausgeschrieben. Der damalige Innenminister Hans-Dietrich Genscher machte die Jagd auf den Ausbrecherkönig zur Chefsache, setzte sich über die Kompetenz der deutschen Länderpolizei hinweg und beauftragte BKA und Bundesgrenzschutz mit der Fahndung. Einen solchen Befehl von höchster Stelle hatte es bis dahin für einen Täter, dessen Verbrechen nicht politisch motiviert waren, noch nicht gegeben. Interpol wurde aktiv, als durchsickerte, der Gesuchte verberge sich unter falschem Namen im sonnigen Spanien. Tatsächlich wurde Lecki im Juli 1970 im mondänen Badeort Marbella verhaftet und nach Deutschland überstellt.

In Essen wurde ihm erneut der Prozess gemacht. Das Urteil lautete lebenslang, die Haft sollte er im ehemaligen Zuchthaus von Werl absitzen. Mit gerade einmal zweiunddreißig Jahren und bei bester Gesundheit wurde er eingeliefert. Aber sein Zustand sollte sich rasch verschlechtern. In einem Film, den der Westdeutsche Rundfunk Jahre später über ihn drehte, berichtete er offen über seine damalige Haftzeit: »Nach dem Urteilsspruch kamen vier Jahre der absoluten Isolation. ... Ich bekam dadurch Ohnmachtsanfälle. Ich habe Teile meiner Sprache verloren und habe angefangen zu stottern. Ich bekam Gedächtnisschwund, Krankheiten, Magengeschwüre. Ich wurde alle zwei bis drei Monate, meistens bei Nacht und Nebel, von einem Haftraum in den anderen verlegt. Es ist eigentlich unerklärlich, dass ich nicht Selbstmord begangen habe. Das wäre eigentlich das Richtige gewesen.«

Lecki war in einer Sicherheitszelle untergebracht, vor seinem Zellenfenster stand ein Hofposten. Nur ausgesuchte Beamte hatten Kontakt zu ihm. Trotz dieser ungewöhnlich scharfen Bewachung ging eines Tages das Gerücht durch die Anstalt, Lecki würde eine Geiselnahme vorbereiten. Daraufhin wurde er 1973 in die JVA Rheinbach verlegt. Im nahe gelegenen Meckenheim war damals die gesamte Staatsschutzabteilung des Bundeskriminalamtes untergebracht.

Es ist eigentlich kurios, dass es Lecki zehn Jahre später gelingen sollte, seinen Bewachern auszubüxen – ausgerechnet zu einem Zeitpunkt, da die ersehnte Freiheit in greifbare Nähe gerückt war. Im Gefängnis von Rheinbach stand er zwar wie immer unter Sonderbewachung, mit zwei Schlössern an der Tür. Die Außenmauer des Gefängnisses war über fünf Meter hoch, der gesamte Komplex maximal gesichert. An eine Flucht war also kaum zu denken. Und doch schaffte er 1983 das Unvorstellbare.

Hinter ihm lagen dreizehn Jahre Einzelhaft, sein gesundheitlicher Zustand war miserabel. Die Verantwortlichen diskutierten über Vollzugslockerungen und Entlassungsvorbereitungen. Dazu wird der Gefangene üblicherweise über einen längeren Zeitraum, in der Regel ein bis zwei Jahre, wiederholt für Stunden oder einen Tag lang ausgeführt, um etwas Normalität jenseits der Gefängnismauern schnuppern zu können. Eines Tages witterte Lecki seine Chance zum Ausbruch und handelte dabei fast reflexartig. Später erzählte er mir: »Wissen Sie, ich saß seit Jahren im Gefängnis und es hieß, es werde eine Ausführung in die Stadt gemacht. Der Sozialarbeiter nahm mich gewissermaßen an die Hand und ging mit mir in ein Kaufhaus. Ich war überrascht und habe mich natürlich über den Ausflug gefreut.

Und dann stehen wir also in der feinen Fressetage – und er lässt mich einfach dort stehen! Ich sollte einen Platz suchen, während er sich anstellte, um etwas zu essen zu holen. Er hat gesagt, er würde sich fest auf mich verlassen. Da habe ich dann gestanden und gedacht, dass das eine Falle ist. Ich war mir ziemlich sicher, dass sie aus sämtlichen Ecken stürmen würden, sobald ich mich auch nur einen Meter von dort wegbewege. Deshalb habe ich eine Viertelstunde brav ausgehalten und mich nicht gerührt. Als der Sozialarbeiter nach zwanzig Minuten immer noch nicht zurückkam, bin ich die erste Rolltreppe hinuntergefahren und ganz schnell wieder zurück, weil ich dachte, gleich kommen sie und reißen dich nieder. Aber es passierte nichts, gar nichts. Dann bin ich die zweite und die dritte Rolltreppe hinuntergefahren. Und plötzlich stand ich auf der Straße.« Diese Geschichte hat er allen gern und oft erzählt. Typisch für Lecki.

Eine Flucht an sich, selbst aus einem Gefängnis, ist nicht strafbar, solange niemand dabei zu Schaden kommt. Aber die Chancen auf eine vorzeitige Haftentlassung waren natürlich damit zunichte. Für Lecki endete der Ausflug in die Freiheit nach 433 Tagen mit einer Rückkehr in die JVA Rheinbach. Aufgrund einer nicht verheilten Beinverletzung, die er sich ein Jahr zuvor bei einem Motorradunfall zugezogen hatte, musste er in der Universitätsklinik auf dem Bonner Venusberg operiert werden. Von dort aus gelang ihm erneut die Flucht.

Das Ereignis wurde landesweit in den Gefängnissen mit höchster Besorgnis kolportiert. Lecki habe trotz strenger Bewachung den Bediensteten auf der Krankenstation überwältigt, ihm die Waffe abgenommen und befinde sich auf der Flucht. Also aufpassen, besondere Vorsicht bei Krankenhausbewachung! Der zuständige Beamte hat später zugegeben, er sei eingeschlafen. Seine Waffe habe er vorher auf dem Tisch vor sich abgelegt. Sein Patient, der zwei Wochen strenge Bettruhe hinter sich hatte und angeblich kaum transportfähig, geschweige denn in der Lage schien, zu gehen, nutzte seine Chance und machte sich über den Balkon davon. Zuvor hatte er noch den Beamten mit einer Wäscheleine, die offenbar eingeschmuggelt worden war, an einen Stuhl gefesselt und ihn gezwungen, Schlafmittel zu nehmen.

Eine Mitarbeiterin des Krankenhauses berichtete später, dass gerade der »Tatort« lief, als sie das Zimmer betrat. Die dramatische Musik, die wehende Gardine vor dem Balkon und der gefesselte Beamte auf dem Stuhl – das Ganze sei richtig gruselig gewesen! Später zeigten sich alle beteiligten Ärzte über Leckis körperliche Leistung erstaunt; sie stellten fest, dass bei der Flucht die Operationsnarbe aufgeplatzt war und der Flüchtende zeitweilig das Bewusstsein verloren haben musste. Lecki selbst sagte aus, dass es der Mut der Verzweiflung gewesen war, der ihn immer wieder dazu gebracht habe, sich aufzurappeln und weiterzulaufen. Die Befürchtungen, dass Inhaftierte einen Aufenthalt in Krankenhäusern zu Fluchtversuchen nutzen, sind also durchaus berechtigt.

Lecki war wieder auf der Flucht und machte – aus seiner Perspektive – zunächst alles richtig. Er nahm die Waffe auseinander und schickte einen Teil an den *Spiegel* und einen anderen an den Kölner *Stadt-Anzeiger*. Damit wollte er der Polizei und der Öffentlichkeit signalisieren, dass er unbewaffnet unterwegs ist. Bei der bereits beschriebenen spektakulären Verhaftung auf Sylt hat er sich jedenfalls nicht zur Wehr gesetzt.

»Er kommt, Lecki kommt zurück!« Diese Nachricht schlug in Werl wie eine Bombe ein. Ich hatte gerade erst als Gefängnisarzt meinen Dienst angetreten, als ich ihm zum ersten Mal begegnete. Bei aller Aufregung, die um mich herum seinetwegen entstand, spielte ich ihm gegenüber den coolen und gelassenen Arzt, blätterte in seinen Unterlagen und gab den Anschein, als wüsste ich überhaupt nicht, wen ich vor mir hätte. Sicher, ich kannte ihn ja nicht, hatte aber natürlich von ihm gehört. Und er konnte sich seiner Prominenz gewiss sein.

Für mich war Lecki trotz aller natürlichen Vorbehalte, die ich wegen seiner Taten hatte, eine Figur, die mich beeindruckt hat. Wenn er in unserem Gefängnishof bei gutem Wetter auf dem künstlich aufgeschütteten Steinhügel saß und sich die Mithäftlinge um ihn sammelten, dann erinnerte er mich an das Oberhaupt einer Affenfamilie. Die anderen blickten zu ihm auf. Für sie war er der Ausbrecherkönig, der Oberganove. Seine trickreichen Fluchten und sein unterhaltsames Auftreten vor Gericht hatten auch in der Öffentlichkeit für Sympathien gesorgt und zur Legendenbildung beigetragen. Im September 2000 erfuhr ich, dass Lecki gestorben war. Nicht im Kugelhagel, nicht auf der Flucht, sondern auf einer verlassenen Parkbank in Berlin. Er war vorzeitig aus der Haft entlassen worden. Sein Motorrad wurde nahe der Parkbank gefunden. Eine alte BMW, mit der er täglich kleine Ausflüge gemacht hatte. Ob er jemals den Führerschein gemacht hat? Ich weiß es nicht. Für einen, der immer nur frei sein wollte, spielte das wahrscheinlich keine Rolle.

Übergriffe

Verträglichkeitsprüfung

Nach all dem, was ich von meinen Patienten in den letzten fünfundzwanzig Jahren gehört habe, ist für die meisten Häftlinge die gemeinschaftliche Unterbringung mit anderen die eigentliche Hölle im Knast. Deshalb bin ich der Überzeugung, dass die Einzelunterbringung in deutschen Gefängnissen zur Regel werden sollte. Bislang gilt das nur für Gefängnisse, die neu gebaut werden. In den alten Knästen versucht man, durch eine Reduzierung der Belegungszahlen gegenzusteuern.

Sicherlich werden wir auch in Zukunft noch eine gewisse Zahl an Gemeinschaftshafträumen brauchen. Für Häftlinge, die die Einsamkeit in der Zelle nicht ertragen können; für die Depressiven und für die Suizidgefährdeten. Es gibt immer wieder Insassen, die den Einzug in eine Gemeinschaftszelle verweigern und lieber mehrere Tage in einem besonders gesicherten Haftraum, dem Bunker verbringen, um ihre Einzelunterbringung zu erzwingen. Vergleichsweise privilegiert sind Gefangene, die wegen begründeter Fluchtgefahr oder Gewalt gegen Bedienstete oder Mitgefangene ohnehin auf einen Einzelhaftplatz verlegt werden. Die Kehrseite einer solchen Sicherungsmaßnahme ist jedoch, dass diese Insassen nur selten Gelegenheit haben, sich außerhalb des Haftraums zu bewegen. Einige Gefangene nehmen diesen Umstand dennoch in Kauf, um in den »Genuss« einer Einzelunterbringung zu kommen.

Es sind vor allem die »Langstrafigen«, also die Insassen, die mehrjährige Haftstrafen absitzen müssen, die unter der Gemeinschaftsunterbringung leiden. Auch weil sie immer wieder erleben müssen, dass ihre Zellengenossen von ihrer baldigen Entlassung sprechen und von dem, was sie nach der Haftentlassung alles vorhaben. Die größte Belastungssituation für einen Gefangenen ist aber die sogenannte unausgesetzte Gemeinschaftsunterbringung. Diese Maßnahme wird häufiger bei Alkohol- oder Drogenabhängigen im Entzug, bei Epilepsiekranken oder Suizidgefährdeten angeordnet. Die unausgesetzte Gemeinschaftsunterbringung bedeutet, dass der Betreffende keine Minute des Tages alleine oder unbeobachtet verbringen darf. Wenn der Zellengenosse zu seinem Arbeitsplatz im Knast, zum Arzt oder in die Besuchsabteilung geht, wird der Betreffende zu einem anderen Gefangenen umgeschlossen oder so lange von einem Beamten ständig im Auge behalten.

Im geschlossenen Strafvollzug wird in den meisten Haftanstalten an den Türen der Zellen, in denen selbstmordgefährdete Gefangene einsitzen, ein roter oder grüner Punkt angebracht. Die Wachhabenden sind damit gewarnt: Sie wissen, dass sie auf diese Häftlinge besonders aufpassen müssen. Die Kontrolle des Haftraums erfolgt hier deshalb auch in weit kürzeren Abständen als in anderen Zellen. Das Zeichen ist keine Schikane; es soll das Leben des Inhaftierten schützen, für das wir alle verantwortlich sind. Einen absoluten Schutz gibt es natürlich nicht. Nach einem Vierteljahrhundert als Arzt im Knast, das von Erfolg, aber auch von Scheitern geprägt ist, bleiben auch bei mir viele Fragen. Wenn sich über fünfzig Häftlinge trotz intensiver persönlicher und therapeutischer Behandlung am Ende doch das Leben nahmen, bleibt ein quälendes »Warum?« Immer wieder habe ich darüber nachgegrübelt, was ich in diesen Fällen falsch gemacht habe. Habe ich ein entscheidendes Detail übersehen? Habe ich die Anzeichen nicht richtig gedeutet? Oft hatte ich das spontane Gefühl, dass sich immer die Falschen aufhängen. Es waren meist diejenigen, die mit ihrer Inhaftierung einfach nicht fertig wurden. Oft standen ihnen lange Haftstrafen bevor, sie sahen keine Zukunft mehr und hielten ihr bisheriges Leben für verpfuscht. Menschen, die eine geringe Selbstachtung haben, labil sind und sich manipulieren lassen, werden viel leichter suizidal. Aber auch Gewalttäter. Wer nämlich Gewalt gegen andere anwenden kann, der tut sich schwer, seine Emotionen zu kanalisieren. Deshalb hat die Anstaltsleitung immer ein Auge darauf, die Gemeinschaftszellen mit verträglichen Typen zu belegen. Darauf werde ich gleich noch detaillierter eingehen.

Die Unterbringung in einer Gemeinschaftszelle ist hart, es gibt nicht den Hauch einer Rückzugsmöglichkeit. Oft kommen Patienten zu mir und flehen mich an: »Tun Sie was, Doc, helfen Sie mir, ich muss da raus!« Trotz räumlicher Abtrennung der Toilette kann von Intimsphäre kaum die Rede sein, sämtliche Geräusche, von Gerüchen ganz zu schweigen, hängen in der Zelle. Toilettenbesuche und die Körperhygiene mancher Zellengenossen liefern immer wieder Anlass für Konflikte. Wenn man auf wenigen Quadratmetern mit Menschen zusammenleben muss, die sich über Wochen nicht waschen und ihre Kleidung gar nicht oder nur selten wechseln, birgt das einigen Sprengstoff. Und spätestens, wenn der Typ im Bett über einem stöhnend onaniert und in allen Details von seiner geilen Wichsvorlage berichtet, kann bei manchen die Sicherung durchknallen.

Die ungewohnte Erfahrung, mit Mitgefangenen in einem einzigen Raum eingesperrt zu werden, führt zu gruppendynamischen Prozessen, die nur selten positive Effekte haben. Da gibt es den Knasterfahrenen, der alles um sich herum kommentiert, die Labertasche, die einem ständig einen blöden Spruch drückt. Da gibt es den, der nichts als seine Ruhe will, sich ausgrenzt und deshalb immer wieder angequatscht wird. Allein schon aus Spaß, um zu sehen, wie lange er den Eigenbrötler durchhält. Ein anderer, seit fast zwei Jahren im Knast, beschwert sich darüber, dass man ihm den zwölften oder dreizehnten »Spannmann« auf die Bude gelegt hat. Der Spannmann kann ein lästiger Spanner sein, der den anderen nur neugierig beobachtet und in seiner Seele wühlt. Oder einer, der sich beinahe zwanghaft ständig einen runterholt. Generell ist ein Spannmann selten ein guter Kumpel oder rücksichtsvoller Zellengenosse.

Die Enge und der unmittelbare Kontakt zu den Mithäftlingen auf den Gemeinschaftshafträumen lösen bei vielen zudem eine regelrechte Paranoia vor ansteckenden Krankheiten aus. Der kleinste Hautausschlag beim Zellengenossen führt zu einem Run auf meine Sprechstunde. Diese Angst vor Ansteckung führt immer wieder zu der Bitte, ich möge doch eine Blutuntersuchung vornehmen, damit eine Infektionskrankheit ausgeschlossen werden kann.

Wer eine lange Strafe im Gefängnis abbrummen muss, kann also irgendwann zu dem Schluss kommen, dass eine Einzelzelle das Paradies auf Erden sein muss. Tatsächlich habe ich die Erfahrung gemacht, dass die Verlegung eines Inhaftierten auf einen Einzelhaftraum zu einer deutlichen Entspannung und Beruhigung desselben führt. Eine Einzelzelle und ein guter Job im Knast sind wichtige Voraussetzungen dafür, dass man die Haftzeit leichter und besser erträgt. In vielen Fällen kommt es dann auch erst dazu, dass sich der Häftling mit sich und seiner Tat auseinandersetzt, sie im Idealfall aufarbeiten kann. Und das ist der entscheidende Punkt, wenn es um eine Resozialisierung geht.

Inzwischen ist diese Erkenntnis auch beim Strafvollzug angekommen. Seit den reformbewegten siebziger Jahren hatte man vielfach auf das Konzept des »Wohngruppenvollzugs«

gesetzt. Damit verfolgte man das Ziel, Straftäter zu ihrer besseren Sozialisierung möglichst gemeinsam unterzubringen. Sie sollten nicht nur gemeinsam in den Werkräumen des Knastes arbeiten, sondern nach »Feierabend« mit anderen Insassen kochen, Karten spielen, sich fortbilden und »wohnen«. Das offizielle Vollzugsziel lautete nach § 2 des Strafvollzugsgesetzes, dass der Gefangene während der Freiheitsstrafe dazu befähigt werden sollte, »künftig in sozialer Verantwortung ein Leben ohne Straftaten zu führen«. Die Idee der Einzelhaft war nicht nur verpönt, sondern wurde sogar als Rückfall in Zeiten mittelalterlicher Foltermethoden betrachtet. Inzwischen hat man eingesehen, dass das Konzept des »Wohngruppenvollzuges« und auch die etwas weniger didaktisch ausgerichtete Form der normalen Gemeinschaftsunterbringung weitgehend gescheitert sind. Heute sind zumindest bei der Verbüßung längerer Strafen Einzelzellen fast zur Regel geworden.

Außerdem gibt es inzwischen sogenannte Verträglichkeitsprüfungen: Das heißt, man achtet möglichst genau darauf, wen man mit wem zusammenlegt. Die Verträglichkeitsprüfung erfolgt zunächst anhand der teils sehr umfangreichen Personalakten der Gefangenen. Gibt es Aufzeichnungen über bekannte Verhaltensauffälligkeiten? Welche Erkenntnisse lassen sich aus dem bisherigen Haftverlauf ziehen? Anschließend erfolgen persönliche Gespräche mit den Gefangenen. Die Durchführung obliegt den Bereichsleitern, das sind in der Regel ältere, erfahrene Justizvollzugsbeamte, die sich, wenn nötig, Unterstützung und Rat bei Sicherheitsinspektoren, Psychologen und Ärzten holen.

Natürlich wird der Justizvollzugsbeamte gemeinsam mit dem »Polli« – so heißt der Inspektor, der die Verträglichkeitsprüfung durchführt – darauf achten, dass kein bekennender Rechtsradikaler mit einem Schwarzafrikaner zusammengelegt wird und kein Kosovare, dessen Angehörige im Balkankrieg umgebracht worden sind, mit einem Serben. Er wird dafür sorgen, dass sich kein Totschläger, der wiederholt durch die Erpressung von Mitgefangenen aufgefallen ist, mit einem unterwürfigen Opfertyp die Zelle teilen muss. Und kein Lebenslänglicher mit einem Insassen, der nur noch wenige Monate Haft zu verbüßen hat. In Zeiten des Nichtraucherschutzes muss er außerdem noch darauf achten, einen Nichtraucher nicht mit einem heftigen Quarzer zusammenzustecken. Insassen mit ansteckenden Krankheiten werden möglichst alleine untergebracht, Epileptiker, psychisch Kranke oder Depressiv-Suizidale mit Mitgefangenen, die zu einem größtmöglichen Maß an Empathie und Verantwortung in der Lage zu sein scheinen.

Es gilt also alle möglichen Dinge zu beachten, angefangen bei der Tat über die Zugehörigkeit zu einer Religion bis zu einer bestimmten Ethnie usw. Angesichts der zeitweiligen Überbelegung in vielen Gefängnissen eine Aufgabe, die nicht immer leicht zu lösen ist. Darüber hinaus müssen die Abteilungsbeamten auch nach der Verträglichkeitsprüfung immer ein Auge auf die Gefangenen haben. Sie sollten in der Lage sein, sofort zu reagieren, wenn unter den Häftlingen einer Gemeinschaftszelle Animositäten erkennbar werden und Übergriffe drohen. Zu Zuchthauszeiten hat man in solchen Fällen schon mal ein Auge zugedrückt, nach dem Motto »Pack schlägt sich, Pack verträgt sich«. Heute ist so etwas undenkbar. Man versucht sogar, den Wünschen der Gefangenen entgegenzukommen, sofern dem keine Sicherheitsbedenken entgegenstehen. Manche kennen sich bereits aus der Zeit vor der Inhaftierung, Junkies kennen sich von der Platte, andere haben schon einmal gemeinsam eingesessen. Für die Justizbeamten ist es keine leichte Übung, für jedes Töpfchen das passende Deckelchen zu finden. Eine zeitintensive Sache, die eine gute Beobachtungsgabe, Intuition und ein hohes Maß an Menschenkenntnis erfordert.

Dennoch kann man sich lebhaft vorstellen, dass es nicht

immer leichtfällt, die Verträglichkeit bei teilweise doch sehr unverträglichen Zeitgenossen zu überprüfen; schließlich handelt es sich bei vielen Insassen um eher dissoziale Personen mit mangelnder Selbst- und Impulskontrolle. Man darf nicht vergessen, dass ein Großteil der heute Inhaftierten keine ausreichende Sozialisation erfahren hat. Viele haben bis vor ihrer Inhaftierung nur gelernt, ihre Wünsche und Ansprüche rücksichtslos durchzusetzen, notfalls mit Gewalt. Die überwiegende Zahl vor allem der jüngeren Inhaftierten weist solch massive Sozialisierungsdefizite auf, dass eine gemeinschaftliche Unterbringung fast unmöglich, zumindest aber kritisch erscheint. Sie sind in einer individualisierten Ellenbogengesellschaft aufgewachsen, haben sich auf der Straße durchgesetzt, sind eigensinnig, misstrauisch, leicht reizbar und intolerant gegenüber anderen.

Trotz der Verträglichkeitsprüfung kann es also keine Garantie geben, dass sich die Insassen nicht doch die Köpfe einschlagen. Weder die Flure noch die normalen Zellen werden von Kameras erfasst. Das hat damit zu tun, dass die Würde der Strafgefangenen unbedingt geschützt werden muss. Damit nehmen wir gleichzeitig in Kauf, dass sich große Bereiche einer unmittelbaren Kontrolle entziehen. Kommt es zu Übergriffen, sind die Facetten zahlreich. Sie reichen von übelsten verbalen Attacken über Misshandlungen bis hin zu sexueller Gewalt.

Knastschwul

Es gibt vor allem unter den jungen Häftlingen einige, auf die wir besonders aufpassen. Manchmal läuten bei uns schon die Alarmglocken, wenn wir nur die Fotos der kommenden Neuzugänge sehen. Attraktive Burschen, die leicht zur Beute der Knastschwulen werden können. In jedem deutschen Gefängnis gibt es männliche Insassen, die knastschwul werden und Sex mit Männern haben wollen. Sie sehen vor allem in Neulingen, die sich im Knastalltag nicht auskennen und noch keine Allianzen geschlossen haben, geeignete Kandidaten für ihre Liebesspiele.

Knastschwul zu sein bedeutet, dass eigentlich heterosexuelle Männer in Ermangelung weiblicher »Alternativen« während ihrer Knastzeit ihre sexuellen Bedürfnisse mit Männern befriedigen. Diese Häftlinge sind nicht wirklich schwul oder bisexuell, sondern eben nur knastschwul. Außerhalb der Mauern pflegen sie ausschließlich heterosexuelle Kontakte, viele sind verheiratet, verlobt oder lebten bis zu ihrer Festnahme in langjährigen heterosexuellen Beziehungen. In den letzten zwanzig Jahren ist das Thema Knastschwul deutlich in den Hintergrund getreten. Was vor allem daran liegen dürfte, dass viele Gefängnisse Langzeitbesuchsräume – im Volksmund auch Liebeszellen genannt – eingerichtet haben. Wer in Strafhaft einsitzt und eine »förderungswürdige Beziehung« unterhält, darf nach Ablauf einer gewissen Zeit (sie ist von Fall zu Fall unterschiedlich) und nach sorgfältiger Abwägung der Risiken Langzeitbesuche empfangen. Wenn ein Zuhälter den Langzeitbesuch einer seiner Prostituierten beantragt, gilt dies nicht als förderungswürdig. Und Risiken, die einem solchen Besuch entgegenstehen, wären etwa die Gefahr von Gewaltausbrüchen oder Missbrauch.

Die Möglichkeit von Langzeitbesuchen nimmt viel Druck von den Männern. Wer regelmäßig zwei- oder dreimal im Monat für zwei bis fünf Stunden unüberwacht und unbeobachtet mit seiner Partnerin oder Ehefrau in einem kleinen appartementartigen Raum im Knast zusammen sein darf, weiß dieses Privileg zu schätzen und wird alles daransetzen, es nicht wieder zu verlieren. Der regelmäßige Kontakt zu Frau und Familie erweist sich in der Regel auch als günstig für die Prognose eines Häftlings. Man kann sich gut vorstellen, dass die Frauen ihren Männern zusätzlich Druck machen, alles zu unterlassen, was zu einer Verlängerung der Haft, dem Scheitern einer Verlegung in eine offene Vollzugseinrichtung oder einer vorzeitigen Entlassung führen könnte. Insofern tragen die Liebeszellen nicht nur zur Entlastung und persönlichen Stabilität des Häftlings bei, sondern ganz allgemein zur Sicherheit im Knast.

Natürlich gibt es viele Männer im Knast, die über keinerlei Außenkontakte mehr verfügen. Hinter denen alle Brücken nach draußen abgebrochen sind, so dass sie ihre Sexualität anders ausleben müssen. Selbstbefriedigung ist ganz sicher die häufigste Lösung – und auch immer wieder ein Thema in meinen Sprechstunden. Viele Gespräche drehen sich um das Nachlassen von Häufigkeit und Dauer der Erektion, um Menge und Konsistenz des Ejakulats, sichtbare oder ertastbare Veränderungen an Penis oder Hoden, diffuse Miktionsbeschwerden oder Schmerzen beim Onanieren. Die Angst vor Impotenz ist selbst bei jungen Männern zwischen 25 und vierzig Jahren groß. Draußen ist das eher ein Thema, das die über Fünfzigjährigen beschäftigt. Wenn ich wegen einer akuten Erkrankung Medikamente verschreibe, wird der Beipackzettel intensiv studiert. Selbst heftigere Nebenwirkungen werden trotz Aufklärung in Kauf genommen, solange die Potenz nicht darunter leidet. Geht eine Pille sozusagen an die Eier, wird die Einnahme schon mal verweigert.

Vor allem bei Häftlingen, die erst nach einer langen Zeit die Erlaubnis für einen Langzeitbesuch erhalten, sind Versagensängste riesengroß. Die vorwiegend psychosomatischen Beschwerden, wegen denen sie in meine Sprechstunde kommen, zeigen, wie schwer der Verlust einer normalen, erfüllten Sexualität diese Männer belastet. Nach Jahren der Selbstbefriedigung als einziger Alternative stehen viele meiner Patienten unter einem enormen Leistungsdruck.

Bei Männern, die Frauen vergewaltigt oder Kinder missbraucht haben, kommt eine weitere Belastung hinzu. Denn die Art, ob und wie sie ihre Sexualität ausleben, trägt entscheidend zu ihrer Prognose bei. Für mich ist es nicht immer leicht, die Potenzängste von Vergewaltigern, Triebtätern und Missbrauchern ernst zu nehmen; das führt mich schon mal an die Grenzen meines Verständnisses, wenngleich einem Arzt im Gefängnis nichts Menschliches fremd ist. Aber auch, wenn diese Gespräche mitunter schwer auszuhalten sind, haben sie eine enorme Bedeutung: Sie geben Auskunft über die Entwicklung und die Fortschritte, die ein Sexualstraftäter in Haft gemacht hat – oder eben nicht. Je mehr Informationen Ärzte, Psychologen und Gutachter zusammentragen, umso besser kann die Gefahr von Rückfällen eingeschätzt werden.

Ob heterosexuell, bisexuell oder schwul, für alle Männer im Knast ist Aids ein großes Thema. Seit vielen Jahren gibt es den sogenannten »Kondom-Erlass«, eine ministerielle Vorschrift, die den Anstalten das Bereitstellen von Kondomen und Gleitmitteln sowie deren großzügige, möglichst anonyme Vergabe vorschreibt. In den Fluren sind Kästchen angebracht, aus denen man Kondome nehmen kann, und auch in meiner Schreibtischschublade liegt immer ein Vorrat, den ich auf Nachfrage an meine Patienten verteile. Wenn ein Knacki vor den Augen seiner Mithäftlinge immer wieder an den Gummi-Spender tritt, wird er sich natürlich einen dummen Spruch fangen. Generell aber ist der Umgang mit den verschiedenen Spielarten der Sexualität im Knast relativ locker. Die meisten sexuellen Kontakte im Knast geschehen einvernehmlich, aus echter Sympathie heraus oder auf der Basis einer geschäftlichen Abmachung: »Wenn du es mir richtig schön machst, zeig ich mich erkenntlich.« Unter den Gefangenen spricht sich schnell herum, wer sich für was und wie viel prostituiert. Drogenabhängige Stricher gibt es schließlich nicht nur auf Bahnhöfen.

Sexuelle Gewalt

Ganz anders sind die Formen sexualisierter Gewalt zu sehen, die ausnahmslos der Unterwerfung dienen. Ich habe Patienten erlebt, die mich unter Tränen um ein Vier-Augen-Gespräch baten, in dem sie mir mitteilten, dass sie von Mithäftlingen misshandelt und vergewaltigt wurden. Gewaltsame sexuelle Übergriffe sind für einige Häftlinge inzwischen zu einem probaten Mittel geworden, die eigene Macht zu demonstrieren. Vergewaltigung eines Mithäftlings gilt als das ultimative Mittel zur Demütigung und Unterwerfung.

Wenn der Leidensdruck der Opfer nicht größer ist als die Angst vor weiteren Demütigungen oder Racheakten, werden sie in der Regel ihr Schweigen nicht brechen. Wenn ich sie als Arzt auf ungewöhnliche Verletzungen anspreche, bekomme ich häufig Ausreden aufgetischt. Selbst wenn ich mir einen Reim darauf machen kann, bleiben mir ohne die Aussage des Opfers nur wenig Möglichkeiten, gezielt einzugreifen; allenfalls kann ich bei Verdacht die Abteilungsbeamten darauf hinweisen, noch genauer hinzuschauen. Wenn die dann die Zelle aufschließen, um auffälligen Geräuschen auf den Grund zu gehen, kann es durchaus passieren, dass der mutmaßliche Täter mit Unschuldsmiene behauptet, sein Zellennachbar sei aus dem Bett geplumpst. Alles in bester Ordnung, alles super, kein Grund zur Aufregung.

Auch die Verträglichkeitsprüfungen im Vorfeld können

sexuelle Übergriffe und andere körperliche Misshandlungen nicht hundertprozentig verhindern. Die Prüfungen reduzieren die Wahrscheinlichkeit, dass einer, der sich von Haus aus nicht wehren kann, mit einem Kerl zusammengelegt wird, der das gnadenlos ausnutzen wird. Trotzdem ist es im Knast im Grunde wie bei einem Eisberg im Nordmeer. Man sieht nur die Spitze aus dem Wasser ragen, die bekanntlich gerade mal ein Siebtel des ganzen Brockens ausmacht. Das ist in etwa die Dimension, die wir im Gefängnis mitbekommen. Wir erfahren nur, was sich schlecht verbergen lässt.

Nach dem Foltermord im Gefängnis von Siegburg im Jahr 2006 wurden die Vorschriften noch einmal verschärft. Damals hatten drei Häftlinge im Alter von siebzehn, neunzehn und zwanzig Jahren ihren Zellengenossen nach zwölf Stunden Folter gezwungen, sich zu erhängen. Als zwei Beamte gegen 21 Uhr die Zelle kontrollierten, lag der damals bereits tote Mann zugedeckt in seinem Bett, als würde er schlafen. Seitdem gehören sogenannte Vital-Kontrollen zu den Aufgaben der Bediensteten. Das heißt, sie sind verpflichtet, auch vermeintlich oder fest schlafende Häftlinge auf den Gemeinschaftszellen wachzurütteln und sich nach ihrem Befinden zu erkundigen. Sie müssen sich persönlich davon überzeugen, dass der Häftling keine äußerlich sichtbaren Zeichen einer Verletzung aufweist. Einen Einblick in seine seelische Verfassung werden sie dadurch allerdings nicht erlangen.

Sackgasse

Mit einem wirklich harten Fall wurde ich vor etwa zehn Jahren konfrontiert. Wir haben die Geschichte auch im Kollegenkreis diskutiert, weil uns Fälle wie dieser exemplarisch die Grenze der ärztlichen Schweigepflicht aufzeigen.

Ein junger Gefangener bat mich eines Tages, ihn auf HIV und Hepatitis zu testen. Er war seit Jahren drogenabhängig und habe nicht immer nur die eigene »Pumpe« benutzt, wie er mir erzählte. Tatsächlich stellte sich heraus, dass er mit dem HI-Virus infiziert war. Einen Patienten über eine so schwere Erkrankung aufzuklären, erfordert Zeit und Fingerspitzengefühl. Ich war zunächst überrascht, dass der Mann die Nachricht so gefasst aufnahm, und dachte, das liege möglicherweise daran, dass er sich bereits länger mit dem Verdacht auseinandergesetzt hatte, er könnte infiziert sein. Als er aber in den folgenden Gesprächen wiederholt in Tränen ausbrach, wurde ich hellhörig und fragte weiter nach. »Gibt es vielleicht doch etwas, was Sie mir noch sagen möchten?« Nach einigem Hin und Her tischte er mir eine Geschichte auf, die mich fassungslos machte.

Er erzählte mir, dass er sich ein Jahr zuvor in einem anderen Gefängnis über mehrere Monate mit einem heroinsüchtigen Totschläger eine Zelle geteilt habe. Seine anfänglichen Ängste und Vorbehalte gegenüber dem hafterfahrenen, athletischen, am Körper tätowierten und von allen Mitgefangenen respektierten Mann hätten sich schnell gelegt. Zumal der ältere Knacki ihn regelrecht umsorgte, sehr fürsorglich und fast liebenswürdig. Er habe sich unter seinem Schutz geborgen und sicher gefühlt. Nach einigen Wochen sei es zu ersten intimeren Kontakten gekommen; freiwillig und auch aus Dankbarkeit dafür, dass ihn der Zellennachbar hin und wieder mit Heroin oder Spritzen versorgt habe. Er sei sich sehr wohl darüber im Klaren gewesen, dass niemand im Knast einfach so Geschenke verteilt. Es ist ein Geben und Nehmen, und deshalb habe er auch kein Problem damit gehabt, die sexuellen Bedürfnisse seines Mitgefangenen zu befriedigen. Er habe sich regelmäßig zu seinem »Spannmann« ins Bett gelegt und ihm einen geblasen. Zu mehr sei es nie gekommen, er sei auch nie mit Gewalt zu irgendetwas gezwungen worden.

Nach einiger Zeit habe sich herumgesprochen, dass er einer sei, der sich »bücke«. In den Freistunden und auf der Abteilung sei er immer öfter von anderen Gefangenen angesprochen worden, ob er ihnen nicht auch gegen entsprechende Gegenleistungen gefällig sein könne. Das habe er aber abgelehnt. Das Verhältnis zu seinem Mitgefangenen sei etwas ganz anderes gewesen, so etwas wie ehrliche Freundschaft. Sich für andere Gefangene zu prostituieren, kam für ihn nicht in Frage. Als er mit seinem Zellennachbar und Freund über diese Sache sprach, habe der ihm versichert, er müsse sich keine Sorgen machen, er stehe unter seinem besonderen Schutz.

Was der angebliche Freund seinem ahnungslosen Mithäftling und gefälligen Liebesdiener indes verschwieg, war folgender Deal. Er hatte sich mit seinen Drogengeschäften bei zwei Albanern so verschuldet, dass die ihn in der Hand hatten. Er hatte Schulden gemacht, auch, um Drogen für seinen Liebesdiener zu besorgen, Schulden, für die er gebürgt hatte und die er nicht mehr begleichen konnte. Es kam der Tag, an dem er seinen jungen Freund bat, ihn wegen eines Drogengeschäfts auf die Gemeinschaftszelle der Albaner zu begleiten. Der Mann tappte arglos in die Falle. Die beiden Albaner hatten seinem Spannmann ein Ultimatum gestellt: Entweder er zahle seine Schulden sofort und in vollem Umfang – oder sein Freund müsse sie halt abarbeiten. Hier und jetzt.

Während sein Zellengenosse vor der Tür Schmiere stand, wurde der junge Häftling von den beiden Albanern und einem weiteren Mittäter, den er nicht erkannt habe, wiederholt anal vergewaltigt. »So reitet man Nutten ein«, hätten sie sich gegenseitig hochgepuscht. Dabei, so vermutete er, müsse ihn einer der drei Täter mit dem fatalen Virus infiziert haben.

Die Art und Weise und die Detailgenauigkeit, mit der er mir seine schockierenden Erfahrungen Monate nach dem Vorfall vortrug, ließen keine berechtigten Zweifel an ihrem Wahrheitsgehalt aufkommen. Auch der zeitliche Abstand zwischen der Tat und dem Nachweis des Virus passte. Auf die Frage, warum er den Vorfall nicht sofort angezeigt habe und erst jetzt darüber spreche, antwortete er: Er sei zu geschockt gewesen. Auch sein Spannmann habe ihn hängenlassen: »Dir wird eh niemand glauben. Ich werde nichts bezeugen, weil ich ja auch nichts gesehen habe und keine Lust habe, irgendwann ein Messer zwischen die Rippen zu kriegen. Ich will die nächsten Jahre hier ruhig abmachen. Im Übrigen werden die ganz schnell ein paar Typen aus dem Hut zaubern, die bestätigen, dass du dich gern und freiwillig für einen Schuss oder eine Handvoll Tabletten hast ficken lassen. Und was es für dich bedeutet, wenn du die anzeigst, kannst du dir nicht mal vorstellen. So sicher ist keine Zelle, so weit kannst du gar nicht weglaufen, dass die dich nicht kriegen. Egal, wie lange es dauert.«

Kurz nach der Vergewaltigung machte er tatsächlich die Erfahrung, wie weit der Arm seiner Peiniger reichte. Er war für einige Wochen in eine andere Anstalt verlegt worden; bereits bei einem seiner ersten Hofgänge richteten ihm Mitgefangene schöne Grüße aus. Von den Albanern.

Solche Geschichten sind nicht ungewöhnlich, das bestätigten auch meine Kollegen, mit denen ich den Fall während einer Veranstaltung der Aids-Hilfe besprach. Die Frage, die uns damals sehr beschäftigte, war, wie man damit umgeht: Sobald ich von einem Patienten erfahre, dass er im Knast Opfer einer Straftat geworden ist, habe ich als Arzt die Entscheidung zu treffen, ob ich mich an meine Schweigepflicht gebunden fühle oder die Sache bei der Anstaltsleitung zur Anzeige bringe. Die Entscheidung fällt nicht leicht, zumal nur der Patient mich von meiner Schweigepflicht entbinden kann. Deshalb muss ich abwägen zwischen meiner Verpflichtung zur Verschwiegenheit und meiner Mitteilungspflicht gegenüber der Anstaltsleitung. Diese Mitteilungspflicht habe ich bei Fällen, in denen mir Informationen über geplante oder begangene schwere Straftaten wie Erpressung, Nötigung, Körperverletzung, Vergewaltigung, Geiselnahme und Mord vorliegen. Informationen über gravierende Straftaten, die die Sicherheit der Anstalt und die körperliche Unversehrtheit von Gefangenen oder Beamten gefährden könnten.

Zwischen diesen beiden Positionen abzuwägen, ist keine leichte Aufgabe. In der Regel versuche ich, dem Patienten zunächst einmal zu versichern, dass ich alle möglichen Schritte veranlassen werde, um ihn vor weiteren Übergriffen zu schützen. Ihm zu vermitteln, dass ich die Gefahr ernst nehme, seine Ängste und Nöte verstehe. Er soll wissen, dass er sich auf mich verlassen kann, wenn er sich der Anstaltsleitung und der Kripo offenbart; und er soll wissen, dass ich alle Strippen ziehen, alle Kontakte nutzen und jede Einflussmöglichkeit geltend machen werde, um dabei mitzuhelfen, dass die Täter ihrer gerechten Strafe zugeführt werden. Ich muss ihm klarmachen, dass Justiz und Polizei nach meiner persönlichen Erfahrung durchaus in der Lage sind, ihn nicht nur im Knast, sondern auch darüber hinaus vor einer Verfolgung oder Racheakten zu schützen. Erst dann weise ich ihn darauf hin, dass ich seine Zustimmung brauche, um von meiner Schweigepflicht entbunden zu werden. Nur dann kann ich unverzüglich einen Sicherheitsinspektor oder die Kripo hinzuziehen.

Ich vermag mich an keinen Fall zu erinnern, in dem mir ein Patient diese Zustimmung verweigert hätte. Ich glaube, ich könnte es auch nur schwer aushalten, wenn ich wirklich in das Dilemma geraten würde, mich ohne Einvernehmen mit dem Patienten für oder gegen meine Schweigepflicht entscheiden zu müssen. Die Vorstellung, einer meiner Patienten könnte später draußen Eltern oder Freunden erzählen: »Damals habe ich meinem Anstaltsarzt von meiner Vergewaltigung berichtet, aber der hat mich nur angehört und dann mit dem lapidaren Hinweis auf seine Schweigepflicht an den Anstaltsleiter verwiesen«, wäre für mich unerträglich. Gewalt unter Gefangenen darf nicht toleriert, sie muss konsequent geahndet werden.

Es ist schon vorgekommen, dass gefährdete Patienten nach Absprache mit den zuständigen Stellen und auf meine Anweisung zunächst in die sichere Obhut der Krankenabteilung kamen. Nur der Patient, ich und wenige Eingeweihte wussten um die Hintergründe. Erscheint selbst diese Variante unsicher oder verlangt das Opfer oder die Situation weitere Sicherheitsmaßnahmen, wird in Rücksprache mit Kollegen eine Verlegung in eine andere Anstalt oder Einrichtung organisiert, in die die Täter keine erkennbaren Kontakte haben. Das ist der heikelste Punkt der ganzen Angelegenheit. Denn da gibt es keine hundertprozentige Sicherheit.

Zeitgleich werden die Täter getrennt, in weit voneinander entfernte Haftbereiche oder Haftanstalten verlegt, in Einzelhaft genommen und unter maximale Sicherheitsvorkehrungen gestellt, so dass ihnen kein Kontakt zu ihren Mittätern, zu Zeugen oder anderen Insassen mehr möglich ist. Wenn nötig, wird diese Maßnahme über viele Monate beibehalten.

Die Opfer wissen in der Regel, wenngleich nicht im Detail, was für eine Lawine sie mit einer Anzeige oder Aussage auslösen. Für viele ist das ein Grund zu schweigen. Die Angst lässt sich nicht so leicht besiegen. In vielen Fällen scheitert eine Strafverfolgung letztlich daran, dass die Opfer kurz nach ihrer Anzeige ihre Aussage zurückziehen oder sie relativieren. Aus Scham, aus Angst oder weil sie sich nicht stark genug fühlen, den Druck eines Strafverfahrens gegen ihre Peiniger auszuhalten. Und außerdem ist das Vertrauen dieser Opfer in die Justiz nicht gerade groß, sie haben ja zuvor mit ihr nur Erfahrungen aus der Perspektive des

Täters gemacht. Nach Tagen oder Wochen sind die körperlichen Wunden verheilt, Verzweiflung, Wut und Zorn haben sich gelegt. Dazu kommt eine nicht ganz unberechtigte Sorge – wie im oben beschriebenen Fall der Vergewaltigung: »Ich hab doch eh keine Chance. Aussage steht gegen Aussage. Meine gegen ihre. Für die Justiz bin ich nur ein drogenabhängiger, schwuler Knacki, der seinen Arsch für Drogen verkauft. Mag schon sein, dass die Täter getrennt und streng gesichert untergebracht werden. Mag sein, dass sie sich nicht abstimmen können. Aber ihre Anwälte werden miteinander korrespondieren. Drei gegen einen. Und wie viele werden bezeugen, dass ich über lange Zeit freiwillig und einvernehmlich Sex mit einem Mitgefangenen hatte für Drogen, für etwas Nähe und Zuwendung? Warum sollte mir jemand glauben, dass es an diesem einen Tag anders war? Und wenn mir doch jemand glaubt – was weiß ich denn, wie hoch der Preis ist, den ich dafür zahle?«

Der Gedanke, dann doch lieber einen Rückzieher zu machen, ist verlockend. Jeder Häftling hat schließlich schon mal live mitbekommen oder davon gehört, wie mit Verrätern umgesprungen wird. Vielen scheint es daher das geringere Übel, eigenes Verschulden zuzugeben und die Tatumstände entsprechend zu verändern. Ganz nach dem Motto: Warum nur habe ich das Maul aufgerissen, wo ich besser geschwiegen hätte?

Und je schwerer die Vorwürfe gegen Täter wiegen könnten, umso bedrohlicher sind die Szenarien, mit denen sie ihre Opfer zu beeindrucken verstehen. Deshalb führt ein großer Teil der strafrechtlichen Verfolgung von Verbrechen, die im Knast begangen und angezeigt werden, schon während des Ermittlungsverfahrens, spätestens aber vor Gericht ins Leere. Die Täter entgehen einer Verurteilung, die Opfer werden ein zweites Mal zu Opfern. Ein Teufelskreis, der nur schwer zu durchbrechen ist. Wenn sich ein Opfer erst einmal aus der Deckung hervorgewagt hat, eine Anzeige gemacht und anschließend wieder zurückgezogen hat, dann hat es schon verloren. Eine Kurzschlussreaktion, bloß raus hier, und dabei reitet sich der Betreffende noch tiefer in die Scheiße. Er kann die Uhr danach stellen, wann es wieder knallt – und uns sind die Hände gebunden.

Für genau diesen Weg hat sich leider auch der junge Mann entschieden, dem von anderen so schreckliches Leid zugefügt worden war. Zunächst schien alles nach Plan zu laufen, wir hatten ihn aus dem Verkehr gezogen, dachten, wir kriegen die Albaner dran. Doch schon kurz nach Beginn der Ermittlungen machte er einen Rückzieher. Nach der Devise: Lieber ein Ende mit Schrecken, als ein Schrecken ohne Ende. Nur raus aus dem Knast, und dann möglichst schnell vergessen! Aber ich bezweifle, dass es ihm gelingen wird, diesen einen Tag jemals zu vergessen. Wer für den Rest seines Lebens Medikamente gegen Aids einnehmen muss, hat nicht das Glück, den Augenblick vergessen zu können, an dem sich sein Leben für immer verändert hat.

Mich machen solche Erfahrungen zornig und hilflos. Natürlich bin ich enttäuscht, wenn alle Gespräche, all meine Bemühungen nicht das erhoffte Ergebnis bringen. Wenn die Täter unbehelligt davonkommen. Aber im gleichen Augenblick weiß ich, dass es falsch wäre, das Opfer, meinen Patienten, die Enttäuschung über seinen Rückzieher spüren zu lassen. Es gibt nun einmal Dinge zwischen Himmel und Erde, die sind stärker als der Verstand.

Die Konsequenz, die ich daraus ziehe: nicht nachlassen. Beim nächsten Mal wird's vielleicht gelingen. Und wenn nicht, muss ich das auch irgendwie aushalten. Aber es gibt auch eine ganze Reihe von Fällen, in denen wir Erfolg hatten. Fälle, die zu einer Verurteilung der Täter zu langen Haftstrafen geführt haben, weil die Gerichte im Knast begangene Gewalttaten sehr streng und mit dem höchstmöglichen Strafmaß ahnden. »Volle Kelle und den Rucksack obendrauf«, das heißt höchstmögliche Strafe und anschließende Sicherungsverwahrung.

Arzt im Knast II

Freiheit und Verantwortung

Als Anstaltsarzt hat man Freiräume, die andere Berufsgruppen im Knast nicht oder jedenfalls nicht in diesem Umfang haben. Ich spiele zwar im Team der Anstaltsbediensteten mit, bin aber so etwas wie der Libero, vergleichbar etwa mit dem Solisten in einem Konzert. Meine Arbeit, meine ärztlichen Entscheidungen muss ich nur vor mir, den Patienten und eventuell vor meiner Fachaufsicht vertreten. Der Anstaltsleiter ist zwar mein Dienstvorgesetzter. Er kann von mir Informationen verlangen, die für einen geregelten Ablauf der Dienstgeschäfte und der Anstaltsordnung notwendig sind, und in beschränktem Umfang auch Einsicht in Patientenakten nehmen. Mehr aber auch nicht.

Im Gegenzug habe ich auch eine große Verantwortung. Im Fünf- bis Zehnminutentakt treffe ich Entscheidungen, ich untersuche und diagnostiziere und muss quasi in einem Aufwasch die fachliche Richtigkeit und Angemessenheit meines Tuns und Handelns unter Beweis stellen. Während meine Kollegen in großen Krankenhäusern sich besprechen und zu einem Konsens gelangen, der im Zweifelsfall von einer übergeordneten Instanz wieder aufgehoben wird, stehe ich weitgehend allein auf weiter Flur. Und das Feld, das mit dem Begriff der »Gesundheitsfürsorge im Vollzug« umschrieben wird, ist ein weites Feld.

Die Eingriffsmacht eines Arztes im Strafvollzug ist relativ groß und vergleichsweise unmittelbar. Denn die Gesundheit ist der höchste Rechtsanspruch, den ein Gefangener hat. Ein gesunder beziehungsweise medizinisch angemessen versorgter Gefangener ist immer auch – und das darf man nicht vergessen – für den Gesetzgeber ein haftfähiger Gefangener.

Die »Medizinalisierung« vieler knastspezifischer, aber eigentlich sozialer Probleme, die gerade in den letzten Jahren stattfand, hat zu einer Erweiterung der Aufgabenfelder der Anstaltsmediziner geführt. Sobald ein Gefangener zum Beispiel in einem Antrag auf Einzelunterbringung, einen anderen Arbeitsplatz, eigene Bettwäsche, Privatkleidung oder einen größeren Fernseher gesundheitliche Argumente ins Feld führt, landet das Schriftstück mit hundertprozentiger Sicherheit auf meinem Schreibtisch. Ich entscheide über Gewahrsamsfähigkeit, Haftfähigkeit, Transportfähigkeit, Arrestfähigkeit, Einzelhaftfähigkeit, Gemeinschaftsfähigkeit, Arbeitsfähigkeit, Sporttauglichkeit und darüber, ob und wenn ja, wie lange jemand in den Bunker gebracht werden darf. Ich entscheide in Sachen Ernährung, verordne Sonderkostformen, mehr Obst, Fisch statt Fleisch, zusätzliche Milch, bewillige die dickere Matratze, das Kopfkissen, die zweite Decke, zusätzliche Socken, häufigeres Duschen oder einen Extrakühlschrank. Jedes Begehren eines Insassen kann durch das Votum des Anstaltsarztes scheitern oder entsprechend unterstützt werden.

Die Insassen merken recht schnell, dass sie viel weiter kommen, wenn sie den »Gesundheitsjoker« ins Spiel bringen, das heißt versuchen, den Arzt zur Durchsetzung ihrer Interessen zu instrumentalisieren. Und jeder Gefallen zieht den nächsten nach sich, da die Gefangenen sich natürlich untereinander darüber austauschen, was man für Gebrechen vorgeben, welche Symptome und Ängste man dem Arzt vortragen muss, um dem Objekt der Begierde näherzukommen. Schon im Wartezimmer findet ein reger Informationsaustausch statt, werden Tipps und Tricks einander verraten. Mit großer Geduld, mit Eifer und Nachdruck und einem gerüttelt Maß an Verstellung gehen manche Gefangenen zu Werke.

Wer einen Einzeltransport haben möchte, klagt über Klaustrophobie und Panikattacken in engen Räumen. Allerdings muss ich zugeben, dass es in den Kabinen der Transportbusse tatsächlich relativ beengt zugeht. Wer eine Einzelzelle haben möchte, trägt belastende aggressive Phantasien und den drohenden Verlust der Impulskontrolle vor. »Ich weiß nicht, wie lange ich das noch zurückhalten kann. Sie wissen ja, warum ich hier einsitze. Ich möchte mir auf keinen Fall ein neues Faktum einhandeln. Bis ich eine Einzelzelle bekomme, würden Beruhigungsmittel das Schlimmste verhindern können!« Gerne werden auch Ansteckungsängste oder Ekelgefühle vorgetragen. In seltenen Fällen führen die Auseinandersetzungen zu einem langjährigen »Stellungskrieg« zwischen Arzt und Patient, seitenlangen Beschwerden des Patienten und ebenso langen Stellungnahmen des Arztes. Man muss im Hinblick auf die Kosten auch mal fünfe gerade sein lassen und akzeptieren, dass man gelegentlich über den Tisch gezogen wird. Aber man darf auch seine Kompetenz und sein Ansehen nicht gefährden, konsequentes Handeln ist also angesagt. Wenn die Beschwerden nicht nachvollziehbar, der Wunsch des Patienten sich nicht schlüssig begründen lässt, ist ein klares Nein gefragt. Wer offene Worte und den Konflikt scheut, hat im Knast verloren. Das gilt für alle, für den Gefangenen wie für seinen Arzt.

Medizin im Knast

Hermann B. war ein Mörder, der sein Opfer zur Verdeckung der Straftat auf die Autobahn gelegt hatte. Er war ein schwieriger Gefangener, ein Schlucker, der nicht nur anderen Gewalt antat, sondern auch nicht davor zurückschreckte, sich selbst zu verstümmeln. Immer wieder schob er sich Nadeln unter die Haut und brach sie darunter ab, zeigte Wunden vor, die nicht heilen wollten, weil er sie mit Kot oder Batteriesäure verätzt hatte, oder schluckte sogenannte Sputniks, ein Konglomerat aus Sicherheitsnadeln, abgebrochenen Rasierklingen und scharfkantigen Blechstreifen, die er aus Konservendosen herausgebrochen hatte. Solche Selbstverletzungen stellen jeden Arzt vor schier unlösbare Probleme.

Bis in die siebziger Jahre hatte sich das Denken in deutschen Gefängnissen in den biblischen Kategorien von Schuld und Sühne, Vergeltung und Rache bewegt. Für den Vollzug suchte man in der Regel keine Mitarbeiter mit Einfühlungsvermögen, sondern Bewerber mit ordentlichen Ellenbogen und knallharten Prinzipien. Auch in der größten Justizvollzugsanstalt von Nordrhein-Westfalen praktizierte man damals noch eine veraltete Knastmedizin. Kranksein galt stillschweigend als Teil einer wohlverdienten Strafe. Ärzte wie Sanitäter fragten sich, warum sie einem inhaftierten Mörder oder Totschläger helfen sollten, wenn er Schmerzen hatte. »Du hast es verdient, du Schwein, du hast einen anderen Menschen umgebracht!« Unter dieser Form der Knastmedizin litten vor allem die armen Teufel unter den Insassen, die wegen schwerer Verletzungen oder chronischer Krankheiten von starken Schmerzmitteln abhängig waren. Man hielt sie für Simulanten, wollte ein kleines Machtspielchen an ihnen exerzieren oder hatte schlicht keine Lust, ihre Schmerzen ernsthaft zu lindern. Das führte manchmal dazu, dass die Verzweifelten sich selbst verstümmelten, um in den ersehnten Genuss der Schmerzmittel zu kommen. Solche Selbstverletzer und Schlucker wurden bei mir noch in den ersten Jahren meiner Tätigkeit vorstellig: Patienten mit einem narbenübersäten Körper, wulstige Zeichen ihres Leidens oder wiederholter chirurgischer Eingriffe. Patienten, die zum x-ten Male geschluckt hatten und sich deshalb zahlreichen Operationen unterziehen mussten. Bei Insassen, die scharfkantige oder spitze Gegenstände, Sicherheitsnadeln, Rasierklingen oder Blechteile mit Schinken- oder Speckstreifen umwickeln und herunterwürgen, muss der Magen eröffnet werden, damit man das Zeug wieder rauskriegt. Für sie ist es oft die einzige Möglichkeit, ihren Frust und ihre Wut loszuwerden, oder auf diese Weise Aufmerksamkeit und Zuwendung zu erlangen. Dazu kommen Schmerzmittelabhängige, die auf dem Umweg über eine Narkose, eine Operation die Gabe von Schmerzmitteln erzwingen wollen.

Für mich war das damals ein Schock. Sicher, es mag in manchen Fällen wirklich nicht leicht sein, einen Täter unabhängig von seiner Tat zu betrachten. Aber als Mediziner bin ich verpflichtet, nach den Regeln der ärztlichen Kunst zu behandeln, egal, wen ich vor mir habe, und egal, ob mir dessen Nase passt oder nicht. Es ist nicht meine Aufgabe im Gefängnis, diesen Menschen ihre Taten vorzuhalten oder über sie zu richten.

Zur zeitweiligen sichtlichen Empörung einiger älterer Mitarbeiter habe ich von Anfang an alle Patienten einer ordentlichen Behandlung unterzogen. Um Veränderungen zu bewirken, braucht man Durchsetzungsvermögen – gerade im Knast. Der Vollzug ist eine schwerfällige Institution, man benötigt viel Geduld und muss viele dicke Bretter bohren. Ich hatte Glück. Nicht nur der Anstaltsleiter, sondern auch ein Großteil der Bediensteten stand auf meiner Seite. Doch es gab den ein oder anderen, der mit der neu angebrochenen Zeit nicht zurechtkam und lieber die Stelle wechselte. Weil er begriffen hatte, dass ich es ernst meinte und offenbar vorhatte, diesen Job noch ein paar Tage länger zu machen.

Es war eine besondere Art der Freiheit, die ich gesucht und gefunden habe. Ich konnte etwas bewegen und etwas aufbauen, wie ich das unter der Fuchtel eines Chefarztes in Freiheit vielleicht nie hätte tun können. Für mich hat sich in Werl eins zum anderen gefügt, ich war mit meiner Berufswahl im Reinen und hatte endlich das Gefühl, angekommen zu sein. Keine verkrachte Existenz, sondern jemand, der eine Menge Sachen ausprobiert hatte, die hier plötzlich alle einen Sinn ergaben. Aus jedem Lebensabschnitt habe ich etwas mitgenommen, das ich hier auf einmal brauchen konnte. Seit meiner Jugend hatte ich Verantwortung übernommen. Ich hatte mich um meinen kleinen Bruder, um die Tiere im Stall und um fast alle Dinge auf dem Bauernhof zu kümmern. Aus dieser Verantwortlichkeit kam ich, gegen sie hatte ich rebelliert – und nun zog es mich genau da wieder hin. Ich wollte ein Arzt sein, der sich mit seinen Patienten über ihre Krankheiten *und* über ihr Leben unterhalten kann. Ich wollte genau so ein Arzt sein wie Doktor Schöneborn, unser Hausarzt in Ellar.

Der hochgewachsene, joviale Mann, der oft in seinem grünen Mercedes durch das Dorf fuhr und mit jedem ein kleines Schwätzchen hielt, war irgendwie allgegenwärtig. Ich bewunderte ihn, weil er so viel wusste, ein guter Arzt war und ein freundlicher, offener Mensch. Das war kein Mediziner, der irgendwo in einer schicken Praxis saß und darauf wartete, dass die Patienten bei ihm vorsprachen. Er war es, der zu uns kam.

Das ging stets nach dem gleichen Ritual vor sich. In dringenden Fällen wurde man von den Eltern auf die Post, in die Apotheke oder in die Drogerie geschickt, weil es nur dort ein Telefon gab. Schöneborn machte alles, zur Not auch direkt in der Wohnung des Patienten. Ins Krankenhaus oder zu einem

Spezialisten wurde man nur geschickt, wenn man operiert werden musste.

Hausärzte vom Schlage eines Doktor Schöneborn gibt es heute kaum noch. Wir reden zwar viel von Ganzheitsmedizin und davon, dass Ärzte nicht nur einen Ausschnitt, sondern den ganzen Menschen begutachten sollten, seine privaten Lebensumstände, die Arbeitswelt, die Psyche. Alltag ist dagegen eher eine immer weitergehende Spezialisierung, die dem ganzheitlichen Ansatz widerspricht. Wer wie ich diesen alten Hausärzten nachtrauert, wünscht sich im Grunde eine Form der medizinischen Versorgung, bei der sich der Arzt intensiver um seine Patienten kümmern kann. Natürlich hat die Medizin in den vergangenen Jahrzehnten unglaubliche Fortschritte gemacht, da will ich das Rad auch gar nicht zurückdrehen. Nur was den Umgang mit den Patienten angeht, die Zeit, die man sich für sie nimmt, die Intensität, mit der man sich mit ihnen auseinandersetzt, da könnte sich mancher Mediziner heute eine Scheibe von Herrn Schöneborn abschneiden.

Als ich beschloss, Medizin zu studieren, habe ich an unseren alten Hausarzt gedacht. Schöneborn hat mich als Arzt und als Menschenfreund schwer beeindruckt. Er hatte mir vorgelebt, dass man als Arzt den Menschen wirklich helfen kann, wenn man sich auf sie einlässt und sie nicht bloß schnell in eine Schublade steckt. Der hat Rücken, gut, kriegt er eine Salbe oder ein paar Stunden Physio. So läuft das doch oft. Aber woher der Rücken kommt, für diese Frage ist dann schon keine Zeit mehr.

Wie unser alter Hausarzt kenne ich heute die Lebensumstände von jedem einzelnen meiner Gefangenen. Ich praktiziere da, wo sie leben, gewissermaßen Tür an Tür mit meinen Patienten. Mir bleibt wenig verborgen, ich kenne den Alltag der Gefangenen und weiß ziemlich genau, wo sie sich wann und zu welcher Uhrzeit befinden. Ich kenne ihre Hafträume und weiß, wie ihre Zellen ausgestattet sind. Ich weiß, was sie täglich essen, weil es zu meinen Aufgaben gehört, regelmäßig die Qualität der Mahlzeiten zu kontrollieren. Ich weiß, wie es um ihre private Situation bestellt ist, wer noch eine Familie hat und wer nicht. Ich weiß auch, wer Stress mit den Justizbehörden hat, und ich kann nötigenfalls die Post einsehen lassen, um zu überprüfen, ob der Inhaftierte tatsächlich so unangenehme Nachrichten erhalten hat, dass sein Gesundheitszustand gefährdet ist. Ich kenne die Bewohner meines »Dorfes« so gut wie nur wenige im Knast. Und ich habe gezwungenermaßen ständig ein Auge auf sie. Manchmal schaue ich zum Beispiel aus dem Fenster, und dann sehe ich zu meiner Verwunderung, dass mein vor wenigen Stunden noch schwerstleidender Patient zu sportlichen Höchstleistungen fähig ist. Wundersame Spontanheilung. Fast jedes Mal, wenn ich durch den Knast gehe, kommt einer der Häftlinge zu mir und sagt: »Herr Doktor, wo ich Sie gerade sehe, möchte ich Sie mal kurz was fragen.« Und dann quasseln sie mir ein Loch in den Bauch, wir halten ein Schwätzchen, und dabei erfahre ich oft mehr als während der Sprechstunde.

Die Geschichten meiner Patienten sind Geschichten des Scheiterns. Wir alle bewegen uns oft genug auf einem schmalen Grat, viele von uns ohne Netz und doppelten Boden, wie ihn etwa Familie oder soziales Umfeld darstellen können. Warum manche trotzdem mit schlafwandlerischer Sicherheit alle Schwierigkeiten meistern können und andere schon beim ersten Schritt ins Aus treten, ist eine Frage, die mich den Rest meines Lebens begleiten wird. Sie gehört zu meinem Alltag. Als Schauspieler reizt mich die Herausforderung, eine Figur mit einem brüchigen Lebenslauf darzustellen. So profitiert jeder meiner beiden Berufe vom jeweils anderen.

Als Verbrecher auf der Bühne

Ich bin überzeugt davon, dass es im Leben keine Zufälle gibt. Auch wenn es auf den ersten Blick nicht klar erkennbar ist, war es nur folgerichtig, dass ich als Arzt im Gefängnis gelandet und dort auch geblieben bin. Genauso folgerichtig ist es, dass ich die Schauspielerei nicht an den Nagel gehängt habe. Beide Berufe haben in meinem speziellen Fall sehr viel miteinander zu tun. Ich habe mir im Theater immer Stoffe ausgesucht, die sich mit dem Antagonismus von Zwang und Freiheit beschäftigen, und ich habe während meiner Ausbildung bevorzugt Stücke gespielt, die die Problematik des Eingesperrtseins zum Thema haben.

Das erste Stück, in dem ich die Hauptrolle gespielt habe, hieß »Und suche stets nach Dir – ein Mörder hält Gericht«. Es war ein Drama, das sich mit der Geschichte Jürgen Bartschs beschäftigte, der in den sechziger Jahren im Langenberger Forst seine Opfer über viele Tage gequält, missbraucht und schließlich umgebracht hatte. Zu einer Zeit, da die deutsche Sensationspresse Bartsch als eine »Bestie in Menschengestalt« diffamierte, beschäftigten wir uns mit der heiklen Frage, was den Sexualstraftäter angetrieben haben könnte, in einem Luftschutzbunker vier Jungen grausam zu töten. Bartsch wurde zu einer lebenslangen Zuchthausstrafe verurteilt, später wurde die Strafe zu zehn Jahren Knast mit anschließender Unterbringung in einer Heilanstalt umgewandelt.

Weil ich als Schauspieler in seine Rolle schlüpfen musste, besorgte ich mir stapelweise Fachliteratur über forensische Psychiatrie. Ich wollte unbedingt verstehen, was Bartsch zu diesem skrupellosen Killer gemacht hatte. Ich las alles über den Mordfall, was ich in die Finger kriegen konnte, die Geschichten über den Prozess, über das Schicksal der vier getöteten Jungen und über den kaum erwachsenen Täter, der jahrelang von seiner Adoptivmutter bedroht und gedemütigt worden war. Ich wollte unbedingt hinter die Fassade dieses Mannes blicken, das Menschliche im Verbrecherischen aufspüren.

Ein anderes Stück, das mich sehr geprägt hat, war ein Werk des spanischen Dramatikers Fernando Arabal mit dem Titel »Und sie legten den Blumen Handschellen an«. In diesem Stück ging es nicht nur um Spanien zur Zeit der Franco-Diktatur; es war ein Aufschrei gegen jede Form von Gewalt. Während der Mensch gerade mit dem Flug zum Mond das All erobert, werden auf der Erde Zigtausende inhaftiert und gefoltert. Wie deformiert das Eingesperrtsein die Psyche von jungen Männern, die sich den Idealen von Freiheit und Widerstand verschrieben haben? Woher resultieren Unterdrückung, Unfreiheit und Unmenschlichkeit? Es waren Fragen wie diese, die uns Ende der siebziger Jahre zutiefst bewegt haben.

Als ich meinen Job in Werl antrat, fügten sich zwei Lebenswelten plötzlich zu einem Bild. Wirklichkeit wurde zur Fiktion. Und umgekehrt. Die Inhaftierten, mit denen ich es von nun an zu tun hatte, wirkten manchmal wie Gestalten aus einer griechischen Tragödie auf mich. Es ging um Mord, Missbrauch, sämtliche menschliche Abgründe. Nur dass sie keine Kunstfiguren waren, sondern echte Menschen, die eine Tat nicht nur gespielt, sondern begangen hatten und dafür nun einsaßen. In meiner ersten Zeit versuchte ich immer wieder, das Drama aufzuspüren, das im Theater oder Fernsehen gerne um eine Tat gesponnen wird. Und ich muss zugeben, dass sich die kalte Realität meist völlig anders darstellt, als man sich das als Schauspieler so ausmalt.

Der durchschnittliche Kriminelle ist oft viel normaler, als wir uns das in unserer Phantasie vorstellen. Den vernunftorientierten, intellektuellen und cool wirkenden Täter, der aus dem Nichts auftaucht, ein großes, minutiös geplantes Ding abzieht und dann wieder im Nirgendwo verschwindet, dieser Figur mag man im Fernsehen begegnen, aber nur selten in der Realität. Die Gründe, warum man zum Verbrecher wird, sind in der Regel banal. Jeder Mensch hat Wünsche und Träume, manche können indes nicht abwarten, bis eine Sache endlich in ihrem Besitz ist. Deshalb gehen sie ein Risiko ein, halten einer Kassiererin an der Tankstelle die Knarre vor die Nase oder überfallen die nächste Bank. Dann muss nur etwas Unvorhergesehenes passieren, und schon gibt es Tote. Selten werden Verbrechen von langer Hand geplant. Oft wird im Affekt gehandelt. Wenn man später die Täter fragt, was den Anstoß für ihre Tat gegeben hat, klingen ihre Antworten meist ziemlich simpel. Da wird von einem Haus geschwärmt, vom Urlaub auf Malle oder einem neuen Auto. Und dafür ist man dann schlimmstenfalls noch zum Mörder geworden. Da braucht es keine großen Gefühle, das kann in Sekundenschnelle passieren. Es gibt Menschen, die nicht lange fackeln, sondern einfach aus der Hüfte heraus zustechen. Dann ist jemand tot, liegt auf der Straße, in seiner Wohnung oder irgendwo im Wald. Die Polizei kommt, und die Ermittlungsarbeit beginnt. Vielleicht kommt am Ende heraus, dass man es mit einem Psychopathen zu tun hat, der seine Affekte nicht kontrollieren konnte. Ein Ausraster während eines banalen Streits, nicht mehr. Mit solchen Tätern habe ich es im Knast viel häufiger zu tun als mit Typen, die mitten in einem großen Drama stecken. Motive wie Rache, Neid oder eine Liebestragödie wären für einen Außenstehenden sicher besser nachvollziehbar. Oft genügt nur ein winziger falscher Schritt, um auf die falsche Spur zu kommen. Und manchmal ist nur jemand zum falschen Zeitpunkt am falschen Ort. Und meistens sind es junge Männer aus schwierigen Verhältnissen, die andere junge Männer aus ebenso schwierigen Verhältnissen aus nichtigen Gründen umbringen.

Krimis stehen bei den Zuschauern hoch im Kurs. Auf die

Frage, warum Mord die Menschen so sehr fasziniert, hat der schwedische Autor Håkan Nesser einmal geantwortet: »Es ist der Tod. Das ist nun einmal die zentrale Frage der Menschheit. Deshalb sind die Menschen von Krimis fasziniert. Sie lesen oder sehen etwas über den Tod und stellen sich insgeheim doch Fragen über das Leben.« In Büchern oder Fernsehkrimis wird ein fiktionaler Überbau konstruiert, der immer wieder ausführlich um die Frage kreist, wer als Täter in Frage kommen und was ihn zu dieser Tat getrieben haben könnte. Je spannender und wendungsreicher der Plot daherkommt, umso gebannter hängt man vor dem Fernseher. Keiner würde sitzen bleiben, um einen Film zu verfolgen, bei dem der Täter wegen einer Lächerlichkeit das Messer zückt. Wegen einer anzüglichen Bemerkung oder fünfzig Euro.

Das Leben ist eben nicht nur großes Drama, sondern oft ganz banal.

Kleine Typologie der Verbrecher

Wer jahrelang im Knast arbeitet, der erkennt relativ schnell, was ein Häftling auf dem Kerbholz hat: Sein Verhalten, die Art und Weise, wie er spricht, und auch die Rolle, die er im Kreise der Mitgefangenen einnimmt, lassen Rückschlüsse zu auf das, was er sich zuschulden hat kommen lassen. Mit anderen Worten: Jedem Verbrechertypus kann man meinen persönlichen Erfahrungen nach ganz bestimmte Eigenschaften zuschreiben.

Der **Bankräuber** oder **räuberische Erpresser** genießt unter den Gefangenen das höchste Ansehen, was auch daran liegen mag, dass eigentlich niemand Banken mag. Und das nicht erst seit der Bankenkrise.

Wer mit der »8-mm-Scheckkarte« Geld bei der Bank »abgehoben«, Tresore geknackt oder Geldtransporter überfallen hat, Menschen entführt und Lösegeld erpresst hat, dem begegnen die Mithäftlinge mit Respekt. Meistens sind es vergleichsweise intelligente – bei einigen Tätern haben wir einen IQ von bis zu 140 gemessen –, souverän und selbstbewusst auftretende Männer, die mit einer hohen Angstschwelle ausgestattet und nur schwer zu beeindrucken sind. Ihr Auftreten ist immer freundlich-kontrolliert, sie sind Herr über ihre Gefühle, keine ausgemachten Psychopathen. Einer von ihnen beschrieb sich in einem Gespräch mit mir einmal so: »Ich bin ein gelernter Verbrecher, kein irrer Krimineller.«

Sie sind gewalt- und risikobereit und auch im Knast immer gut für eine Geiselnahme oder einen Ausbruch. Sie distanzieren sich offen von den Psychos, den Drogenabhängigen und Triebtätern, geben sich gerne einsichtig und bekennen sich nicht ohne Stolz zu ihren Taten. Diese planen sie sorgfältig, kalkulieren die Risiken, und wenn sie töten, dann tun sie das gezielt und überlegt, ohne Gefühl und ohne Reue. Ich habe einige kennengelernt, die sich schon wenige Tage nach ihrer letzten Entlassung wieder mit Waffen versorgt und die »nächste Bank gemacht« haben.

Gefährliche Verbrecher, für die Knast ein einkalkulierter Betriebsunfall bei der Ausübung ihrer Profession ist. Im Gefängnis steht diese gefährliche Klientel über einen langen Zeitraum unter intensiver Beobachtung und Sicherungsmaßnahmen, was ihr Renommee bei den anderen noch steigert.

Der Zuhälter genießt im Knast erstaunlicherweise auch heute noch relativ hohes Ansehen, nicht nur bei den Gefangenen. Im Knast gibt er gerne die Rolle des jovialen, freundlichen und offenherzigen »Dienstleisters«. Er tritt auf wie ein Manager, der in einem gesellschaftlich anerkannten Geschäftszweig tätig war, prahlt gern und häufig mit seinen Kontakten zu Prominenten und Politikern. Im Umgang kann er ziemlich distanzlos, aufdringlich und kumpelhaft sein. Er gefällt sich in seinem klischeehaften Machogehabe und macht einen auf »Männerversteher«. Von Unrechtsbewusstsein keine Spur. Ein Zuhälter blendet in der Regel völlig aus, dass in seinem Metier schwere Delikte wie Menschenhandel, Vergewaltigung, Nötigung und Körperverletzung auf der Tagesordnung stehen und er in diesem System fleißig mitgemischt hat.

Der Betrüger wirkt wie ein Junkie, der den nächsten Schuss braucht. Er tritt gerne freundlich, charmant, zuweilen sogar witzig auf, macht Komplimente, hat gute Manieren, versteht sich auszudrücken, sucht das Gespräch, hört aufmerksam zu und ist immer hellwach. Dabei scannt er in Sekundenschnelle sein Gegenüber, und wenn er sich diesem überlegen fühlt, fällt es ihm häufig schwer, das nicht durchblicken zu lassen. Er beobachtet genau, registriert jeden kleinsten Hinweis auf Missstimmungen oder Animositäten unter den Bediensteten, lotet schnell Eitelkeiten und Frustrationen aus und versucht den einen gegen den anderen auszuspielen. Der Ausdruck, »der wirft mit der Wurst nach dem Schinken«, will also mit einer kleinen Gabe eine größere ergaunern, beschreibt die Gespräche mit Betrügern recht zutreffend.

Betrüger suchen und finden auch im Knast eine Bühne, um sich zu inszenieren. Nicht nur viele Häftlinge, auch Bedienstete sind frustriert, fühlen sich zurückgesetzt, unterschätzt oder nicht ausreichend anerkannt. Der Betrüger ist in dieser Situation derjenige, der gerne Vertrauenspositionen übernimmt, zum Beispiel als Gefangenensprecher, Hausarbeiter, Messdiener oder Redakteur bei der Knastzeitung. Er agiert taktisch und versteht auch mit Ressentiments und Vorbehalten ihm gegenüber umzugehen. »Ich weiß, Sie haben was gegen mich«, ist eine häufige Formulierung, mit der ein Betrüger versucht, sein Problem zum Problem seines Gegenübers zu machen. Der Umgang mit Betrügern im Knast ist schwierig. Viele können ihre Selbstgefälligkeit und ihr Überlegenheitsgefühl nur mit Mühe verbergen. Selbst im Knast ziehen sie die Strippen und verstehen es perfekt, andere zu instrumentalisieren. Der Betrüger betrügt, weil er es muss, und nicht in erster Linie, weil er es kann. Deshalb geht man ihm besser aus dem Weg.

Die überwiegende Zahl der Häftlinge, die wegen **Raub** einsitzen, ist drogenabhängig. Sie begehen ihre Taten, um an den nächsten Schuss heranzukommen. Tätertypen, die meistens spontan, ohne lange Planung und unkontrolliert zuschlagen. Sie gelten als unberechenbar, weil sie während der Tat häufig auf Entzug sind oder vorher Drogen konsumiert haben. Sie rauben Tankstellen aus, überfallen Taxifahrer, Kioske und Spielhallen. Es handelt sich um dissoziale Persönlichkeiten, die nicht in der Lage sind, auf ihre »Bedürfnisse« zu verzichten und in hoher Frequenz und rücksichtslos ihre Taten durchziehen. Gerade wenn diese unter Drogeneinfluss begangen werden, kann die Situation leicht eskalieren.

Einbrecher und Diebe sind eher vorsichtige, ängstliche, vermeidende Typen. Wenig risiko- und gewaltbereit, dabei selbst häufig Opfer von Nötigung und Gruppenzwang. Viele, die einen Bruch machen, sind drogenabhängig, ihr gesundheitlicher Zustand ist oft desolat. Eierdiebe, arme Schlucker, die zum Lebensunterhalt und zur Beschaffung ihrer Drogen in Apotheken, Klamottenläden, Elektrofachgeschäfte oder Supermärkte einsteigen, dort etwas mitgehen lassen, reihenweise Autos aufbrechen, um anschließend Radios und Navigationsgeräte bei Hehlern zu Geld zu machen. Viel Schore für wenig Geld. Der Schaden, den sie anrichten, ist enorm. Viele müssen fast täglich Diebstähle begehen und riskieren dafür lange Haftstrafen. Je nach Schwere der Tat(en) kommen da leicht drei bis sechs Jahre zusammen.

Von ganz anderem Kaliber sind **Mitglieder organisierter Banden**, die im großen Stil, geplant und gezielt zuschlagen. Sie begehen Einbruchsdiebstähle in Serie, verschieben Autos und tragen Edelmetall gleich containerweise zusammen. Viele der organisierten Banden rekrutieren ihre Mitglieder aus Osteuropa; die meisten von ihnen haben in ihren Heimatländern schon Erfahrungen mit dem Knast gemacht und sind mit dem deutschen Strafvollzug kaum zu beeindrucken. Getrennt von Heimat und Familie, meist ohne deutsche Sprachkenntnisse, leiden sie unter einer Inhaftierung mehr als andere. Einige wenige können der Haft sogar etwas Positives abgewinnen, weil es ihnen hier immer noch besser geht als zu Hause.

Eine Resozialisierung kann in diesen Fällen kaum gelingen, die meisten Täter werden nach Verbüßung der Hälfte ihrer Strafe in ihr Heimatland abgeschoben. Viele treten bereits Wochen oder Monate später mit neuen Delikten in Erscheinung. Im Knast halten sie wegen der Sprachbarriere nur Kontakt zu inhaftierten Landsleuten – eine ideale Ausgangsposition, um Kumpels zu finden und neue Banden zu bilden. Für sie ist der Knast beinahe so etwas wie eine Schule für organisierte Kriminalität.

Der Vergewaltiger fällt meist dadurch auf, dass er nur mit einer geringen oder gar nicht vorhandenen Einsichtsfähigkeit in seine Schuld aufwarten kann. Schuld war die Frau, die hat das doch gewollt, die hat es doch genau darauf angelegt. Oder auch: »Sehe ich etwa so aus, als hätte ich eine Vergewaltigung nötig? Bei meinem Aussehen könnte ich jede haben!«

Viele gefallen sich in Geringschätzung der Opfer auch noch lange nach der Tat. Weil sie weder vor sich, geschweige denn vor ihren Mithäftlingen zugeben können, dass sie es halt doch nötig hatten. Die wenigsten von ihnen sind in der Lage, ihre Tat zu bereuen. Macht über andere auszuüben ist ihr häufigstes Grundmotiv. Viele sind narzisstisch gestört, können Zurückweisung und Ablehnung nicht ertragen, und so gestaltet sich der Umgang mit Vergewaltigern im Haftalltag in der Regel schwierig.

Einige können ihre Affekte nur mit Mühe im Zaum halten, brauchen länger, um sich in der Haft anzupassen. Oft sind es selbstgefällige, nur um sich selbst besorgte Männer, deren souveräne Fassade schnell zusammenbricht, wenn ihren Anliegen oder ihren Wünschen nicht entsprochen wird; die einen Pickel am eigenen Hintern bereits als bedrohlich erleben und denen gleichzeitig jegliche Empathie für ihre Mithäftlinge abgeht. Geringschätzung gegenüber anderen und eine überhöhte, verzerrte Selbstwahrnehmung, das kommt bei Vergewaltigern meist zusammen. Manche von ihnen haben während ihrer Kindheit selbst Missbrauch erlebt; die Kombination von Sexualität, Gewalt und Unterwerfung ist die einzige Form der Körperlichkeit, die vor allem serielle Triebtäter kennen.

Totschläger und Häftlinge, die wegen schwerer Körperverletzung angeklagt sind, erfüllen häufig das Klischee des kleinwüchsigen zornigen Mannes, Marke Kampfterrier. Im Umgang erweisen sie sich als hochempfindlich, sind ganz schlecht in der Lage, ihre Affekte zu kontrollieren. Bei vielen spürt man von der ersten Sekunde an, wie viel Mühe es sie kostet, sich zu zügeln. Sie stehen ständig unter Dampf, es ist nur eine Frage der Zeit, bis der Deckel fliegt. Selbst das Vortragen eines banalen Anliegens fällt ihnen sichtlich schwer, die Rolle des Bittstellers – und in der fühlen sie sich fast in jeder Situation im Knast – können sie kaum ertragen. Hinzu kommt, dass die meisten Defizite haben, sich auszudrücken und ihre Anliegen adäquat zu formulieren. Das führt beinahe zwangsläufig zu Nachfragen, die unwirsch bis aggressiv quittiert werden. Sie fühlen sich schnell in die Ecke gedrängt, unverstanden und brechen oft bereits nach wenigen Sätzen ein Gespräch ab. Kommt man ihren Wünschen oder Forderungen nicht nach, hagelt es Beschimpfungen und Drohungen. Vor allem, wenn die Unterhaltung oder Auseinandersetzung vor Publikum stattfindet. In der Regel verlaufen nur Gespräche unter vier Augen einigermaßen entspannt, wenngleich man den Betreffenden ansieht, wie viel Mühe sie das kostet. Generell sind Totschläger und Körperverletzer Menschen, die nicht über eine Stopptaste verfügen, die keinen Schalthebel haben, mit dessen Hilfe sie je nach Situation einen Gang hoch- oder runterschalten könnten. Ganz oder gar nicht, meistens gibt es die volle Packung.

Unter den **Mördern** ist das Spektrum der Persönlichkeiten ebenso groß und uneinheitlich, wie es Motive für eine solche Tat gibt. Manche begehen einen oder sogar mehrere Morde, um eine andere Straftat zu verdecken. Eine Vergewaltigung etwa, schweren Missbrauch oder Raub. Andere wollen schlicht Zeugen, Mitwisser oder Mittäter aus dem Weg räumen. Wieder andere sind Psychopathen, die sich genommen haben, was sie wollten, ohne Rücksicht, ohne jedes Mitgefühl. Es gibt zwanghafte Mörder, bei denen die erste Tat weitere nach sich zieht, wie im Rausch. Es gibt die »Ehrenmörder«, die ihre Frau, Tochter oder Schwester umbringen, weil deren Lebensentwurf mit dem tradierten kollidiert. Diese Frauen stellen oft archaisch anmutende Gesetzmäßigkeiten in Frage, bringen »Schande« über die Familie und müssen dafür mit dem Leben bezahlen. Ich stolpere immer wieder über den beschönigenden Ausdruck Ehrenmörder, der sich für diese Täter eingebürgert hat. Für mich verdient diese Form des Mordes kein Verständnis. Ein Mord gereicht niemandem zur Ehre. Im Gegenteil, mit einem Mord verliert man sie.

In einem scheinen sich indes alle Mörder zu ähneln: Sind sie erst einmal in Haft, scheinen sie ihre Strafe, in der Regel ein Lebenslänglich, vergleichsweise leichter auszuhalten als andere Delinquenten. Die »hohe Hausnummer« oder das »Einmal um die Sonne«, wie die Höchststrafe im Knastjargon genannt wird, nehmen sie ohne großes Klagen hin, obwohl jedem klar sein dürfte, dass man lebenslang nicht mal eben auf einer Arschbacke absitzen kann. Ob Einsicht in die Rechtmäßigkeit der Strafe oder gar Reue dahintersteckt, ist schwer zu sagen.

Durchschnittlich sitzen Mörder zweiundzwanzig Jahre lang in Haft und das auch nur bei guter Führung. Mit einer früheren Entlassung auf Bewährung dürfen allenfalls diejenigen rechnen, die bei Begehung der Tat schon recht alt waren, oder diejenigen, bei denen aufgrund des spezifischen Tathergangs und der Kriminalprognose keine Wiederholungsgefahr besteht. Also beispielsweise Männer, die ihre Partnerin aus Eifersucht umgebracht haben. Bei allen anderen ist klar, dass sie so schnell nicht aus dem Knast herauskommen werden.

Der Gedanke an eine Flucht verliert sich bei den meisten spätestens nach acht bis zehn Jahren Haft. Bei denen, die wegen der besonderen Schwere der Tat verschärften Sicherheitsstandards unterliegen, auch etwas früher; sie merken schneller, dass kein Entkommen möglich ist. Mörder stehen grundsätzlich unter besonderer Aufsicht, sie spüren, dass man ihnen mit großer Vorsicht und Aufmerksamkeit begegnet. Eine falsche Bewegung, ein Hinweis durch einen Mitgefangenen – egal ob richtig oder falsch –, und sie kriegen das »volle Programm«: strenge Maßnahmen, mit denen der Vollzug jeden Gedanken an Flucht, Gewaltanwendung, Geiselnahme oder Suizid im Keim zu ersticken sucht.

Nach frühestens fünfzehn Jahren, wenn die ersten Ausführungen, in Fesseln und begleitet von zwei bewaffneten Beamten, stattgefunden haben, beschäftigen sich Mörder allmählich mit dem Gedanken an eine Entlassung. Für viele keine einfache Sache, Ehen sind längst geschieden, der Kontakt zu Angehörigen ist nur noch spärlich vorhanden oder völlig abgebrochen. Die Angst vor der Zukunft ist bei vielen Langzeitinhaftierten groß. Der Knast ist längst ihr Zuhause geworden. Hier kennen sie die Abläufe, hier haben sie sich ihren Platz erobert. Ein Mörder genießt im Bau ein gewisses Renommee.

Mitgefangene gehen respektvoll mit ihm um, die Bediensteten ebenfalls, man kennt sich ja schließlich schon seit Jahrzehnten, hat sich arrangiert. Manchen gelingt das schnell, anderen erst nach Jahren in Einzelhaft und unter verschärften Sicherungsmaßnahmen. Das zermürbt, aber früher oder später sind die meisten so weit, dass sie nichts mehr riskieren wollen. Schon gar nicht, wenn sie über die Hälfte der Strafe abgesessen haben. Sie wollen sich ihre Chance auf Entlassung nicht versauen, vermeiden sämtliche Auffälligkeiten. Gewalt gegen Bedienstete oder Mitgefangene, das wissen sie, würde sie um Jahre zurückwerfen. Allein schon den guten Job in der Anstalt oder andere mühsam erworbene Privilegien zu verlieren, ist vielen das Risiko nicht wert. Sie wollen funktionieren, laufen wie der Hamster in seinem Rad. Das sind Hospitalisierungseffekte, die nach etwa acht bis zehn Jahren bei vielen deutlich zutage treten.

Viele werden während der langen Haft zu Einzelgängern, vermeiden intensivere Kontakte zu anderen Gefangenen. Haben sie erst einmal ein Alter von fünfzig Jahren und mehr erreicht, scheinen viele Mörder mit ihrem Leben im Knast im Reinen zu sein. Ein Mörder, der so lange bei Verstand geblieben ist und kein »Psycho« war oder geworden ist, kommt dann zur Ruhe. Einige dieser älteren Knackis bemühen sich auch gar nicht mehr um eine vorzeitige Entlassung, weil sie fürchten, dass ihnen das Leben außerhalb der Mauern nicht mehr viel zu bieten hat. Hier im Knast haben sie ein Dach über dem Kopf, bekommen regelmäßig zu essen, werden gut versorgt und haben in den Mitgefangenen und Beamten eine »Ersatzfamilie« gefunden. Noch einmal irgendwo neu anzufangen, allein und ohne Job, erscheint vielen nicht mehr erstrebenswert.

»Da lob ich mir doch den guten alten Mörder«, das ist ein Satz, den man häufig von Vollzugsbeamten hört und den ich sehr gut nachvollziehen kann. Der Umgang mit Langzeithäftlingen in der Sprechstunde ist in der Regel entspannt und wirkt fast familiär. Nach fünfzehn Jahren kennt man seine Pappenheimer, die umgekehrt auch gewisse Freiheiten und Privilegien genießen, die ihnen den Alltag im Knast angenehmer machen. Sie haben wenig Grund, auf die Barrikaden zu gehen. Sie verfügen über eine gut ausgestattete Zelle und meist einen guten Job, bei dem ihnen gewisse Kompetenzen übertragen werden, wodurch ihr Ansehen in der Knasthierarchie weiter steigt.

Im täglichen Umgang erweisen sich die im Knast alt gewordenen Mörder als weitgehend unproblematisch. Manchmal erscheinen sie mir wie ein Relikt aus vergangenen Zeiten, in denen das Wohl und Wehe jedes Zuchthäuslers unmittelbar von den positiven Einschätzungen der Abteilungs- und Werkdienstbeamten abhing. Ganz anders als der jugendliche Mörder im Jugendvollzug, der davon ausgehen kann, dass er spätestens nach zehn Jahren rauskommt, verhält sich der Mörder im Erwachsenenstrafvollzug viel vorsichtiger und unauffälliger. Ein erwachsener Mörder weiß, »wo der Frosch die Locken trägt«. Wenn er seine Tat mit dreißig Jahren begangen hat, kann er sich ausrechnen, dass er zum Zeitpunkt seiner Entlassung Mitte fünfzig sein wird, wenn alles gutgeht. Genügend Zeit also, sich mit seiner Tat auseinanderzusetzen. Tatsächlich höre ich von diesen Tätern viel häufiger und früher den Satz: »Ich bin schon zu Recht hier.«

Mein ältester Mörder sitzt seit dreiundvierzig Jahren in Haft, nach wie vor ohne Perspektive auf eine Entlassung. Andere sind seit über dreißig Jahren hier. Der weitverbreitete Glaube, »lebenslang« endet fast immer nach fünfzehn Jahren, ist schlicht falsch. Gerade die Medien erwecken ja gerne den Eindruck, Täter würden hierzulande zu lax bestraft. Das mag in Einzelfällen stimmen, die Realität in den Gefängnissen sieht jedoch anders aus.

Wenn es sich nicht gerade um Auftragskiller handelt, die im Milieu beispielsweise Mitglieder anderer Banden oder Konkurrenten auf dem Drogenmarkt liquidiert haben, zeigen **Serienmörder** oft ausgesprochen psychopathische Züge. Die meisten von ihnen begehen ihre Tat im Zusammenspiel mit Sexualdelikten, viele sind perverse Triebtäter, die zur Befriedigung ihrer häufig abartigen sexuellen Neigungen immer wieder und immer weiter gemordet haben. In ihren Köpfen scheint ein Pandämonium des Bösen zu herrschen. Im Knast stehen sie in der Hackordnung ziemlich weit unten. Viele müssen über einen längeren Zeitraum, manchmal sogar über Jahre, vor ihren Mitgefangenen geschützt werden. Vor allem, wenn ihren Taten Kinder zum Opfer gefallen sind. Grundsätzlich vermeiden sie es, laut zu werden, sie tauchen so gut es geht ab und halten nur Kontakt zu wenigen ausgesuchten Mithäftlingen. Dieses Verhalten ändert sich erst, wenn ihre furchtbaren Taten nach Jahren in Vergessenheit geraten oder durch tagesaktuelle, neue spektakuläre Straftaten aus der Erinnerung der Mitgefangenen gelöscht worden sind. Wölfe, die Kreide gefressen und sich mit der Zeit den Anstrich des Biedermannes gegeben haben. Die Gespräche mit ihnen gehen selten in die Tiefe, die Täter erscheinen sehr kontrolliert, emotional verflacht, kalt, unfähig zu Empathie. Im alltäglichen Umgang mit ihnen bestätigt sich schnell der Eindruck, den ein Mitarbeiter einmal sehr treffend so formuliert hat: »Denen kann man nur vor den Kopf schauen, aber selten hinein.«

Der Kinderschänder fällt im Knast dadurch auf, dass er versucht, auf keinen Fall aufzufallen. Er steht auf der untersten Stufe der Hackordnung, tiefer geht's nicht. Dieser Delinquent mobilisiert bei seinen Mithäftlingen sämtliche Urinstinkte und Abwehrreflexe. Ich habe manchmal das Gefühl, als würden sich alle in der JVA einsitzenden Väter gegen diese Täter solidarisieren. Vielleicht lässt sich diese offene Ablehnung damit erklären, dass viele Inhaftierte aus eigener leidvoller Erfahrung wissen, welch schwere seelische Schäden ein Kinderschänder anrichten kann. Da kann das eigene Vergehen noch so schlimm und die Vergeltung dafür ein Lebenslänglich sein – in der inoffiziellen Knasthierarchie fühlt man sich dennoch als der Bessere und lehnt es ab, mit diesen Knackis in einen Topf geworfen zu werden. Fast jeder nimmt sich das Recht heraus, einen »Sittich« (so heißen die Täter im Knastjargon) herabzuwürdigen: »Wenn ich schon sehe, wie der da rumläuft! Ich würde ihm am liebsten die Nüsse wegkloppen und den Schädel einschlagen!« Was der angeblich zutiefst Empörte nie versuchen wird. Aber diese Art der Abgrenzung ist nötig, weil man bei der Abwägung des Grauens zu den weniger Grausamen gehören will. Im Umgang mit anderen zeigt sich ein Kinderschänder überangepasst bis devot, manchmal dem Alter unangemessen kindlich-naiv. Der nette Nachbar, der Onkel, der Kinderfreund, einer, der gelernt hat, den Eindruck zu erwecken, er sei zu nichts Bösem fähig, und der seine Absichten perfekt zu verstecken wusste. Auf Zurückweisungen reagiert er scheinbar gefasst, versucht aber seine Wünsche durch vergleichsweise hartnäckige Anbiederei durchzusetzen.

Manchmal müssen sich »Sittiche« vor den übrigen Gefangenen regelrecht in Sicherheit bringen. Es wird ihnen vielleicht vor Haftantritt geraten, ihre Tat möglichst nicht öffentlich bekannt zu machen. Aber wie soll man sich dann in einem Knastalltag bewegen, wo es zum ungeschriebenen Kodex gehört, dass man mit den anderen Mithäftlingen über das eigene Vergehen spricht? Es ist einfach Teil der allgemeinen Knastkultur, dass jeder dem anderen irgendwann erzählt, warum er im Gefängnis sitzt und was er draußen verbrochen hat. Passiert das nicht, dann brodelt es rasch in der Gerüchteküche. Bald werden die Gefangenen mit scheinheiligen Fragen an das Vollzugspersonal herantreten. »Hat der eigentlich was zu verbergen? Der ist immer so still. Ist das ein Sittich?« Im Gegenzug reicht schon die scheinbar zufällig hingewischte Bemerkung, die ein Beamter gegenüber einem Mitgefangenen fallenlässt, um ihn auffliegen zu lassen: »Ich verstehe gar nicht, warum Sie mit dem so nett verkehren – haben Sie keine Kinder?« Ich habe Patienten, die schon nach kurzer Zeit derart verängstigt sind, dass sie immer wieder Gründe finden, sich außerhalb der offiziellen Sprechstunde auf den Weg zu mir zu machen. Sie wollen um jeden Preis vermeiden, mit anderen Inhaftierten in Kontakt zu kommen.

Ein solcher Täter läuft Gefahr, auch bei den Beamten des Vollzuges auf Ablehnung zu stoßen. Die Mitarbeiter wissen seit der Lektüre des Gerichtsurteils genau, warum der Betreffende einsitzt. In der Regel werden sie ihn korrekt, aber ohne Sympathie behandeln. Besonders zu Haftbeginn, wenn die Zeitungsberichte erst wenige Wochen alt sind, werden sich diese Täter auf Zwischenfälle gefasst machen müssen. Sie laufen ständig Gefahr, von anderen Gefangenen drangsaliert zu werden. Das kann von sexuellen Nötigungsversuchen bis zur Erpressung von »Dienstleistungen« gehen. Man muss einen Teil des Einkaufs – also Kaffee, Zigaretten und Tabak – abgeben, oder man wird gezwungen, Arbeit für andere zu verrichten. Häftlinge können sehr erfinderisch sein, wenn es darum geht, andere zu demütigen. Es soll sogar vorgekommen sein, dass man einem »Sittich« eine Zahnbürste in die Hand drückte, mit der er unter den Augen der johlenden Zellengenossen den Haftraum putzen musste.

Solche Willkürakte kann die Anstaltsleitung natürlich nicht dulden; sobald wir von Übergriffen hören, greifen wir ein. Aber bekanntlich erfahren wir längst nicht alles, was in den Zellen so vor sich geht. Was die Sache zusätzlich erschwert ist die Tatsache, dass sich Betroffene dieser Tätergruppe fast nie über Repressalien beschweren. Es ist typisch für sie, dass sie angepasst, still und demütig wirken, ja sogar fast überfreundlich daherkommen. Das haben sie in Freiheit perfektioniert. Die meisten haben draußen ein normales, bürgerliches Leben geführt, sie waren nach außen hin vorbildliche Ehepartner und Familienväter. Bis eine Gelegenheit kam und das Unheil seinen Lauf nahm. Die Nachbarn, die Familie und allen voran die ahnungslose Ehefrau fielen aus allen Wolken, als plötzlich die Polizei erschien, um den Mann zu verhaften. Der bis dahin zum Teil schon über Jahre hinweg Kinder missbraucht, vielleicht sogar umgebracht hat. So etwas kann man nur dann lange und erfolgreich verbergen, wenn man eine ausgeprägte Fähigkeit zur Maskierung und Verstellung besitzt. Von dieser Begabung zur Camouflage kann der Täter auch in Haft eine Zeitlang profitieren. Aber es ist nur eine Frage der Zeit, bis ihm die Maske vom Gesicht genommen werden wird.

Er wird während seiner gesamten Haftzeit ein einsamer Mensch bleiben und es schwer haben, mit anderen über seine Tat und seine Neigung zu reden. Dabei hätte er so viel zu sagen. Darüber, dass es so etwas wie Pädophilie gibt und dass alles wie ein Fluch, eine Krankheit über ihn kam. Über seinen Leidensdruck, der ihn zerreißt. Über die zehnjährige Tochter, die bei seiner Frau lebt und nur noch selten Briefe schreibt. Über sein ganzes verpfuschtes Leben. Über den tiefen Wunsch und die Aussichtslosigkeit, ein normaler Mann zu sein.

Frauen werden deutlich seltener kriminell als Männer. Von durchschnittlich 75 000 Inhaftierten in Deutschland sind nur 5000 weiblich. Bei Sexual- oder Gewaltdelikten sind Frauen viel häufiger die Opfer und nur ganz selten die Täter. Und wenn sie morden, dann tun sie das ganz anders als Männer. Meistens gehen sie planvoller und organisierter vor – mit der gleichen Stringenz, mit der sie auch ein Fünf-Gänge-Menü oder den

Kindergeburtstag organisieren. Sie begehen so gut wie keine Impulsivtaten, agieren weniger grausam und wenn ein Passant beispielsweise auf einem U-Bahnhof zu Tode getreten wird, sind sie eher Zuschauerinnen als aktiv Handelnde.

Die meisten Gewalttaten von Frauen sind Beziehungstaten. Bevor sie ihren Mann oder Freund umbringen, haben sie oft jahrelang Demütigungen und Erniedrigungen erduldet. Selten morden sie aus Habgier oder zur Verdeckung von anderen Straftaten. Viel häufiger sind die Motive Enttäuschung, Zurückweisung, Eifersucht, Zukunfts- oder Versorgungsängste. Mir sind Frauen begegnet, die ihre Ehemänner langsam vergiftet haben, die den Föhn in die Badewanne fallen ließen, als ihre Männer darin badeten, oder die auf eine günstige Gelegenheit gewartet haben, um sie beim Anbringen der Satellitenantenne von der Leiter oder dem Balkon zu schubsen. Sie morden in der Regel auf dem Terrain, wo sie sich am besten auskennen, nämlich zu Hause. Und häufig sind es andere Männer – der Geliebte, der Sohn, der Auftragsmörder –, die in die Planung einer Tat einbezogen werden und gemeinsam oder sogar für sie die Tat begehen.

Fast siebzig Prozent der weiblichen Insassen in deutschen Gefängnissen sind drogenabhängig und sitzen wegen Verstößen gegen das Betäubungsmittelgesetz und Beschaffungskriminalität ein. Viele haben sich zuvor prostituiert, waren als Drogenkuriere für Dealer unterwegs oder haben Diebstähle in Serie begangen, um das Geld für den nächsten Schuss zu besorgen. Andere haben betrogen und unterschlagen, um für sich und ihre Familie einen gewissen Lebensstandard zu bewahren, der durch hohe Schulden oder einen drohenden Bankrott gefährdet war. Die finanzielle Schieflage, in die vor allem viele alleinerziehende Frauen hierzulande geraten können, lässt vielen keine andere Wahl. Die Zahl derer, die hart an der Armutsgrenze leben, steigt ständig. Wer keinen fürsorglichen Partner und Mitverdiener findet, gerät häufig in eine verzweifelte Situation, aus der es nur einen Ausweg zu geben scheint: die Kriminalität.

Wenn sie erst einmal verurteilt sind, scheinen Frauen ihre Strafe leichter hinzunehmen. Von einigen scheint der Druck nach der Festnahme regelrecht abzufallen, und sie richten sich im Gefängnis schneller ein als manche Männer. Der tägliche Umgang mit Frauen im Knast ist nicht immer leicht, auch wenn sie selten laut werden oder drohen. Sie spielen ihre Stärken aus, flirten, geben die Einfältig-Naive oder bedienen das Kindchenschema. Die Schwerstdrogenabhängigen lassen weiter nichts unversucht, um an Drogen und Medikamente zu kommen. Ich habe noch nie in meinem Leben so viele von Drogenkonsum und Straßenprostitution geschundene Körper gesehen wie während meiner Arbeit mit weiblichen Insassen.

Von Betrügern und Phantasten

Nicht das erste Mal hatten wir einen Ganoven in Werl einsitzen, der sich über alles und jeden in der Anstalt beschwerte: über schlechte Behandlung, mieses Essen, abgelehnte Hafterleichterungen, Mitgefangene, Gerichtsentscheidungen und selbst über justizpolitische Entwicklungen. Solche notorischen Querulanten gehören zum Knastalltag und beschäftigen mit ihren Eingaben, Beschwerden, Widersprüchen und Anzeigen ganze Abteilungen von Behörden. Auch Udo P. ließ wirklich nichts aus und schrieb an alle möglichen Institutionen: den Anstaltsleiter, den Chef der Aufsichtsbehörde, den Justizminister, die Vorsitzenden der einschlägigen Ausschüsse und Verbände, die in irgendeiner Weise mit dem Strafvollzug zu tun haben, an Abgeordnete im Landtag oder im Bundestag, später sogar an die Büros des Ministerpräsidenten, des Bundeskanzlers und des Bundespräsidenten. Er bekam zwar ausnahmslos genauso freundliche wie abschlägige Antworten, aber alle Briefe waren mit einem eindrucksvollen Briefkopf, einem amtlichen Stempel und einer mehr oder minder prominenten Unterschrift versehen. Das ganze Brimborium, mit allem protokollarischen Trara. Und genau darum ging es dem Häftling. Die Gründe für die Beschwerdebriefe spielten keine Rolle, es ging letztlich um Wahrnehmung – und um eine gehörige Portion Spaß bei der Selbstinszenierung. Mit Hilfe dieser offiziellen Schreiben konnte er anderen Mithäftlingen gegenüber seine große Bedeutung demonstrieren. Vielleicht glaubte er sogar, mit dieser Art der Korrespondenz Eindruck bei den Angestellten des Vollzuges zu schinden; schließlich waren die dafür zuständig, die tägliche Post zu verteilen. Und ein Schreiben aus dem Präsidialamt kann da unter Umständen schon Eindruck machen. Mir selbst hielt er Schreiben von Helmut Kohl, Roman Herzog und anderen Größen unseres Landes unter die Nase. Es hat lange gedauert, bis ich erfuhr, warum er die Ablehnungen während seiner Knastzeit so locker hingenommen hatte …

Der Kerl war ein gerissener Gauner und notorischer Betrüger, der vor seiner Inhaftierung unter anderem in großem Stil Geld gefälscht hatte. Nach seiner Entlassung kurz nach der Wiedervereinigung nutzte er die Vertrauensseligkeit einiger ehemaliger DDR-Bürger schamlos aus. Er reiste als angeblich seriöser Geschäftsmann in die neuen Bundesländer, um mit Hilfe von »Empfehlungsschreiben« verschiedene Geschäfte in der Immobilienbranche einzufädeln. Die Schriftstücke, allesamt versehen mit den Unterschriften einflussreicher Persönlichkeiten, öffneten ihm Tür und Tor. Die perfekte Zweitverwertung seiner Knastkorrespondenz! Er selbst kassierte natürlich tüchtig ab, kaufte sich nach dem ersten lukrativen Deal einen 7er-BMW und fuhr fortan nur noch mit Chauffeur vor. Und das untermauerte die Seriosität und vor allem die Bonität des neuen Investors zusätzlich. Man sei sofort auf seine Offerten angesprungen. Alle hätten das ganz große Geschäft gewittert, das der reiche Onkel aus dem Westen ihnen damals in Aussicht stellte. Das Erwachen war böse, zum Glück auch für den Betrüger. Er durfte eine zweite Runde im Knast drehen.

Betrüger sind Betrüger und bleiben es auch im Knast. Die meisten betrügen andere, einige sogar sich selbst. Ich habe Leute erlebt, die sich in eine sogenannte *Pseudologia phantastica* steigerten, so nennt man in der Psychologie den Drang zu krankhaftem Lügen und Übertreiben. Ist man an diesem Punkt angelangt, hält man die Lügengeschichten, an denen man über Jahre gesponnen hat, selbst für bare Münze.

Ein Patient erzählte mir einmal folgende Geschichte: »Ich bin 1953 geboren, mein Vater war Installateur, meine Mutter Hausfrau. Ich habe eine zwei Jahre ältere Schwester und einen zwei Jahre jüngeren Bruder. Die ersten achtzehn Lebensjahre verbrachte ich bei meinen Eltern in der Nähe von Worms in behüteten, bürgerlichen Verhältnissen. Dort habe ich das Gymnasium besucht, allerdings noch vor dem Abitur verlassen, nachdem es Stress mit den Eltern und Lehrern gegeben hatte, weil ich beim Kiffen erwischt wurde. Ohnehin fühlte ich mich mehr zu Kunst und Handwerk hingezogen. Damals habe ich mich zunächst in der Aktion Sühnezeichen engagiert und bin 1970 gemeinsam mit anderen Aktivisten nach Israel gereist, um in einem Kibbuz bei der Orangenernte zu helfen. Etwa nach drei Monaten ist dort ein Mann an mich herangetreten, der sich mir später als Angehöriger des Mossad zu erkennen gab. Der hat mir Unterlagen und Papiere gezeigt, aus denen zweifelsfrei hervorging, dass ich nicht das Kind meiner Eltern bin, sondern aus einer außerehelichen Beziehung meiner Mutter mit einem amerikanischen GI jüdischen Glaubens stamme. Meine Mutter hat diese Beziehung bis zu ihrem Tod geleugnet. DNA-Untersuchungen konnten damals noch nicht durchgeführt werden. Im Nachhinein fiel es mir wie Schuppen von den Augen, warum ich so viel Stress mit meinem Stiefvater hatte und sich meine Mutter nur selten schützend vor mich gestellt hat.

Seit meiner Zeit in Israel war ich für den Mossad tätig. Eine Lehre zum Kunsttischler habe ich abgebrochen, weil sie meinen Ansprüchen und Fähigkeiten nicht entsprach. Und nicht etwa, weil ich wegen Diebstahls entlassen wurde, wie das in den Akten steht. Der Mossad verschaffte mir eine neue Identität, mit der ich in den Kunsthandel einstieg. Mein geheimer Kommandoauftrag lautete, die jüdischen Eigentümer wieder in den Besitz der Gemälde, Zeichnungen und Plastiken zu bringen, die ihnen von den Nazis seinerzeit abgepresst oder geraubt worden waren. Bekanntermaßen weigern sich nicht nur private Sammler, sondern auch öffentliche Museen und Kunstgalerien, Beutekunst zurückzugeben oder wenigstens zügig eine angemessene Schadenersatzzahlung an die ursprünglichen Besitzer zu leisten. Verfahren, um die Provenienz eines Kunstwerks oder die Eigentumsverhältnisse zu klären, werden bewusst so lange hinausgezögert, bis die letzten Zeugen verstorben sind. Oder aber es werden fragwürdige Dokumente vorgelegt, die belegen sollen, dass besagtes Kunstwerk rechtmäßig erworben wurde.

Es konnte nicht sein, dass jüdische Kunstbesitzer ein zweites Mal zu Opfern wurden. Als immer klarer wurde, dass eine Rückgabe mit den üblichen Mitteln meist nicht zu erreichen war, bekamen ich und eine Reihe anderer weltweit operierender Agenten daher den Auftrag, die Beutekunst gegen hochwertige Fälschungen auszutauschen. Es war nicht immer leicht, an die Bilder heranzukommen. Ich musste dafür in Wohnungen, Privatsammlungen, Museen und Kunstgalerien einbrechen. Aber die zahlreichen Ermittlungsverfahren und Vorverurteilungen wegen Einbruchsdiebstählen und Betrügereien mit gefälschter Kunst habe ich für diese wichtige Sache gerne in Kauf genommen.

Nach einer Verhaftung fand die Kripo in meinem Haus zahlreiche hochwertige Kopien und Repliken großer Kunstwerke. Es ist eine böswillige Unterstellung, ich hätte mit geklauten und gefälschten Bildern gehandelt, um mich zu bereichern. Aber zu meinen wahren Motiven habe ich mich ja seinerzeit nicht erklären dürfen.

Nach der letzten Haftentlassung habe ich meinen Auftrag weiter ausgeführt. Allerdings musste ich nach einem Einbruch in die Privatsammlung eines bundesweit bekannten Mäzens, wo ich einige Bilder von Kandinsky und Macke ausgetauscht hatte, zu Hause fassungslos feststellen, dass diese Bilder keine Originale waren, sondern ebenfalls hervorragende Fälschungen, die auch kritischsten Betrachtungen hatten standhalten können. Es waren nämlich Bilder, die besagter Mäzen bei Sotheby's in New York und London für ein- bis zweistellige Millionenbeträge ersteigert hatte. Tatsächlich waren sie wertlos. Dass auf dem Kunstmarkt zahllose Fälschungen in Umlauf sind, ist in der Szene hinlänglich bekannt. Aus sicheren Geheimdienstquellen weiß ich, dass die Nazis jüdische Kunstmaler in den KZs gezwungen haben, in großem Stil Kopien berühmter Werke herzustellen. Auch in der Ex-DDR sind im Auftrag von Schalck-Golodkowsky solche Fälschungen angefertigt worden. Mit wasserdichten Provenienzen und Expertisen willfähriger Sachverständiger versehen wurden sie in den internationalen Kunstmarkt eingeschleust, um Devisen für dringend benötigte Edelmetalle wie Wolfram und Bauxit zu beschaffen. Selbst bei dem Dreißig-Millionen-Deal, den damals Franz Josef Strauß mit Schalck-Golodkowsky eingefädelt hat, ist es im Hintergrund um Beutekunst gegangen. Und der Kredit wurde teilweise mit perfekten Fälschungen getilgt, die heute überall in öffentlichen Museen hängen. Nicht von ungefähr ist der Devisenbeschaffer nach dem Fall der Mauer in eine große Villa am Ammersee gezogen und nennt heute eine große Kunstsammlung sein Eigen.

Jedenfalls wurden die gefälschten Bilder bei einer Durchsuchung in meinem Haus sichergestellt und später wieder an den Besitzer zurückgegeben. Ich habe über meine Anwälte mitteilen lassen, dass der Schaden gar nicht so groß sein kann, wie mir vorgehalten wird, weil es sich ja nur um wertlose Fälschungen handelt.

Damals habe ich nicht geahnt, was ich losgetreten habe. Dass die Bilder eigentlich wertlos sind, durfte natürlich nicht ruchbar werden. Der Mäzen und Sammler, der über ausgezeichnete Kontakte in die Politik, zum Generalstaatsanwalt und zum Vorsitzenden Richter verfügte, hat dafür gesorgt, dass ich wegen schweren Einbruchsdiebstahls und Betrugs zur Höchststrafe verurteilt wurde. Vom Gericht bestellte Gutachter, deren Ruf als Kunstsachverständige bei einem anderslautenden Urteil für immer ruiniert gewesen wäre, haben die Echtheit der gefälschten Originale bestätigt, und lediglich meine Kopien als dreiste Fälschung entlarvt. Mit dem Prozess und der Verurteilung zu einer mehrjährigen Haftstrafe haben die mich diskreditiert und im Knast kaltgestellt. Psychiatrische Gutachter haben mich außerdem als notorischen Lügner und Betrüger eingeschätzt. Und das alles nur, damit die Millionen-Deals, die mit gefälschten Kunstwerken jeden Tag abgewickelt werden, nicht platzen. Schließlich dienen viele dieser Bilder, die in Wirklichkeit Fälschungen sind, als Sicherheiten für Kredite bei Banken. Da kann nicht sein, was nicht sein darf. Da geht's um sehr viel, und ich kann noch von Glück reden, dass mir nichts Schlimmeres passiert ist. Der Mossad könnte zwar jederzeit Beweise für die Richtigkeit meiner Darstellung liefern. Aber ich wurde gebeten, Stillschweigen zu bewahren, damit die über Jahre eingefädelte Gesamtoperation Beutekunst nicht gefährdet wird.« Ich habe immer wieder versucht, dem Mann, der weder psychotisch noch verrückt war, seine Einbildung auszureden. Ohne Erfolg. Er hält bis heute an dieser Legende fest.

Menschen, die sich so weit von der Realität entfernt haben, erlebe ich zum Glück selten. Einen »normalen« Betrüger erkenne ich in der Sprechstunde auch ohne einen Blick in die Akten in der Regel daran, dass er mir Lösungen anbieten will. Sobald er sagt, da könne man doch mal, da gebe es doch sicher eine Möglichkeit ..., werde ich hellhörig. Ein Betrüger macht immer ein Angebot. Dabei geht er nach einem bestimmten Prinzip vor, einem Strickmuster, das nur minimal variiert. Er macht es von Anfang an wahnsinnig kompliziert und baut ein gewaltiges Problemgebäude auf: Er habe eine Allergie gegen fast alles. Von verschiedenen Universitätsärzten sei er wiederholt untersucht worden, er habe bereits diverse und aufwendige Therapien – selbst im Ausland – erhalten. Die Befunde aus der Genfer Privatklinik könne er besorgen. Bis die vorliegen würden, könne es möglicherweise schon zu spät sein. Er sei heilfroh, dass er derzeit noch einigermaßen beschwerdefrei ist. Aber er rechne mit einer absehbaren Verschlechterung, die auch mich vor große Probleme stellen könnte, wenn nicht rechtzeitig gegengesteuert wird. Und schließlich sei Prophylaxe doch das Beste, was Medizin leisten kann. Sein Anwalt habe sich schon angeboten, sich in dieser Angelegenheit zu engagieren. Aber dem habe er gesagt, mit dem Bausch könne man reden, das sei ein guter Arzt.

Wenn dann der Betreffende merkt, dass sein Gegenüber darauf anspringt – in meinem Fall wäre das etwa die Reaktion: »Oh Gott, was kommt da auf mich zu? Das kostet ja wieder ganz viel Aufwand und Geld« –, wird er mich schnell von diesen Gedanken erlösen. »Doc, keine Sorge, ich möchte nicht wieder diesen ganzen Untersuchungszirkus mitmachen müssen, ich weiß ja auch, was das den Vollzug kostet. Mir würde schon reichen, wenn Sie dafür sorgen könnten, dass ich einmal täglich alleine duschen, meine eigene Leib- und Bettwäsche benutzen kann und die Lotion bekomme, die mir meine Frau schicken könnte.«

Wer jetzt nicht aufpasst, der schnappt nach diesem sorgsam

ausgelegten Köder und findet das Ergebnis im Zweifelsfall auch noch okay. Es dauert, bis man merkt, dass diese Masche System hat. Beim nächsten Mal läuft die Sache nämlich haargenau so ab. Irgendwann schaut man dann in die Krankenakte des Häftlings und stellt erstaunt fest, dass man nicht nur bei der Behandlung des jeweiligen Zipperleins Fortschritte gemacht hat, sondern sich hat Zugeständnisse abringen lassen, für die andere Jahre brauchen. Ein Betrüger hört selten auf, seine Lust, die Umwelt in irgendeiner Weise zu manipulieren, lässt ihn nicht los.

Knastwährung

Knastgeschäfte

Unter den Insassen eines Gefängnisses wird seit jeher reger Handel getrieben. Alles was man im Knast so braucht, ist im Angebot, die Nachfrage ist groß, und das Angebot bestimmt den Preis. Wer mit seinem Geld nicht hinkommt, ist gekniffen. Nur derjenige, der sich mit der Grundversorgung bescheiden kann und über ausreichend Selbstdisziplin verfügt, befindet sich in einer günstigeren Ausgangsposition. Aber dazu sind die wenigsten in der Lage. Bedürfnisse aufschieben und sich in Verzicht üben können, gehört nicht gerade zu den Grundtugenden von Straftätern. Am wenigsten ist ein solch diszipliniertes Verhalten von Nikotin- und Drogenabhängigen zu erwarten – und die machen gut die Hälfte der Insassen aus. Nur die »alten Knackis« verstehen es überraschend gut, sich zu disziplinieren, schließlich wissen sie am besten, wie schwer es fällt, wieder aus der Schuldenspirale herauszukommen.

Es ist ein mieses Gefühl, monatelang seinen Einkauf komplett oder zu großen Teilen zur Schuldentilgung abgeben zu müssen. Geld lässt sich in der Regel nur mit einer Tätigkeit im Knast verdienen. Solange man noch keinen Job hat, müssen die vierzig Euro Taschengeld reichen. Viele Drogenabhängige schuften nur noch für ihre Dealer. Nur wenige Insassen haben Angehörige, die sie unterstützen können oder wollen. Und selbst wenn, dann können Überweisungen schon mal verdammt lange dauern. Insbesondere dann, wenn ein Gefangener öfter verlegt wird. Ich kenne Patienten, die innerhalb weniger Monate vollständig pleite waren; sie hatten ihren Fernseher, ihre Playstation, ihre Turnschuhe, ihre Trainingsanzüge, ihren Wasserkocher, selbst die Plakate oder Fahnen in ihrem Haftraum gegen Drogen oder Pillen eingetauscht.

Tabakpäckchen und Kaffeebomben, so nennt man im Knast die Gläser mit löslichem Kaffee, sind die gängigsten Währungseinheiten. Alles lässt sich in diese Einheiten umrechnen: 200 g löslicher Kaffee entsprechen 20 Euro oder vier Päckchen Tabak. Wenn ein Junkie zum Beispiel ein morphinhaltiges Schmerzmittel mit 8 mg Wirkstoff kaufen möchte, etwa ein Präparat wie Subutex, bezahlt er dafür in Freiheit 5, maximal 10 Euro. Im Knast blättert er dafür zwischen 160 und 180 Euro hin. Die Umrechnung funktioniert dabei so: 1 mg des Wirkstoffs Buprenorphin entspricht einer Kaffeebombe oder vier Päckchen Tabak.

0,1 g Heroin (Braunes) kosten genauso viel, ein Gramm beläuft sich auf stolze 200 Euro. Haschisch wird pro Gramm für 50 Mäuse cash verkauft, ansonsten muss man dafür im Schnitt zehn Päckchen Tabak abdrücken. Die Preise draußen liegen zwischen fünf und sieben Euro pro Gramm.

Ein Junkie, der seinen Flachbildschirmfernseher – größer als 20 Zoll dürfen die im Knast nicht sein – gegen Subutex eintauscht, erhält gerade einmal zwei Tabletten à 8 mg dafür. Das entspricht dem Bedarf von längstens zwei Wochen. Veräußert er seinen Wasserkocher, bekommt er dafür eine »Nase«, das ist weniger als ein Zehntel Gramm Heroin. Man kann nirgendwo mehr mit Drogen verdienen als im Knast.

Will ein Drogenabhängiger sich mit Stoff versorgen oder allgemein ein Gefangener Geschäfte machen, wendet er sich zunächst an seine Landsleute. Im Vertrauen darauf, dass die fairen Handel betreiben, keine Drogen strecken und niemanden übervorteilen. Nur wenn da nichts geht, lässt man sich auf Dealer anderer Nationen ein. Mit Türken und Arabern, die im Gefängnis »Lakritzköpfe« heißen, oder den von kaum einer Nation geschätzten Russen, die »Kanisterköpfe«, genannt werden. Dabei ist es letztlich egal, im Grunde zieht jeder jeden ab, Solidarität mit den Landsleuten hin oder her. Selbst der Schwur auf den Koran oder die Mutter zählt längst nicht mehr so viel wie früher.

Die Russen machen Geschäfte mit allen, verkaufen gerne, stehen aber in dem Ruf, so ziemlich alle abzuzocken. Wer bei ihnen Schulden macht, kriegt Probleme. Da wird schon mal ein rustikales Gespräch mit vollem Körpereinsatz geführt, so als kleine Erinnerung. In Gefängnissen, in denen körperliche Auseinandersetzungen nicht so konsequent und streng geahndet werden, sind deshalb Übergriffe und Schläge an der Tagesordnung. In Werl macht sich niemand, der halbwegs bei Verstand ist, wegen 200 oder 300 Euro die Finger schmutzig. Die Konsequenzen sind enorm. Es folgt eine Strafanzeige, Absonderung in Einzelhaft, Ablösung von der Arbeit, Einzelfreistunde, eine akustische Besuchsüberwachung usw. Der Betreffende muss für längere Zeit seine Strafe »hart abmachen«.

Drogen

Als Außenstehender mag man sich fragen, wie es sein kann, dass Drogen in den Knast kommen und dort anscheinend ohne Weiteres von Zelle zu Zelle wandern. Dass es sogar eine organisierte Subkultur gibt, die den Handel kontrolliert und dafür sorgt, dass die Junkies nicht von ihrer Sucht loskommen. Genau wie draußen ist das eine Frage des Marktes: Fast die Hälfte derer, die in den Knast wandern, hat früher schon Kontakt mit Drogen gehabt. Entweder als Süchtiger oder als Dealer. Im Knast versucht man, den altbekannten Stiefel weiter durchzuziehen. Vor allem die Dealer, die im Gefängnis exorbitante Gewinnspannen erzielen können und die genau wissen, dass sie in schwerstabhängigen Insassen treue Kunden haben. Die Drogen gelangen in der Regel über Besucher in den Knast, wir sprechen manchmal von einem riesigen »Ameisenhandel«. Jeden Tag werden kleinste Mengen – die aber in hoher Frequenz – eingeschleust. Natürlich werden die Besucher an der Pforte kontrolliert, natürlich findet auch eine Leibesvisitation statt. Aber Drogenhunde dürfen nicht bei Menschen eingesetzt werden, um Stoff zu erschnuppern. Und so geht das, was geschickt am, vor allem aber im Körper versteckt wird, den Kontrolleuren durch die Lappen. Die Freundin, die die Drogen im Mund transportiert, gibt dem Häftling einen innigen Kuss, und schon wandert die Lieferung weiter. Es gibt Mütter, die packen ihren Babys Drogen in die Windeln, Typen mit Gipsarm, unter dem sich Spritzbestecke und andere Utensilien befinden, und vermeintlich gehbehinderte Leute schleppen Stoff in ihren Krücken ein. Wer Drogen in ein Kondom packt und in den Hintern steckt, muss während der Besuchszeit dringend auf die Toilette. Dann geht's so weiter: aus dem Hintern in den Mund, von Mund zu Mund, und von da wieder in den Hintern. Auch wenn im Besuchsraum Beamte anwesend sind, lässt sich eine solche Art der Weitergabe nur selten verhindern. Besteht allerdings ein ganz konkreter Verdacht, dass ein Besucher Drogen schleppt, zum Beispiel, weil einer einen Tipp gegeben hat, kann er genauer gefilzt werden. Aber Körperöffnungen dürfen nicht ohne Einwilligung kontrolliert werden, auch nicht von Ärzten. Nur Gefangene, die im Verdacht stehen, Drogen einzuschmuggeln, werden nach dem Kontakt mit einem Besucher in einem besonderen Haftraum untergebracht, wo sie unter Aufsicht drei- bis fünfmal Stuhlgang auf einem fahrbaren Toilettenstuhl absetzen müssen. Der Stuhlgang wird anschließend auf Drogen kontrolliert.

Sogenannte Trennscheibenbesuche für alle Besucher, wie man sie aus amerikanischen Filmen kennt, könnten Abhilfe schaffen. Der Kontakt zwischen Häftling und Besucher läuft berührungsfrei, nur über das Telefon. Tatsächlich sind aber auch amerikanische Gefängnisse nicht clean, es gibt immer eine Lücke im Überwachungsnetz. Und sei es die, dass sich Beamte etwas »dazuverdienen« wollen. Alle paar Jahre fliegt ein Justizbeamter auf, weil er »Drogen schleppt«. Oder Lieferanten, die den Stoff mit dem LKW einschleusen. Die Übergabe wird in der Regel über Handy organisiert, bis die heiße Ware dann über eine Kette von verschiedenen Helfern bei den Dealern landet. Auch auf dem Postweg gelangen immer wieder Drogen in den Knast. Feinste kleine Plättchen werden hinter Briefmarken oder lustigen Aufklebern angebracht, in Weihnachts- und Geburtstagspäckchen.

Im Knast selbst werden die Drogen auf ganz unterschiedliche Weise vor den Augen der Beamten versteckt. Eine beliebte Variante ist die Manipulation von Tabletten. Ein Häftling bekommt vom Arzt das Präparat X verschrieben; der pulverförmige Wirkstoff befindet sich zum Beispiel in einer Kapsel, die sich öffnen lässt. Jeder kennt solche Medikamente. Die Hülle wird zum perfekten Versteck für den »neuen Wirkstoff«, wird man kontrolliert, kann man problemlos darauf verweisen, dass der Anstaltsarzt die Einnahme dieser Kapseln angeordnet hat.

Genau wie vor den Mauern ist es schwierig, die Köpfe der Drogenbanden im Knast dranzukriegen. Die Kleinen fliegen auf, die Süchtigen. Bei den Bossen, die in der Regel clean sind, wird man schwerlich etwas finden. Und wer von den Bossen mitkriegt, dass da einer kurz davor ist zu plaudern, der hat Mittel und Wege, diesen zum Schweigen zu bringen. Oder ihn mit einem lukrativen Geschäft auf seine Seite zu bringen. Hausarbeiter, Friseure, Hofreiniger oder Essensträger sind die idealen Opfer. Sie kommen viel herum und werden nicht dauernd kontrolliert. In diesem mafiös organisierten System wird von den Bossen penibel darauf geachtet, dass jeder Helfer nur die nächste Verteilerebene kennt, aber nie Einblick in die Gesamtstruktur erhält.

Die Bezahlung der Drogen läuft auf unterschiedliche Weise, je nachdem, um welche Summen es geht. Knastintern, indem man seine Einkäufe, die Schore abliefert oder den Betrag mit der üblichen Knastwährung aus Tabak, Zigaretten oder Kaffee begleicht. Größere Deals werden draußen über Bankkonten abgewickelt. Ein Häftling bittet Freunde oder Familienangehörige, auf das Konto X die Summe Y zu überweisen. Sobald die Information, dass das Geld eingegangen ist, über Handy oder über Besucher im Knast angelangt ist, wird der Dealer die Drogen liefern.

Die meisten süchtigen Insassen verschulden sich im Knast über beide Ohren, oft bis hinein in die Zeit nach ihrer Entlassung. Sie nötigen Freunde und Familie, für ihre Schulden aufzukommen, Frauen gehen für ihre süchtigen Partner auf den Strich, Eltern blechen für ihre einsitzenden Kinder. Der Arm der Dealer reicht weit. Jeder, der rauskommt, weiß: Die haben überall ihre Kontakte, die finden mich. Jedem, der wegen seiner Sucht Schulden angehäuft hat, ist klar, dass er sie eines Tages bezahlen muss. Mit dem Effekt, dass viele nach ihrer Entlassung sofort wieder in kriminelle Strukturen hineinrutschen. Ich habe Patienten, die mir erzählten, dass ihre Eltern oder Frauen im Laufe der Zeit zwischen 2000 und 8000 Euro für Drogen an die Mittelsmänner von Dealern draußen bezahlt haben.

Seit Anfang der neunziger Jahre habe ich deshalb mit der Substitutionsbehandlung von Schwerstabhängigen begonnen. Heute versorge ich täglich über hundert Patienten mit Methadon oder anderen Drogenersatzstoffen. Das Verständnis für Drogenabhängigkeit als Krankheit ist im Verlauf der letzten zwanzig Jahre kontinuierlich gewachsen. Immer mehr Kollegen in den Gefängnissen substituieren mittlerweile auch eine wachsende Zahl von Drogenabhängigen – erstens, weil dies eine allgemein anerkannte und wirksame Therapie in der Behandlung von Schwerstabhängigen ist, und zweitens, weil wir uns von der Illusion getrost verabschieden sollten, dass der Knast jemals ein drogenfreier Raum werden könnte.

Eine etwas andere Währung

Friedrich G. war Mörder aus Eifersucht, saß seit vielen Jahren ein und nutzte seine Zeit im Gefängnis für eine eher ungewöhnliche Beschäftigung. Für zwei Päckchen Tabak pro Din-A4-Seite, gerne auch für Geld griff Friedrich zur Feder und schrieb Briefe im Namen der Mithäftlinge, die ihn darum gebeten hatten, auch für die, die nicht lesen und schreiben konnten. Diese Briefe waren nicht etwa Eingaben bei irgendwelchen Ämtern oder justizrelevanten Stellen, sondern teils blumige Schmachtfetzen, teils erotische Ergüsse, um die Dame des Herzens, die draußen auf ihren eingesperrten Freund oder Mann wartete, bei Laune zu halten. Sobald es darum ging, einsame Frauenherzen zu besänftigen oder zu gewinnen, machte Friedrich sich an die Arbeit. Und ich muss sagen, er verstand sein Handwerk so meisterhaft, dass ich mir kaum vorstellen konnte, dass er wegen brutalen Mordes verurteilt worden war. Die Schreiben waren durchaus feinsinnig und einfühlsam, und auch Friedrich selbst wirkte eher sanft und auf den ersten Blick keineswegs gewalttätig. Während eines Freigangs war er getürmt und hatte sich nach Belgien abgesetzt, wo er seine neue Freiheit in einschlägigen Bordellen auslebte. Ich weiß nicht, ob ihm irgendwann das Geld ausgegangen oder ob er des Rotlichtmilieus überdrüssig geworden war, jedenfalls stellte er sich freiwillig der Polizei und kam in die Haftanstalt zurück. Seitdem verfasste er pro Tag im Schnitt zwei bis drei Liebesbriefe auf Bestellung.

Wie das im Knast so üblich ist, wird sämtliche Eingangs- und Ausgangspost von Vollzugsbeamten gegengelesen. Sie müssen jedes Schreiben kontrollieren, um eventuell darin verborgene Codes oder Mitteilungen aufzuspüren. Von geheimen Botschaften konnte bei diesen Briefen allerdings nicht die Rede sein. Sie waren manchmal so deutlich, dass einige Beamte beim Lesen rote Ohren bekamen. Hier schrieb ein literarisch durchaus nicht unbegabter Häftling unverblümt über sexuelle Phantasien. Egal, ob das nun seine eigenen waren oder die seiner »Auftraggeber« – er breitete alle erdenklichen Spielarten genussvoll auf den engbeschriebenen Seiten aus. Ich habe mich damals mehrmals gefragt, ob diese teils heftigen Pornobriefe wirklich für reale Personen draußen gedacht waren. Oder ob sich der Verfasser nicht einen Riesenscherz erlaubt hat. Der wusste schließlich ganz genau, wer die schlüpfrige Lektüre als Erstes in die Finger bekommen würde. Für die Beamten wurde die tägliche Erotikflut mit der Zeit jedenfalls zu einem richtigen Ärgernis. Aber die Vermutung, das erotische Dauerbombardement könne absichtlich inszeniert sein, führte dazu, dass die Briefe noch aufmerksamer gelesen wurden.

Einige Zeit nach seiner Entlassung rief der Schreiber der Briefe bei mir an. Er habe sich gerade einen Lamborghini gekauft und sitze mit Freunden zusammen, um auf das stolze Erbe seines Vaters anzustoßen. Sein Leben sei jetzt richtig schön geworden. Die Zeit im Knast sehe er inzwischen mit Humor und sportlich. Man müsse manchmal eben einsehen, dass die anderen schneller waren und man selbst verloren hat. Und dann sagte er: »Wissen Sie, es geht nicht immer um die großen Dinge. Manchmal geht es nur um Liebesbriefe. Und darum, andere ein wenig zu verarschen.«

Arzt im Knast III

Fit for Punishment

Nicht ganz zufällig, sondern vom Gesetzgeber so gewollt, ist der Anstaltsarzt mehr auf der Seite seiner Patienten, der Gefangenen, positioniert. Seine Aufgabe ist es, medizinisch erforderliche Maßnahmen einzuleiten, berechtigte von unberechtigten Interessen und Wünschen der Gefangenen zu unterscheiden, diese sorgfältig gegen die Ordnungs- und Sicherheitsinteressen der Anstalt abzuwägen. Manchmal bin ich mit den verrücktesten Anträgen konfrontiert. Ich erinnere mich daran, dass mir ein zum buddhistischen Glauben übergetretener Insasse in aller Ausführlichkeit darlegte, warum man ihm unter allen Umständen die Haltung eines tibetanischen Zwerghuhns in der Zelle gestatten müsse. Das tägliche Ei aus eigener Haltung sei eine medizinisch zwingende Nahrungsergänzung für einen Vegetarier. Als er dann noch hinterherschob, es sei wichtig, dass die Eier auf keinen Fall von Tieren aus Käfighaltung stammen dürften, konnte ich mich kaum noch auf dem Stuhl halten.

Ein anderer Patient beantragte bei mir einen Hammer – zum Totschlagen der Zeit. Alternativ würde er auch ein paar Pillen akzeptieren, die ihm die graue Eintönigkeit im Knast etwas bunter gestalten könnten. Anträge wie diese reißen vor allem mich aus meinem Alltag, der natürlich zu großen Teilen von Routine und Gleichförmigkeit geprägt ist.

Arzt im Knast zu sein bedeutet – neben den Klassikern, die jeder Arzt der Welt zu behandeln hat –, in erster Linie »Absicherungsmedizin« betreiben zu müssen. Immer dann nämlich, wenn ein Insasse gesundheitliche Argumente ins Feld führt, um sich gegen drohende oder bereits erfolgte Sanktionen zu wappnen. Wird ein Gefangener beispielsweise zu einer Arreststrafe verdonnert, muss der Arzt zuvor seine Arrestfähigkeit prüfen. Soll einem Gefangenen aus disziplinarischen Gründen die Arbeit entzogen werden, kann er einwenden, er sei aus gesundheitlichen Gründen nicht in der Lage gewesen, seine Arbeit zufriedenstellend auszuführen. Als Arzt habe ich den Sachverhalt zu prüfen und dazu Stellung zu nehmen. Fühlt der Patient sich nicht haftfähig oder bringt er privatärztliche Atteste bei, die seine Haftunfähigkeit belegen sollen, dann ist es meine Aufgabe als Anstaltsarzt, der Sache auf den Grund zu gehen. Wird ein Patient in den besonders gesicherten Haftraum, den Bunker verlegt, weil er Mitgefangene oder Bedienstete angegriffen hat, dann hat der Arzt den Patienten umgehend aufzusuchen, auf Verletzungen oder psychische Auffälligkeiten zu untersuchen und so im Wesentlichen auch darüber zu befinden, ob der Betreffende aus medizinischer Sicht für eine Unterbringung in diesem speziellen Haftraum geeignet ist.

All das sind sogenannte absicherungsmedizinische Untersuchungen, die unter dem Oberbegriff »Fit for Punishment« zusammengefasst werden können. Es ist keine einfache Aufgabe, ärztliche Feststellungen darüber zu treffen, ob die Gesundheit eines Häftlings durch den Vollzug einer Arreststrafe oder die Unterbringung in der Isolation eines besonders gesicherten Haftraums möglicherweise gefährdet sein könnte. Der Spagat zwischen Patientenfürsorge einerseits und den Sicherheitsinteressen wie dem Sanktionsbedürfnis der Anstalt andererseits ist nicht immer leicht.

Das Schlagwort »Fit for Punishment« greift nicht nur in Ausnahmesituationen, sondern jeden Tag. Denn ich muss immer wieder darüber entscheiden, ob jemand, der sich krankmeldet, arbeitsfähig ist oder nicht. Auch das gehört in deutschen Gefängnissen zum Vollzug einer Strafe. Im Knast herrscht Arbeitspflicht für jeden, der dazu körperlich und geistig in der Lage ist. Jeder, der nicht zur Arbeit ausrückt, weil er angibt oder vorgibt, krank zu sein, muss beim Arzt vorstellig werden. Wenn dieser dann bescheinigt, dass keine Erkrankung vorliegt, die mit einer Arbeitsunfähigkeit einhergeht, muss der Insasse an seinem Arbeitsplatz antreten. Tut er das nicht, drohen ihm disziplinarische Maßnahmen. Er kann mit einer mehrwöchigen Sperre belegt und für diesen Zeitraum sogar verdonnert werden, sich an den Haftkosten zu beteiligen.

Für viele Insassen ist es ungewohnt, tagtäglich einer geregelten Arbeit nachzugehen. Andere haben schon vor ihrer Inhaftierung eine gewisse Perfektion darin entwickelt, wie man »einen Krankenschein reitet«. Ein paar Tage blaumachen waren da ohne viel Aufhebens drin. Einen Satz wie: »Sie haben nichts Ernstes, Sie sind arbeitsfähig!«, haben nur wenige je von ihrem Hausarzt draußen gehört.

Als Arzt im Knast ist man daher gut beraten, seine Befunde sorgsam zu erheben und ebenso sorgfältig zu dokumentieren, damit man für eventuell folgende Auseinandersetzungen gewappnet ist. Ich habe Patienten gehabt, die mir nach jedem Sprechstundenbesuch – und das waren teilweise zwei, drei in der Woche – ein akribisches Protokoll über unseren Gesprächsverlauf, die von mir durchgeführten Untersuchungen und meine anschließende Therapieempfehlung unter die Nase gehalten haben. Mit der Bitte, dieses Protokoll zu ihrer Patientenakte zu legen. Eine Kopie oder Abschrift des Protokolls würden sie für sich behalten, man könne ja nie wissen.

Auch solche vermeintlichen Spitzfindigkeiten zählen zur Kultur des Misstrauens im Knast. Dass sie dem Aufbau des so wichtigen Vertrauensverhältnisses zwischen Arzt und Patient nicht unbedingt förderlich sind, versteht sich von selbst. Aber sie gehören zum Alltag eines Anstaltsarztes schlicht dazu.

Drückeberger

Simulanten gibt es überall, das kennen auch die außerhalb von Gefängnismauern praktizierenden Mediziner. Zu denen kommen ebenfalls Leute und sagen: »Ich hab Rücken, ich kann nicht arbeiten.« Der Unterschied ist allerdings, dass die Mediziner draußen den Schwarzen Peter weiterschieben können. Wenn sie jemanden nicht länger krankschreiben wollen, können sie ihn an einen Kollegen – etwa einen Facharzt – verweisen. Im Knast gibt es diese Möglichkeit nicht, ich muss die Entscheidung treffen, ob es mir passt oder nicht.

Auch die Zahl der Simulanten ist hier höher. Als ich in Werl angefangen habe, hat man mich davor gewarnt, dass achtzig Prozent der Sprechstundenbesucher »Kamine machen«, also vortäuschen, sie seien krank. Ich erinnere mich noch, wie schwer ich mich damals getan habe, die Spreu vom Weizen zu trennen. Mittlerweile weiß ich längst diese »Kaminefreier« von wirklich Kranken zu unterscheiden, und auch dass die Zahl der potentiellen Drückeberger längst nicht so dramatisch ist. Bei vielen meiner Patienten, die früher als Simulanten abgestempelt wurden, lassen sich schwere psychosomatische Störungen diagnostizieren. Sie empfinden körperliche oder psychische Symptome, obwohl objektiv kein Leiden festzustellen ist. Mit anderen Worten: Sie reagieren auf das, was das Leben im Knast mit ihnen macht. Letzten Endes kann man wohl nur bei rund einem Drittel meiner Patienten davon sprechen, dass sie wirklich simulieren und sich morgens beim Aufstehen überlegen: »Puh, heute bin ich zu faul zum Arbeiten.«

Grundsätzlich begegne ich jedem Patienten mit der gleichen Einstellung: zuhören, ernst nehmen, dann eine eingehende Untersuchung und wenn nötig Behandlung. Wer zu mir in die Praxis kommt, über Rückenschmerzen klagt, sich dann aber erst mal gemütlich in den Stuhl lümmelt, ohne eine Miene zu verziehen, bei dem werde ich skeptisch. Wenn er sich dann auch noch ohne Probleme auf die Behandlungsliege schwingen kann, weiß ich, wo der Hase langläuft. Auf den Bauch drehen klappt, auf die Seite auch, selbst die Beine kann er gerade nach oben strecken. In solchen Fällen kann ich es mir manchmal nicht verkneifen, dem Patienten am Ende der Untersuchung zu applaudieren: »Wunderbar, Rücken haben Sie nicht, aber Sie haben toll gespielt, Respekt! Das sage ich Ihnen jetzt als Schauspieler. Als Arzt sage ich Ihnen: Seien Sie froh, dass Sie nicht wirklich krank sind.« Manche ziehen dann sofort wieder bedröppelt ab, andere beginnen zu diskutieren oder stehen am nächsten Tag mit den gleichen Beschwerden wieder auf der Matte. Das Spiel beginnt von Neuem. Wieder zuhören, wieder untersuchen, wieder neu entscheiden.

Ein immer gerne vorgebrachtes Symptom ist Durchfall. Ich höre mir die Beschwerden an, dann taste ich den Bauch ab und lausche den Darmgeräuschen mit dem Stethoskop. Der Darm ist träge, genauso träge wie der Patient, der alles Mögliche haben könnte, nur keinen Durchfall. Wenn das nicht reicht, genügt meistens die folgende Ankündigung: »Da scheint etwas quer zu sitzen, ich muss da mal etwas genauer nachsehen.« Allein die Aussicht, gleich einen Finger in den Hintern gesteckt zu bekommen, genügt, dass ein Simulant von einer Sekunde auf die nächste genesen ist. Bis zum nächsten Mal. In manchen Sprechstunden komme ich mir vor wie bei einem Simultanschachturnier: einer gegen achtzig. Fünfzig Partien gewinne ich, fünfzehn verliere ich und fünfzehn gehen unentschieden aus. Wenn ich am Ende des Tages diesen Schnitt hinbekommen habe, war ich gut.

Es gibt Häftlinge, die kommen fast in jede meiner Sprechstunden, obwohl ihnen nichts fehlt. Vielen fällt es schlicht schwer, einer geregelten Arbeit nachzugehen, manche haben das – außerhalb des Knastes – auch noch nie getan. Sie haben Mühe, morgens aufzustehen, sich zu disziplinieren und über Stunden bei der Sache zu bleiben. Wenn in der Früh keiner bei ihnen die Tür aufreißen und sie zur Arbeit scheuchen würde, würden viele Häftlinge einfach liegen bleiben und den ganzen Tag vor der Glotze abhängen. Für einige ist nicht einmal die Tatsache, dass man im Knast Geld verdienen kann, motivierend. Pro Monat immerhin zwischen 300 und 500 Euro, je nach Job. Wer keinen hat, muss mit rund 40 Euro Taschengeld auskommen. Dazu zählen diejenigen, denen kein Job zur Verfügung gestellt werden kann – wir haben für durchschnittlich 865 Insassen nur 540 Arbeitsplätze –, diejenigen, die wegen einer Behinderung oder Krankheit nicht arbeitsfähig sind oder aus Altersgründen nicht mehr arbeiten, und diejenigen, die aufgrund ihrer Gefährlichkeit nicht zur Arbeit zugelassen werden. Niemand käme auf die Idee, einen potentiellen Geiselnehmer ausgerechnet in der Anstaltsküche arbeiten zu lassen, wo er mit scharfen Schlachtermessern hantieren muss.

Jeder arbeitende Knacki ist vergleichsweise privilegiert, weil er sich durch seinen Lohn mehr leisten kann als einige seiner Mithäftlinge. Das sorgt hin und wieder für dicke Luft zwischen den Gefangenen, aber auch einige Bedienstete lästern manchmal über die »Großverdiener«: »Der hat hier freie Kost und Logis, die Bude ist warm, und Praxisgebühr beim Arzt muss er auch nicht zahlen, alles für lau. Und dann kriegt er auch noch 500 Euro steuerfrei, die er für Drogen, Zigaretten oder Schüttelcomics verprassen kann. Ich als kleiner Beamter mit meinen drei Kindern habe für mich alleine nicht so viel Kohle zur Verfügung.« Aber das steht auf einem ganz anderen Blatt. Grundsätzlich ist es richtig, dass Gefangene einer Arbeit nachgehen müssen und dafür auch entlohnt werden. Denn der regelmäßige Gang zum Job dient der späteren Resozialisierung.

Und tatsächlich gibt es Häftlinge, die tagaus, tagein schuften. Ein Drittel dreht seit Jahren Gardinenröllchen, montiert Wäscheklammern, Lampen oder Elektroartikel oder arbeitet in der Schreinerei, Schlosserei oder Bäckerei und hat kaum einen Tag gefehlt. Ich habe einmal einen Mann erlebt, der sagte: »Wissen Sie, Herr Doktor, draußen habe ich es höchstens mal sechs Wochen im Jahr geschafft zu arbeiten. Jetzt bin ich schon acht Jahre in Werl und habe keinen einzigen Fehltag. Ich bin immer arbeiten gegangen, selbst mit Fieber. Warum schaffe ich das draußen nicht?« Weil draußen keiner ist, der sagt: »Komm, Felix, steh auf, du musst arbeiten!« Weil man draußen selbst dafür verantwortlich ist, den Tag zu strukturieren. Weil man sich draußen überhaupt erst einen Job suchen muss. All das nimmt einem der Knast ab, auch wenn der Preis dafür hoch ist.

Psychisch Kranke

Als ich als Arzt im Knast zu arbeiten begann, konnte ich mir beim besten Willen nicht vorstellen, wie hoch der Anteil der Insassen ist, die chronisch an einem psychischen Leiden erkrankt sind. Ich war der Meinung, psychisch kranke Rechtsbrecher würden ausnahmslos in einer forensischen Klinik untergebracht. Doch schnell musste ich feststellen, dass dem nicht so war. Nach nicht einmal drei Tagen hatte ich sie alle gesehen: die ersten Psychotiker, Schizophrenen, Borderliner und chronisch Depressiven. Der Satz, den die Justizbeamten in schöner Regelmäßigkeit über diese Insassen losließen, hat sich mir bis heute tief eingeprägt: »Der steht doch völlig neben den Schuhen, so einer gehört nicht hierher, der muss in die Psychiatrie.« Nicht nur die Mitarbeiter im Knast, sondern auch wir Ärzte fühlten uns mit der Behandlung dieser Patienten überfordert.

Anfang 1988 habe ich eine erste Statistik erhoben: Von den damals 860 Insassen der JVA Werl litten 36 an einer manifesten psychischen Erkrankung. Eine Zahl, von der man heute nur träumen kann. Aber anders als heute erwies sich die Behandlung als äußerst schwierig. Externe Psychiater verweigerten häufig einen Besuch im Knast, und psychiatrische Kliniken übten sich in großer Zurückhaltung, wenn es um die Aufnahme von Häftlingen in eine allgemeinpsychiatrische Station ging. Sie verwiesen auf deren Gefährlichkeit und auf die unzureichenden Sicherheitsvorkehrungen in den Kliniken. Andere lehnten die schwierigen psychisch kranken Rechtsbrecher ohne jede Einzelfallprüfung ab – man habe Zweifel, was die Behandlungseignung angehe.

Der Justizvollzug verfügte damals nicht über eigene stationäre psychiatrische Behandlungsplätze und war auf die Hilfestellung durch hochgesicherte forensisch-psychiatrische Kliniken angewiesen. Hinzu kam, dass die Patienten selbst immer wieder die regelmäßige Einnahme ihrer Medikamente verweigerten. Für eine Akut- oder sogar Zwangsbehandlung, die in vielen Fällen nötig gewesen wäre, fehlte darüber hinaus das Setting. Man musste stundenlang und über Tage hinweg telefonieren, um einen entsprechenden Behandlungsplatz zu organisieren. Hatte man den Patienten endlich für einige Wochen in einer Einrichtung untergebracht, war der Behandlungserfolg meistens schon kurz nach der Rücküberführung in den Knast dahin. Fehlende Anschlussbehandlungen, kein Bock, weiterhin täglich Psychopharmaka einzunehmen, und nach ein paar Wochen war alles wieder auf Anfang. Ein Drehtüreffekt, der mit sehr viel Stress für alle verbunden war.

In den letzten Jahren ist die Zahl der psychisch auffälligen Rechtsbrecher im Knast sprunghaft angestiegen. Heute befinden sich bundesweit etwa fünfzehn Prozent der Insassen in einer regelmäßigen psychiatrischen Behandlung und erhalten Medikamente. Viele sind nach jahrelangem Drogenkonsum psychisch krank und/oder waren schon vor der Inhaftierung wiederholt in stationärer oder ambulanter psychiatrischer Behandlung.

Im Vergleich zur Normalbevölkerung – auch hier gab es einen deutlichen Anstieg – hat sich die Zahl der psychisch auffälligen Gefängnisinsassen um das Dreifache erhöht. Vor allem bei den jüngeren ist die Zahl in den letzten Jahren in alarmierender Weise gestiegen. Ausländische Insassen leiden dabei häufiger unter psychischen Symptomen als Einheimische.

Seit 1970 wurde bundesweit über die Hälfte aller stationären Behandlungsplätze in der Allgemeinpsychiatrie für die Gesamtbevölkerung abgebaut. Die Gründe dafür liegen in der Entwicklung effektiverer Psychopharmaka, dem Ausbau eines Netzes von Psychotherapeuten auch im ländlichen Raum, der Einrichtung von Tageskliniken und der intensiven Aufklärungsarbeit, die in der Bevölkerung zu einem besseren Verständnis von psychischen Erkrankungen geführt hat. Dennoch: Viele psychisch Kranke nehmen heute die sozialpsychiatrischen Behandlungsangebote nicht wahr. Immer häufiger landen sie daher auch über den Weg der Kriminalisierung im Knast. In den letzten Jahren habe ich viele Patienten erlebt, die erst in Haft eine gewisse Einsichtsfähigkeit erlangt haben und erst hier bereit waren, ihr psychisches Leiden behandeln zu lassen. Einige berichteten, dass sie zuvor über Jahre hinweg unter gesetzlicher Betreuung standen, sich ihrem Betreuer aber immer wieder entzogen hätten. Auch hätten sie auf eigenen

Wunsch wiederholt stationäre Kurzaufenthalte in psychiatrischen Einrichtungen abgebrochen. Niemand habe sie davon abhalten können. Ich habe auch mit Eltern gesprochen, die tatsächlich froh darüber waren, dass ihre psychisch kranken Söhne im Knast endlich einer längst überfälligen Behandlung zugeführt wurden. Deshalb sollten wir dafür Sorge tragen, dass die Zeit der Inhaftierung dazu genutzt wird, dies zu gewährleisten.

Drei bis fünf Prozent aller Häftlinge müssen wenigstens einmal im Jahr stationär behandelt werden. Etwa acht von hundert Häftlingen leiden unter einer Psychose, ein Fünftel klagt über Angststörungen und Panikattacken. Bei gut der Hälfte lassen sich Persönlichkeitsstörungen diagnostizieren, ebenso hoch ist der Anteil derer, die von Drogen oder Alkohol abhängig sind. Etwa ein Viertel der Abhängigen konsumiert im Knast weiter. Bei den Bedarfsplanungen für stationäre Behandlungsplätze im Vollzug werden Suchtkranke übrigens nicht berücksichtigt. Was deren Entwöhnung angeht, setzt man auf Therapien nach der Haftentlassung in speziellen Entzugskliniken. Hier sollte endlich ein Umdenken stattfinden.

In vielen Sprechstunden habe ich es auch mit Patienten zu tun, die an einer Borderline-Störung leiden. Einige ritzen sich, andere fügen sich noch üblere Verletzungen zu, weil sie nur auf diese brutale Weise ihren Frust und ihre Wut loswerden, Aufmerksamkeit und Zuwendung erfahren und sich wieder selbst spüren können.

Es gibt auch zahlreiche Insassen, die erst nach Jahren im Knast durchdrehen und eine Psychose entwickeln. Weil sie die Einsamkeit nicht ertragen, vor allem nachts. Manche sitzen vor dem Fernseher und kommentieren die Sendung, die sie gerade sehen, einige führen Gespräche mit imaginären Verwandten oder den Frauen und Kindern, einige wenige sogar mit ihren Opfern. Sie durchleben ihren Prozess noch einmal, sind Täter, Staatsanwalt, Verteidiger, Richter in Personalunion – Nacht für Nacht. Sie spielen ihre Tat durch, wieder und wieder und geraten darüber über die Grenze. Wer andauernd an das Gleiche denkt, sich dauernd mit dem gleichen Thema auseinandersetzt, wird schnell verrückt. Stimmenhören ist eines der Symptome, über die solche Insassen am häufigsten klagen. Mitgefangene würden versuchen, sie durch Klopfen an der Zellentür vom Schlaf abzuhalten. Mitten in der Nacht würden sich Menschen vor ihrer Zelle versammeln und nach ihnen rufen.

Ich erinnere den Fall eines Patienten, eines Mannes Anfang vierzig, dem über viele Jahre jede Nacht das Opfer seiner Tat in der Zelle erschien. Er führte stundenlange Gespräche mit der imaginären Person, die teilweise in lautstarkes Geschrei ausarteten, was schließlich dazu führte, dass er in meine Sprechstunde beordert wurde. Zu diesem Zeitpunkt saß er seit knapp zehn Jahren im Knast. Wegen Mordes. Er hatte seine Geliebte in einem Eifersuchtswahn auf besonders grausame Weise umgebracht und dafür lebenslang bekommen. Etwa seit dem fünften Jahr seiner Inhaftierung erschien ihm Nacht für Nacht die blutüberströmte Tote und legte sich zu ihm ins Bett. Ein beinahe Macbeth'sches Szenario, das ihm eine ausgewachsene Psychose eingebracht hatte. Die »Gespräche« kreisten um enttäuschte Liebe, Eifersucht und Wut. Vorhaltungen wechselten mit Entschuldigungen und Erklärungsversuchen. Der Patient wurde von Schlaflosigkeit und Panikattacken geplagt. Regelmäßig tauchte er in meiner Sprechstunde auf und wiederholte den immer gleichen Satz: »Gestern Nacht hat sie mich wieder besucht.«

Trotz einer psychiatrischen Behandlung und einer entsprechenden Medikation gelang es nicht, ihn von den Wahnbildern zu befreien. Die Auseinandersetzung mit der Tat führte dazu, dass er dauerhaft verrückt wurde. Ich kenne nur wenige

Patienten, die so hart gebüßt haben. Einige, die die Bilder ihrer Tat nicht mehr loswerden, haben versucht, sich durch einen Suizid aus dieser Endlosschleife zu befreien.

Selbst bei einer vorsichtigen Schätzung benötigen von den durchschnittlich 75 000 bis 80 000 Gefängnisinsassen in Deutschland jährlich zwischen 2500 und 3500 eine stationäre psychiatrische Behandlung. Erfahrungsgemäß liegt die Behandlungsdauer pro Patient etwa bei mindestens 21 bis 30 Tagen. Auf alle deutschen Haftanstalten hochgerechnet ergibt das zwischen 52 500 und 105 000 Behandlungstage. Ich gehe davon aus, dass die Zahl weiter steigt und in absehbarer Zeit etwa zehn Prozent aller Gefangenen in Deutschland einmal jährlich einer stationär-psychiatrischen Therapie zugeführt werden müssen. Dafür werden wir mehr als 500 Behandlungsplätze brauchen, heute haben wir bundesweit rund 300.

Zweifelsohne hat sich die Versorgung in den letzten zehn Jahren deutlich verbessert. Fast alle Gefängnisse haben sich mit fachpsychiatrischen Konsiliarärzten verstärkt und die bevölkerungsreichen Bundesländer mehr Kapazitäten geschaffen. Verbesserte therapeutische Settings während der nachstationären Versorgung in den Haftanstalten wirken einem Drehtüreffekt und damit einer andauernden Verschlimmerung der Erkrankung entgegen.

Schlussstrich

Ich erinnere mich an eine wahnsinnige Geschichte, die sich an einem Freitagnachmittag zutrug. Ich war schon auf dem Weg nach Hause, als mich ein U-Häftling zu sich in die Zelle bat. Gott im Himmel, dachte ich, das fehlt mir gerade noch, es ist doch schon Feierabend! »Nur auf ein Wort«, sagte er. Ich setzte mich auf den einzigen Stuhl, er nahm auf seinem Bett Platz und bot mir eine Zigarette an. »Danke, ich rauche keine Selbstgedrehten«, gab ich ihm zur Antwort und zog meine eigene Schachtel aus der Tasche. Vor mir saß ein junger Mann von Anfang Dreißig, den ich von der Zugangsuntersuchung her kannte, die schon Wochen zurücklag. Er sagte mir, dass seine Frau im vierten Monat schwanger sei, und wollte von mir wissen, wie sich Stress in der Schwangerschaft auf die Entwicklung eines ungeborenen Kindes auswirkt. Darüber kamen wir in ein längeres Gespräch, in dem er mir seine Geschichte erzählte.

Er sei früher als selbständiger Unternehmer in der Entsorgungsbranche tätig gewesen, zu einer Zeit, als die Preise noch gut waren. Anfangs seien die Geschäfte erfolgreich gelaufen, aber dann sei er ins Unglück hineingeschliddert. Als er mit seiner Firma auf einem ehemaligen Militärgelände alte Tankanlagen abtransportieren wollte, war einer dieser Tanks umgestürzt. Dabei war ein Mitarbeiter schwer verletzt worden. Im Rahmen der Unfallermittlung stellte sich heraus, dass die unter seiner Verantwortung durchgeführten Entsorgungsarbeiten nicht sachgemäß erfolgt waren. Der Boden war metertief mit Dieselöl und Schweröl kontaminiert. Deshalb verdonnerte man ihn zu einer saftigen Geldbuße. Er wurde darüber hinaus auf Schadenersatz in Höhe von sechshunderttausend Euro verklagt, die er natürlich nicht hatte. Die Anwalts- und Verfahrenskosten in Höhe von über sechzigtausend Euro ließen seinen Schuldenberg weiter wachsen, er war ruiniert, das Wasser stand ihm bis zum Hals. Bis zu jenem Tag war er weder vorbestraft, noch hatte er irgendein krummes Ding gedreht.

Nun fing er an, auf einem ehemaligen Industriegelände mit Gebrauchtwagen zu handeln. Hier wurden auch geklaute Autos umlackiert oder in Teile zerlegt, mit gestohlenen Airbags und Navigationsgeräten gehandelt und ab und zu Autos mit geklauten Nummernschildern in den Osten verschoben. Die Sache flog auf, wegen Autodiebstählen und Hehlerei sei er dann für zwei Jahre im Knast gewesen.

Nach der Haftentlassung versuchte er, neu anzufangen. In einer Hinterhofgarage richtete er eine kleine Klitsche ein, in der er Autos reparieren wollte. Auch das ging schief, das Geschäft lief nicht an. In dieser ausweglosen Situation wurde er von Dritten, über die er mir kein Wort verraten wollte, zu einem Deal überredet. Er sollte unter seinem Namen eine große Industriebrache anmieten, um dort Fässer mit Sondermüll zwischenzulagern. Diese sollten später auf LKWs geladen und zu einem Endlager nach Albanien transportiert werden. Alle dazu nötigen Investitionskosten bekam er von den Hintermännern cash vorgestreckt. Für die Zwischenlagerung und den anschließenden Weitertransport stellten sie ihm hundert Euro pro Fass in Aussicht, die sie ihm ebenfalls bar auszahlen wollten.

Er mietete den Platz an, und irgendwann war der gesamte Abladeplatz voll mit Fässern. Nun wartete er nur noch auf die versprochenen LKW aus Albanien, die aber nie kamen: Die Hintermänner, die offenbar niemals ernsthaft vorgehabt hatten, die Giftfässer abholen zu lassen, hatten ihn gnadenlos über den Tisch gezogen. Eines Nachts brannten die gut zweitausend Fässer lichterloh; es bestand Vergiftungsgefahr, selbst weit entfernte Anwohner mussten evakuiert werden. Die Folgen des Brandschadens gingen in die Millionen. Ein Großteil der Giftmüllfässer war auf einen Schlag billig und preiswert entsorgt. Er aber galt als der eigentliche Drahtzieher, seine Mitarbeiter hatten vor der Staatsanwaltschaft gegen ihn ausgesagt. Ihm drohten bis zu fünfzehn Jahre Gefängnis.

Die Strafe hätte er vielleicht noch akzeptiert, wären nicht private Sorgen hinzugekommen. Während er in Untersuchungshaft saß, erfuhr er, dass seine Frau ein Kind erwartete. Beide hatten sich immer schon ein Kind gewünscht und alles Erdenkliche dafür getan, bislang erfolglos. Ausgerechnet jetzt hatte es geklappt. Würde sie es ohne ihn schaffen?

Inzwischen war auch die Staatsanwaltschaft von der Einzeltätertheorie abgerückt und fahndete fieberhaft nach Hintermännern. »Wissen Sie, Herr Doktor«, sagte er zu mir, »selbst wenn ich auspacke und mich auf den Deal mit der Staatsanwaltschaft einlasse, bekomme ich doch mindestens zehn Jahre. Ich möchte nicht, dass mein Kind mich in den nächsten Jahren nur im Gefängnis sieht und meine Frau immer lügen muss. Hinzu kommt, dass meine Frau und das Kind ihres Lebens nicht mehr froh würden, wenn ich die Hintermänner preisgebe. Diese Leute haben Drähte, die überallhinreichen.«

Alles sprach gegen ihn, nichts für ihn: Er hatte sich auf ein Geschäft mit der Giftmüllmafia eingelassen. Der Brand hatte alle Spuren, die zu den Hintermännern hätten führen können, für immer verwischt. Außerdem waren alle Zeugen, die ihn hätten entlasten können, unter Druck gesetzt worden und hatten gegen ihn ausgesagt. »Aus der Nummer komm ich nicht mehr raus«, sagte er äußerst niedergeschlagen, eine Schachtel Zigaretten später.

Ich war alarmiert und ordnete sofort seine Verlegung in eine Gemeinschaftszelle an. In den Monaten danach schien er sich mit der Situation abgefunden und neuen Lebensmut gefasst zu haben. Auch seine Tochter war mittlerweile auf die Welt gekommen, seine Frau besuchte ihn regelmäßig. Schließlich wurde er in eine heimatnahe Haftanstalt verlegt. Ungefähr ein Jahr später entnahm ich der Zeitung, dass er sich dort das Leben genommen hatte. Ich denke, in seinen Augen war das wohl der einzige Ausweg aus seinem Dilemma.

Der Verlust der Freiheit und der persönlichen Unterstützung von Familie und Freunden, die Angst vor dem Unbekannten, vor seelischer, körperlicher oder sexueller Gewalt, die Furcht vor einer dauerhaften sozialen Ausgrenzung, Scham- und Schuldgefühle – aus all diesen Gefühlszuständen können sich Suizidhandlungen entwickeln. Bundesweit nehmen sich etwa hundert Menschen pro Jahr im Knast das Leben.

Angesichts der großen Zahl an Inhaftierten und des besonderen Risikoprofils, das sie im Hinblick auf Suizid aufweisen, mag diese Zahl gering erscheinen. Sie zeigt, dass die Bemühungen in den Justizvollzugsanstalten, eine suizidale Handlung zu verhindern, relativ erfolgreich sind. Und auch angesichts der Lebensumstände im Knast, die dem Häftling viel abverlangen, erscheint sie nicht besonders dramatisch. Aber im Vergleich zur Gesamtbevölkerung hat ein Inhaftierter ein um das Zehnfache erhöhtes Risiko, durch einen Selbstmord zu sterben.

Für mich ist es immer wieder erschütternd, wenn sich ein Insasse umbringt, weil er keinen anderen Ausweg mehr sieht. Häftlinge sind Schutzbefohlene. Die Anstalt ist verpflichtet, für ihr Wohl und für ihre Unversehrtheit zu sorgen. Unsere Mittel, Selbstmorde zu verhindern, bleiben aber begrenzt.

B-Zellen

In jedem Gefängnis gibt es bestimmte Zellen, deren Bezeichnung eher harmlos klingt. Sie heißen Beruhigungszellen, B-Zellen oder »besonders gesicherter Haftraum«. Wegen ihres kargen und »vandalensicheren« Interieurs sind sie von den Häftlingen gefürchtet. Es ist für mich der trostloseste Platz im Gefängnis. Eine Unterbringung in diesen Zellen bedeutet eine maximale Verschärfung des Vollzuges. Sie wird angeordnet, wenn der Gefangene eine Gefahr für sich oder andere Häftlinge darstellt. Wenn er akut selbstmordgefährdet ist, die Bediensteten angreift, Mitgefangene schlägt, tobt, randaliert oder sein Zelleninventar demoliert. Wenn er nachts die Anstaltsruhe empfindlich stört. Oder wenn er sich weigert, den ihm zugewiesenen Haftraum aufzusuchen, und seine Weigerung nicht nachvollziehbar begründen kann.

Diese Hafträume liegen für gewöhnlich im Keller oder im Erdgeschoss. Hier können zur Not Inhaftierte auch fixiert werden, um die Gefahr von Selbstverletzungen völlig auszuschließen. Die Zellen sind zwischen 8 und 12 m^2 groß, in manchen sind die Wände zusätzlich gepolstert, der Fußboden ist beheizt. Die Ausstattung ist völlig spartanisch. Es gibt eine Toilette, die in den Boden eingelassen ist, eine Matratze auf dem Boden, dazu eine Wolldecke, das war's. Manchmal noch einen Sitzwürfel aus Schaumstoff. Es gibt kein Radio, geschweige denn ein Fernsehgerät; hier herrscht Totenstille. Das Licht brennt 24 Stunden, es gibt keinen Winkel in der Zelle, der nicht von einer Kamera erfasst wird.

In einem Vorraum muss der Häftling die Kleidung aus Sicherheitsgründen ablegen, gegebenenfalls wird er auch mit Gewalt entkleidet. Dabei wird kontrolliert, ob er Gegenstände am Körper trägt, und seien sie auch noch so klein, mit denen er sich oder andere verletzen könnte – zum Beispiel eine abgebrochene Rasierklinge aus dem Einwegrasierer unter der Zunge, unter der Zahnprothese oder unter einem Pflaster, das er sich auf den Oberschenkel geklebt hat. Anschließend darf er in die frische, vorbereitete Unterwäsche schlüpfen: Unterhose, Unterhemd, Socken – sonst nichts. In diesen »Klamotten« verbringt er die gesamte Zeit, mehr gibt es nicht, er darf die gutgeheizte Zelle erst mal nicht verlassen. Freistunden, bei denen er eine Jacke und eine Hose bräuchte, sind in dieser Zeit gestrichen.

B-Zellen haben zwei Zugangstüren, jede davon ist eine Doppeltür. Bei jeder Zellenöffnung – die beiden Türen werden dabei gleichzeitig geöffnet – treten je zwei, manchmal aber auch bis zu sechs Beamte in den Raum. In Ausnahmefällen, wenn mit einem Angriff des Untergebrachten gerechnet werden muss, tragen die Bediensteten sogar spezielle Schutzanzüge, Helme und Plexiglasschilde. Die Türen werden in der Regel zu den drei Mahlzeiten geöffnet. Das Essen wird dem Verwahrten auf Plastiktellern gereicht, die Getränke kommen in Plastikbechern, das Besteck ist ebenfalls aus Plastik. Außerdem kommt täglich ein Arzt oder wenigstens ein Krankenpfleger vorbei, der den Gesundheitszustand des Betreffenden überprüft und die Ergebnisse dokumentiert.

Tagelang in einem Raum eingesperrt zu sein, den Fortgang der Zeit nur am Rhythmus der Mahlzeiten erkennen zu können und ansonsten komplett von der Außenwelt abgeschlossen zu sein, ist ganz übel. Die Überwachung per Videokamera verstärkt das Gefühl der totalen Kontrolle. Eine Situation, die wohl von jedem Menschen als unwürdig empfunden würde. Nach drei Tagen sind die meisten mürbe. Die Tobenden haben sich beruhigt und dürfen wieder auf ihren Haftraum zurück. Die psychisch Kranken nehmen bereitwillig ihre Medikamente oder stimmen einer Behandlung zu. Viele werden von dort schnellstmöglich in eine psychiatrische Klinik überführt.

Jede Unterbringung in einer B-Zelle muss spätestens nach drei Tagen dem Justizministerium gemeldet werden, weil es sich um eine ganz schwere Sanktion handelt. Als ich meine Tätigkeit vor fünfundzwanzig Jahren in Werl aufnahm, gab es hier fast täglich einen oder zwei Gefangene, die für Stunden oder ein paar Tage in den Bunker verlegt wurden. Heute geschieht das viel seltener. Wir nutzen in den meisten Fällen die monitorüberwachten Hafträume, die mittlerweile in verschiedenen Abteilungen im ganzen Haus eingerichtet wurden und eine weniger belastende Unterbringung von psychisch Auffälligen und suizidgefährdeten Gefangenen zulassen. Hier können sie längere Zeit untergebracht werden, ohne dass das gemeldet werden müsste. Ich habe Patienten, die zu massiver

Selbstverstümmelung neigen und hochsuizidal sind; unter ihnen gibt es einige, die bis zu einem Jahr auf so einem kameraüberwachten Haftraum untergebracht sind. Für mich stellt sich in solchen Situationen die berühmte Frage nach der Henne und dem Ei. Trägt nicht gerade der Aufenthalt dort dazu bei, den depressiven Zustand zu verschlimmern? Was macht die ständige Überwachung mit dem Insassen? Die Unterbringung im monitorüberwachten Haftraum darf nicht zum Selbstzweck werden, aus Bequemlichkeit oder weil keine anderen geeigneten Mittel zur Verfügung stehen. Daher unternehmen wir alles Erdenkliche, um diese unwürdige Situation so schnell wie möglich zu beenden. Deshalb geschieht jede Unterbringung dort inzwischen nur auf Anweisung des Arztes.

Die Besuche in diesen besonders gesicherten Hafträumen sind für mich bis heute nicht leicht zu ertragen. Vor allem, wenn es sich um psychisch kranke Menschen handelt, die dorthin kamen, weil sie in der Psychose und in Verkennung der Realität aggressiv reagierten. Die krank sind und eigentlich behandelt werden müssten. Das Gefühl der Hilflosigkeit ist absolut, vor allem, wenn es sich um einen Insassen handelt, der im Vorfeld keine Krankheitseinsicht gezeigt und eine Behandlung verweigert hat, was häufig vorkommt. Mir bleibt nichts, als nach seiner Rückführung auf die normale Zelle von Neuem auf ihn einzuwirken, um ihn von einer Therapie zu überzeugen. Für mich ist es besonders schwer damit klarzukommen, wenn sich jemand nicht helfen lassen will, dem man helfen könnte.

Absturz in Uniform

Mag sein, dass ich die ganze Sache mit den B-Zellen auch deshalb so kritisch sehe, weil ich in gewisser Weise weiß, wie sich so etwas anfühlt. Ich kann nachvollziehen, wie es ist, im Bunker zu hocken. Meine Zeit im Bunker liegt lange zurück, trotzdem sind mir manche Situationen so präsent, als hätten sie sich erst gestern ereignet. Das macht einfach was mit dir, ob du willst oder nicht.

Im Jahr 1971 machte ich mein Abitur. Ich bin mir nicht sicher, ob das, was in der Abschiedsrede vom Schulalltag damals so beschworen wurde, auf mich zutraf: die Jugend sei nun zu Ende, und der Ernst des Lebens habe endgültig begonnen. Eine unbeschwerte Jugend hatte ich ganz gewiss nicht gehabt. Sicher hätte es mir mit vierzehn oder fünfzehn mehr Spaß gemacht, wie meine Klassenkameraden in der Sonne zu liegen, mit den Mädchen zu flirten oder Fußball zu spielen. Aber als Bauernsohn mit dem Hof an den Hacken war das nicht drin, Verantwortung übernehmen hieß das Zauberwort. Ich war eben früh gereift, einer, der die Welt mit ernsthaftem Blick betrachtete und sich nicht davor scheute, Ungerechtigkeiten anzuprangern. Das hatte ich von meinem Vater, der nie ein Blatt vor den Mund nahm, wenn ihm etwas gegen den Strich ging.

Bis zum Jahr 1969 durften die Lehrer in unserem Gymnasium noch prügeln. Wir Schüler wurden in diesem System zu Duckmäusertum erzogen und hatten kaum eine Chance, gegen die teils willkürlichen Strafen aufzubegehren. Da wurden Ohrfeigen verteilt, als gäbe es kein Morgen, und keiner von uns hegte auch nur die leiseste Hoffnung, dass sich daran etwas ändern könnte. Der Wandel kam mit dem Übertritt in die Oberstufe. Die Lehrer siezten uns und begegneten uns plötzlich mit mehr Höflichkeit und Respekt. Vielleicht war es die

Reife oder der Zuwachs an Bildung, ich fing jedenfalls an, mich stark und unabhängig zu fühlen und die Enge zu erkennen, in der ich bisher aufgewachsen war. Der Wunsch auszubrechen wurde immer größer. Fort aus dem Drei-Generationen-Haushalt, endlich raus! Ich hatte das Gefühl, dass die Texte meiner Lieblingssongs nur für mich geschrieben worden waren. »Room to move« von John Mayall oder »If you're going to San Francisco be sure to wear some flowers in your hair« von Scott Mc Kenzie.

Der Stolz, den ich früher empfunden hatte, wenn ich auf dem Mähdrescher durch mein Heimatdorf fuhr, war nicht mehr da. Im Gegenteil, ich kam mir sogar lächerlich vor. Während sich meine Klassenkameraden im Schwimmbad vergnügten, fuhr ich auf den Acker, und morgens im Schulbus stank ich nach Kuhscheiße, weil ich vorher wieder einmal den Stall hatte ausmisten müssen. Damals spürte ich zum ersten Mal, dass der einstmals sicher geglaubte Boden unter meinen Füßen brüchig wurde. Ich merkte, dass es noch ein anderes Leben gab, von dem ich keine Ahnung hatte.

Während meines Studiums habe ich dann meine neuen persönlichen Freiheiten weidlich ausgekostet. Das war auch die Zeit, in der ich meine Lust an der Schauspielerei entdeckte. Niemand konnte mir was, niemand wollte etwas, ich war ganz ich selbst. Umso unvermittelter traf es mich, dass dieser Selbstfindungsprozess eines Tages jäh unterbrochen wurde, als ein hochoffizielles Schreiben in meinen Briefkasten flatterte.

Die Pflicht rief, die Wehrpflicht. Anderthalb verdammt lange Jahre sollte ich einer Organisation dienen, die ich als überflüssig betrachtete, und immer im gleichen Kostüm durch den Schlamm robben, wo ich doch die deutschen Bühnen wahlweise als Schauspieler, Regisseur oder gefeierter Dramaturg erobern wollte. Dass meine Wehrdienstverweigerung abgeschmettert worden war, hatte ich gerade glücklich verdrängt, mich durch eine Flucht nach West-Berlin zu drücken, das kam für mich nicht in Frage. Außerdem hegte ich die etwas naive Vorstellung, dass man die Bundeswehr, wenn man schon hinmuss, von innen heraus demokratisieren könne.

Meine Lage in der Ausbildungskompanie war vom ersten Tag an prekär: Ich hatte – als Einziger unter den jungen Rekruten – verweigert, was meine Vorgesetzten offenbar wussten. Außerdem war ich der einzige Student. Deshalb wurde ich auch von Anfang an Schikanen ausgesetzt. Schon in den ersten Wochen bekam ich wiederholt verschärften Stubenarrest, weil ich mich dagegen auflehnte und nicht unterkriegen lassen wollte. Bei einem Spind-Appell zum Beispiel erdreistete sich der Stabsunteroffizier, mein Privatfach im Spind zu öffnen, was gegen die Vorschriften verstieß. Als er das Foto meiner Freundin entdeckte und mit dem Satz »Was ist denn das für eine Negerfotze?« kommentierte, fand er sich Sekunden später mit dem Kopf im Schrank wieder, in den ich ihn hineingeprügelt hatte. Daraufhin wurde ich vor den Augen aller sofort in Handschellen gelegt und ins »Café Viereck« gesteckt, wie der berüchtigte Zellenraum der Kaserne hieß. Dort durfte ich nicht nur das folgende Wochenende, sondern auch noch ein paar Tage darüber hinaus verbringen.

Ich erinnere noch heute, wie deprimiert ich damals war. Ich weiß noch genau, wie es sich anfühlte, wenn ich morgens um 6 Uhr unsanft geweckt wurde, der Wachhabende das Bett hochklappte, mit einem Vorhängeschloss an der Wand befestigte und mir sagte, dass er erst am Abend zurückkommen werde, um die Liege zum Schlafen wieder herunterzulassen. Ich musste den ganzen beschissenen Tag im Stehen, umherlaufend, auf dem einzigen unbequemen Stuhl oder dem Boden sitzend oder an die Wand gelehnt verbringen. Die Zeit verging quälend langsam, Ablenkung gab es nicht. Wenn mir nicht ein mitfühlender Wachhabender heimlich eine Lektüre zusteckte, blieb mir nichts anderes übrig, als die Bibel zu lesen. Um 22 Uhr wurde das Licht ausgeschaltet. Jedenfalls hatte ich viel Zeit, um auf meinem Schemel zu sitzen, über den Sinn von Strafe zu grübeln und darüber nachzudenken, warum ich hier gelandet war. Witzig war das nicht, ein Scheißgefühl, das sich auch im Rückblick nicht verklären lässt. In der einzigen Stunde, die ich täglich außerhalb der Zelle verbringen durfte, wurde ich in Handschellen und von einem Soldat in Uniform begleitet wie ein Tanzbär an der Leine über die Kasernenhöfe geführt. Und das ausgerechnet während der Pausenzeit, wenn alle Gelegenheit zum Zugucken hatten. Wenn ich all meine Strafen zusammenzähle, dann habe ich während meiner Ausbildungszeit insgesamt 28 Tage im Bau verbracht.

Schließlich bin ich nach längerem Hickhack vorzeitig aus der Bundesweht entlassen worden. Kurz vor meinem Abgang habe ich dann dummerweise noch einen draufgesetzt: Ich verbrannte meinen Wehrdienstausweis demonstrativ am Ausgang der Kaserne. Dann stolzierte ich in die Kneipe hinter dem Schlagbaum, um auf meine Freundin zu warten. Nicht ahnend, dass der Kneipenwirt ein großer Bewunderer alles Militärischen war, ließ ich mich vor ihm über meinen großen Frust aus und sparte dabei nicht mit abfälligen Kommentaren. Kurze Zeit später standen die Feldjäger in der Tür, um mich wegen öffentlicher Herabwürdigung der Bundeswehr noch in der Kneipe zu verhaften. Für meine Abschiedsgala bekam ich noch einmal zwei Tage im »Café Viereck«.

Braune Schatten

Die Last des Schweigens

Es war mein Vater, der die ersten Fragen über die braune deutsche Vergangenheit bei mir provozierte. Wie fast alle Väter meiner damaligen Freunde war auch er im Krieg gewesen. Er erzählte oft von seiner Zeit als Soldat in Polen, Russland und später in Frankreich, wo er 1945 in Gefangenschaft geraten war. Mein Vater war ein großartiger Geschichtenerzähler. Wenn er zu Hause mit den Bauern aus der Nachbarschaft, dem Viehhändler oder anderen Geschäftspartnern in der Küche zusammensaß, war er so richtig in seinem Element. Sein Vorrat an Anekdoten war schier unerschöpflich. Seit ich denken kann, spielten der Krieg und die Zeit in Gefangenschaft dabei eine große Rolle. Er kam von diesem Thema einfach nicht los, und manchmal schien es, als wolle er sich eine Last von der Seele reden. Darin unterschied er sich von vielen anderen Männern, die aus dem Krieg nach Hause gekommen waren, Mühe hatten, sich im Nachkriegsalltag zurechtzufinden, und die furchtbaren Erlebnisse einfach verdrängten.

Mein Vater hingegen sprach offen – über sinnlose Suff-Aktionen hinter der Front genauso wie über Todesangst und gefallene Kameraden. Ich erinnere mich noch daran, wie ich einmal heimlich unter der Ofenbank hockte und gebannt die Gespräche der Erwachsenen belauschte. Da hörte ich, wie er erzählte, dass er vollkommen ahnungslos gewesen sei, als ihn kurz nach der Heuernte der Einberufungsbefehl ereilte. Der Krieg schien wie ein fernes Abenteuer, aber schon am Tag seines ersten Fronteinsatzes habe ihn eine Angst gepackt, die ihn bis zum Schluss nicht mehr losgelassen habe. Und dann gleich zu Beginn seiner Kriegsgefangenschaft hatten die Franzosen ihn zum Arbeitseinsatz in ein Bergwerk gekarrt. Ausgerechnet ihn, der immer unter freiem Himmel gearbeitet hatte. Er hatte eine fast klaustrophobische Furcht davor, mehrere hundert Meter tief in einen Berg einzufahren und dort im Schein einer Grubenlampe Kohle zu schlagen. Weil er die Enge nicht ausgehalten habe, sei er aus dem Lager geflohen. Er wurde aber schnell wieder eingefangen. Wenigstens durfte er den Rest der Gefangenschaft als Knecht auf einem Bauernhof arbeiten.

Worauf ich mir damals keinen Reim machen konnte, waren Bemerkungen wie: »Ohne die Reisegesellschaft Adolf Hitler hätte ich wohl etwas weniger von der Welt gesehen.« Im Rückblick auf die furchtbaren Kriegsjahre, die nur Leid und Verwüstung gebracht hatten, eine sehr beschönigende Sicht. Der Weltkrieg erschien aus dieser Perspektive wie ein Betriebsunfall der Geschichte. Man hatte sogar ein wenig Spaß gehabt und die große weite Welt gesehen! Über die Ursachen der Katastrophe machte sich mein Vater keine Gedanken. Hauptsache überlebt. Das war eben so, ich bin ja mit einem blauen Auge davongekommen. Punkt.

Vielleicht scheute er sich auch davor, sich mit der eigenen Schuld auseinanderzusetzen. Er war Soldat gewesen und hatte Befehle befolgt. Genau wie die meisten seiner Generation steckte er in dieser Hinsicht den Kopf in den Sand. Man redete sich damit heraus, dass der Krieg wie ein Verhängnis über Deutschland gekommen war. Aber zum Glück war der »Scheißkrieg« jetzt ja vorbei, nach vorne schauen und das verwüstete Land wieder aufbauen, darum ging es jetzt.

Ich erlebte als Kind eine Generation von Erwachsenen, die

sich wie wild in die Gegenwart stürzten. Auch meine Eltern machten da keine Ausnahme. Aber im Gegensatz zu denen, die kurz vor dem Einmarsch der Amerikaner schnell noch Abzeichen, Fahnen, Hitlerbüsten und dergleichen im Dorfteich versenkten oder im Misthaufen versteckten, brauchten sich meine Eltern und Großeltern für ihre Haltung während des Naziregimes nicht zu schämen. Sie hätten sogar richtig stolz auf sich sein können. Darüber schwieg man sich auch fünfzehn Jahre nach Kriegsende allerdings eher aus. Und wenn das Thema doch einmal aufkam, senkte man die Stimme und sprach nur im Flüsterton. Vor allem, wenn es um die Reichspogromnacht ging. Ich erfuhr, dass in der Nacht des 9. November 1938 auch in Ellar die Synagoge brannte und jüdische Nachbarn sich vor den wildgewordenen Schlägern der Dorf-SA in Sicherheit bringen mussten. Eine Familie hatte in höchster Not bei uns angeklopft und Zuflucht gesucht. Meine Eltern versteckten sie im Kartoffelkeller, wo sie sich so lange verbergen konnten, bis sich die Lage wieder beruhigt hatte. Später halfen meine Eltern ihnen dabei, sich außerhalb des Dorfes in Sicherheit zu bringen.

Meine Großmutter und meine Eltern bewiesen damals Zivilcourage. Dem johlenden Mob logen sie vor, dass sie nicht wüssten, wohin die jüdische Nachbarfamilie verschwunden sei. Noch Monate danach ging das Gerücht im Ort herum, man habe genau beobachtet, wie das »Judenpack« bei uns untergeschlüpft sei. Es sei nur eine Frage der Zeit, bis man es finde.

Wenn das Gespräch auf diese Geschichte kam, stand meine Oma jedes Mal auf und ging zu einer alten Kirschbaumtruhe, die bei uns im Hausflur stand und am Schloss schwer beschädigt war. Der Deckel der Truhe war an einigen Stellen abgesplittert. »Das war der Jupp, der alte Nazi«, sagte sie dann. »Der hat uns richtig schikaniert. Der stand oft vor unserer Tür und verlangte Silbergeld. Wenn wir uns wehrten oder sagten, dass wir keinen Groschen im Haus hätten, kam er einfach rein und brach die Truhe auf. Schweigegeld, das wir zu bezahlen hätten, weil er uns wegen der jüdischen Familie nicht an die SS oder die Gestapo verraten hatte. Wenn wir kein Geld rausrückten, wollte er Schmuck. Und dann grinste er und meinte, er könne auch dafür sorgen, dass wir abgeholt würden. Das Haus, das der sich nach dem Krieg gebaut hat, das hat er von unserem Geld bezahlt.«

Jeder im Dorf wusste, dass er nicht nur ein überzeugter Parteigänger war, sondern bis zuletzt fanatisch dafür gesorgt hatte, dass die Durchhalteparolen rücksichtslos umgesetzt wurden. Einer unserer Nachbarn erzählte immer wieder mit Tränen in den Augen: »Er hat noch in den allerletzten Kriegstagen, als die Amerikaner schon über die Hügel des Westerwalds kamen, dafür gesorgt, dass mein kleiner Bruder eingezogen wurde. Das war reine Willkür, sinnlos. Der Junge war gerade siebzehn Jahre alt. Schon auf dem Weg zur Rekrutierungsstelle ist er von amerikanischen Tieffliegern getötet worden, keine zwei Kilometer vom Dorf entfernt.«

Als ich älter wurde, begann ich zu begreifen, welches Risiko meine Eltern eingegangen waren. Und ich fragte mich, wo all die anderen gewesen waren? Hätten sie nicht die Chance gehabt, sich gemeinsam zu widersetzen? Einfache Leute wie meine Eltern, aber auch Studierte wie der Volksschullehrer, der Apotheker und der Pfarrer? Wie konnte er von Moral und Nächstenliebe predigen und dabei die Augen davor verschließen, dass Mitmenschen aus dem Ort verschleppt wurden? Dass sie nicht zurückkehrten, und wenn doch, dann schwer gezeichnet?

Die Opfer blieben stumm, und die Täter schwiegen. Über Millionen ermordeter Juden verlor man kaum ein Wort. Selbst im Dorf nicht, wo doch jeder jeden kannte und um die Schuld des anderen wusste. Das Wort »Judenhelfer« galt lange nicht als Auszeichnung, sondern als Schimpfwort.

Und wenn nicht geschwiegen wurde, dann wurde verharmlost. Dann, in den späten sechziger Jahren, fielen sogar schon wieder Sätze wie: »So einen kleinen Adolf könnten wir jetzt ganz gut gebrauchen. Der wüsste, wie man aufräumt mit dem langhaarigen Kommunistenpack!« Das sagten ausgerechnet jene Männer, die mit zerschundenen Knochen aus dem Krieg zurückgekommen waren, die ihre Brüder an der Front verloren und die furchtbare Zeit nur mit Mühe und Not überstanden hatten. Die saßen am Ende in der Dorfkneipe und schwadronierten mit glänzenden Augen davon, dass ja nicht alles schlecht gewesen sei. Und am Nebentisch hockte ein Cousin meiner Mutter, der im Nachbarort als Arzt arbeitete. Als die Landesheilanstalt in Hadamar zu einer Tötungsanstalt für Menschen mit Behinderungen umgewandelt wurde, verweigerte er aus Gewissensgründen dort die Arbeit und kam postwendend an die Ostfront.

Ich war etwa vierzehn Jahre alt, als sich diese Szene in der Dorfkneipe abspielte. Ich konnte nicht begreifen, warum immer noch niemand aufstand und den Mund aufmachte. Ich verstand dieses Duckmäusertum nicht mehr, so viele Jahre nach dem Krieg. Damals mochte das System die Menschen in Schach gehalten haben. Aber jetzt? Hatten tatsächlich alle so viel Dreck am Stecken, dass keiner sich aus der Deckung wagen wollte? Bei uns zu Hause wurde heftig darüber diskutiert.

Ich weiß noch, wie unerträglich mir damals der Gedanke war, dass ein paar Tage später ausgerechnet einer, der während der NS-Zeit hier das Sagen und sich die Finger schmutzig gemacht hatte, wieder große Reden am Ehrenmal der Gefallenen schwingen würde. Diesem Auftritt wollte ich nicht länger tatenlos zuschauen. Am Abend zuvor suchte ich den Lokalpolitiker zu Hause auf und drohte ihm: »Wenn Sie tatsächlich am Volkstrauertag wieder als Redner auftreten, werde ich Ihnen vor allen Leuten den Spiegel vorhalten. Zur Sprache bringen, was jeder hier weiß und die meisten von Ihnen denken. Tun Sie sich und den anderen den Gefallen und schweigen Sie!« Mein Auftritt zeigte Wirkung. Seither ist er nicht mehr öffentlich aufgetreten.

Züchtigungen

Ich habe mich immer gefragt, warum sich die Generation meiner Eltern so verhalten hat. Eine ganze Menge mehr verstanden habe ich, als ich den Film »Das weiße Band« von Michael Haneke gesehen habe. Er hat mir noch mal plastisch vor Augen geführt, unter welchen Bedingungen sie aufgewachsen ist und mit welcher Geisteshaltung Kinder damals aufgezogen wurden. Eine Haltung, die ihr von gefühlsarmen Eltern, selbstgerechten Lehrern oder autoritär-bigotten Pfarrern eingebläut wurde. Mir ist aber auch klar geworden, welches Glück es für meine Generation bedeutete, dass der autoritäre Erziehungsstil nicht mehr mit der gleichen Konsequenz durchgezogen wurde. Vielleicht, weil die Kriegserfahrungen meinen Eltern die Härte und Kraft dazu genommen haben.

Mein Vater hat oft jähzornig aus dem Stand zugeschlagen, wenn wir nicht spurten. Meine Mutter hingegen agierte eher abwartend, strategisch und fast schon bürokratisch. Sie beobachtete uns Kinder während der Woche aufmerksam, merkte sich alle unsere kleineren und größeren Missetaten und schritt dann zu einer Form der Bestrafung, die etwas von einem improvisierten Gerichtsverfahren hatte. Wenn in ihren Augen das Maß voll war, meist war das am Samstagnachmittag, rief sie uns zu sich, legte uns übers Knie und versohlte uns den Hintern nach Strich und Faden mit einem Kochlöffel. Wenn ich fragte, warum, bekam ich konkrete Antworten. Ich war immer wieder überrascht, dass sie sich alles merken konnte, was ich schon längst wieder vergessen hatte.

Zärtlichkeit bekam ich nur, wenn ich ernsthaft krank war, mit hohem Fieber im Bett lag und nicht mehr wie vorgesehen funktionierte. Dann wurden Arznei und eine Wärmflasche vorbereitet, das Kopfkissen aufgeschüttelt und das fiebernasse Haar fürsorglich aus der Stirn gestrichen. Mit einem Mal gab es diese innigen Momente, nach denen ich mich sehnte.

Meine Großmütter, die beide im Haus lebten, waren ein ungleiches Gespann. Die Mutter meines Vaters konnte sehr kalt und abweisend sein. Eine verhärmte Frau, die nicht viel Talent zu Mütterlichkeit besaß und ihrem Sohn wenig Liebe mitgegeben hatte. Die andere, meine »kleine« Oma, wie ich sie nannte, haben mein Bruder und ich geliebt. Sie war gottesfürchtig, heiter und gelassen und hat uns viel Herzenswärme gegeben. Dass wir Kinder von den Eltern gezüchtigt wurden, hat auch sie nicht verhindert.

Das größte Lob, das man für mich und meinen Bruder in der Familie bereithielt, wenn wir den ganzen Tag auf dem Feld geschuftet hatten, lautete: »Ging doch, hättest vorher gar nicht so maulen müssen.« Im Gegenzug war kein Tadel grob genug. Die Liebe, die Zärtlichkeit, nach der wir uns sehnten, die hat man uns kaum gegeben. Nur Christel, Rita, Maria und Hiltrud, die zehn Jahre älteren Mädchen aus der Nachbarschaft, gaben mir, was ich brauchte.

Rechtsradikale im Knast

Während meines Medizinexamens stand ich mit Ingo Naujoks in dem Theaterstück »Oui« des französischen Dramatikers Gabriel Arout auf der Bühne. Das Stück spielt 1944 in einem Gefängnis der Gestapo. Zwei Männer erleben die letzte Nacht vor ihrer Hinrichtung. Einer der Inhaftierten ist ein SA-Mann, der seit dem Röhm-Putsch einsitzt. Vor seiner Hinrichtung bekommt er eine letzte Chance. Man steckt ihm einen jüdischen Gefangenen in die Zelle, mit dem er ein teuflisches Spiel spielen soll. Was er nicht weiß: Der Jude hat dieselben Spielregeln mit auf den Weg bekommen. Beiden Männern wurde versprochen, sie dürften am Leben bleiben, sofern sie den jeweils anderen umbringen. Das Kalkül der Gestapo stützte sich auf die Annahme, dass der Mensch des anderen Wolf ist und alles tun wird, um seine eigene Haut zu retten. Der Ausgang des Experiments erscheint den Nazis klar: Wenn man zwei Menschen in Todesangst die Chance gibt, um ihr Leben zu kämpfen, wird der Vertreter der deutschen »Herrenrasse« den als schwächlich und »minderwertig« diffamierten Juden umbringen. Doch die infame Rechnung der Henker geht nicht auf. Beide Männer warten darauf, selbst getötet zu werden. Sie wollen lieber sterben, als sich zum Mörder machen zu lassen.

Zum sechzigsten Jahrestag der Reichspogromnacht spielten wir das Stück am 9. November 1998 noch einmal, in Witten, einer kleinen Stadt am Rande des Ruhrgebiets. Während wir auf der Bühne standen, zogen vor dem Theater Neonazis mit Fackeln vorbei. Sie pöbelten Passanten an und später die Leute, die aus der Vorstellung kamen. Vorfälle wie dieser, aber auch die ganz aktuellen Erkenntnisse zur Neonaziszene bestätigen mich immer wieder darin, dass wir nicht schweigen dürfen. Es ist die Aufgabe nicht nur meiner Generation, sich mit Nazismus und Rechtsradikalismus auseinanderzusetzen, aufzuarbeiten und an die NS-Vergangenheit zu erinnern. Und sich dem neuen Ewiggestrigen entgegenzustellen.

Denn wie sehr dieses Gedankengut bis heute verfängt, das erlebe ich auch bei meiner Arbeit im Knast fast täglich. Das beginnt mit hämischen Bemerkungen und gemeinen Witzen, in denen ausländische Inhaftierte, besonders Schwarze, Russen, Polen und Türken offen diffamiert werden. Gerade »kriminelle Ausländer« sind bei Neonazis, die sich unter dem Deckmäntelchen der NPD um eine demokratische Legitimation bemühen, beliebte Hassfiguren. Das lässt sich nach Belieben ausschlachten. Vermeintlich kriminelle Ausländer, die unter fragwürdigen Umständen nach Deutschland eingeschleust werden, um hier Unterstützungsgeld zu kassieren, obwohl sie keinen Cent in die Sozialkassen eingezahlt haben, erscheinen aus der Perspektive dieser Leute als Schmarotzer schlechthin. Da hört man dann Sätze wie: »Erst pressen sie alles aus dem deutschen Sozialsystem heraus, und dann finanziert der Staat mit unseren Steuergeldern auch noch ihren Knastaufenthalt und die teuren Behandlungen.« Da wird behauptet, dass Ausländer nur auf dem Schnorrertrip seien und ohnehin krimineller als Deutsche. Diese Ressentiments lassen deutsche Knackis ihre ausländischen Mithäftlinge kräftig spüren: »Wir halten euch über Wasser, mit unserer Kohle. Ohne uns könntet ihr eure eigene Scheiße fressen.« Und das aus dem Munde von Kriminellen, die selbst noch nie einen Beitrag in die Sozialkasse geleistet haben.

Die latent vorhandene ausländerfeindliche Stimmung wird im Gefängnis gezielt von einsitzenden ideologisch verblendeten Rechtsauslegern angeheizt. Und von solchen Typen gibt es in jedem Knast genug. Ein Gewohnheitsverbrecher, der auch längere Zeit bei uns einsaß, war nicht nur vom Hals bis zu den Händen mit Hakenkreuzen und Runen tätowiert, sondern hatte seine Zelle auch entsprechend dekoriert: An den Zellenwänden hingen Bilder vom »Führer«, er besaß Aschenbecher mit Hakenkreuzen, eine Hitler-Büste und weitere Devotionalien. Selbst wenn man ihm die Gegenstände wegnahm, gelang es ihm immer wieder, für Nachschub zu sorgen, auf welchen Kanälen auch immer. Das Üble daran war, dass er eine enorme Wirkung hatte – und nicht nur auf viele Häftlinge, die ihn ohnehin bewunderten, weil er sich dem Vollzug offen widersetzte, sondern auch auf manche Vollzugsbeamte. Die Verführungskraft, die von solchen Leuten ausgeht, sollte man nicht kleinreden. Es gibt, gerade im Knast, genug Menschen, denen diese Typen imponieren oder zumindest die rassistischen Ressentiments, die sie von sich geben.

Wie kann es passieren, dass sich Bedienstete von rechtsradikalen Häftlingen immer wieder instrumentalisieren lassen? In ihrer täglichen Arbeit müssen sich viele Beamte Vorhaltungen und Beschimpfungen gefallen lassen, auch der Umgang mit ausländischen Häftlingen ist für sie oft sehr schwierig, sie verstehen die Sprache und Mentalität nicht, missdeuten Gesten. Entsprechend gestresst reagieren sie mit Ablehnung, und manchen gelingt es kaum, dies zu verbergen. Das machen sich solche Häftlinge zunutze. Wenn sie dann ganz subtil Tröpfchen für Tröpfchen Öl nachgießen, lässt sich der ein oder andere unter Umständen aufs Glatteis führen. Hier und da eine Bemerkung oder eine gezielte Provokation – und dann müssen sie nur noch auf die Reaktion ihres Publikums achten: Ernte ich Beifall durch zustimmende Blicke, ein Nicken, ein Augenrollen? Wird daraus sogar ein längeres Gespräch? Wenn ja, wie läuft das ab? Hört mir mein Gegenüber aufmerksamer als gewöhnlich zu, sobald ich meine Sprüche ablasse, oder schreitet der Betreffende couragiert ein, um mir mein Gerede zu verbieten? Er könnte sagen, dass ich mit meinem Gequatsche aufhören soll, weil ihn das überhaupt nicht interessiert. Passiert ja nichts, außer dass die Unterhaltung dann zu Ende ist. Bleibt eine solche Reaktion aus, dann ist klar, dass die Sprüche auf fruchtbaren Boden gefallen sind.

Deshalb warne ich bei jeder sich bietenden Gelegenheit gerade die jüngeren Beamten vor diesen gefährlichen Mechanismen, die man nur mit Klarheit und Entschiedenheit unterbinden kann. Den Verbrechern geht es eigentlich nur darum, persönliche Vorteile herauszuschlagen. Um nichts anderes. Um mehr Nachsicht und weniger Vorsicht, hier und da um eine schnellere oder großzügigere Sachbehandlung. Mit ihren Stammtischparolen versuchen sie auszuloten, wen sie für sich einnehmen können: »Ich sage laut, was du denkst. Ich darf das, bin ja ein Knacki. Du musst leider mit deiner Meinung hinter dem Berg halten.«

Wer in solchen Situationen aus Bequemlichkeit oder falscher Nachsicht nicht klar Position bezieht, öffnet Tür und Tor für weitere Versuche nach der Devise, steter Tropfen höhlt den Stein. Denn auf der Suche nach einer gemeinsamen Schnittmenge lassen diese Insassen nichts aus. Sie kriechen den Bediensteten so lange unter die Uniformjacke, bis sie das Gefühl haben, dass der geistige Schulterschluss mit ihnen geglückt ist: »Gut, ich bin zwar ein Krimineller, aber wir teilen Überzeugungen. So schlecht wie die anderen kann ich also gar nicht sein. Nicht wir, die Ausländer sind das eigentliche Problem.« Deshalb rate ich den Beamten, sich möglichst jede abfällige Bemerkung vor anderen Gefangenen zu verkneifen, auch wenn das nach frustrierenden Auseinandersetzungen mit Insassen nicht immer leichtfällt. Und ich versuche, das vorzuleben. Tatsächlich sind die meisten Bediensteten nicht ausländerfeindlich. Die wenigsten teilen rechtsradikale Ansichten oder sind besonders empfänglich dafür. Aber auch der, der rechtsradikale Äußerungen nicht sofort zurückweist, unterstützt die falsche Seite.

Ausländer im Knast

Geheimcode Sprache

In der JVA Werl sitzen Häftlinge aus über vierzig Nationen ein, rund sechzig Prozent davon sind dem Pass nach deutsche Staatsbürger. Hier treffen die unterschiedlichsten Ethnien auf engstem Raum gezwungenermaßen aufeinander und können sich, anders als draußen, nicht so leicht aus dem Weg gehen; Angehörige verschiedener Religionen, Menschen mit verschiedener Hautfarbe. Und das birgt enormes Konfliktpotenzial.

In jeder Haftanstalt gibt es unter den Gefangenen Ausländerhass und Rassismus, die manchmal offen, manchmal nur verdeckt zutage treten. Die Varianten, wer von wem ausgegrenzt und abgelehnt wird, sind dabei so vielfältig wie die Häftlinge, die hier ihre Strafe abbrummen. Türken gegen Russen, schwarz gegen weiß, Araber gegen Deutsche, Serben gegen Kroaten. Während des Balkankriegs mussten wir beinahe von einem Tag auf den anderen lernen, dass es eben nicht nur Jugoslawen, sondern ein buntes Völkergemisch aus Kroaten, Serben, Montenegrinern und Bosniern gibt, deren jahrzehntelang unterdrückte Aversion gegeneinander nun offen ausbrach. Alle, die wir bis dahin unter dem Sammelbegriff »Jugoslawen« geführt und häufig auch zusammengelegt hatten, mussten plötzlich getrennt werden, weil sie damit drohten, aufeinander loszugehen. Wer aus Briefen oder durch das Fernsehen von den Massakern und den Massenvergewaltigungen an seiner Volksgruppe erfuhr, entwickelte Hassgefühle gegen seinen Mitgefangenen, mit dem er bis dahin eigentlich problemlos ausgekommen war.

Nicht nur im Zusammenhang mit dem Jugoslawien-Konflikt, sondern ganz allgemein gilt: Angehörige einer bestimmten Ethnie neigen zu Gruppenbildung. Wer die gleiche Sprache spricht, die gleiche Hautfarbe hat oder der gleichen Religion angehört, tut sich zusammen. Eine Gruppe bietet Schutz, sie stiftet Identität und gibt dem Häftling ein Gefühl von Solidarität. Diese Gruppen formieren sich meistens lose, gelegentlich bilden sich nach außen hermetisch abgeriegelte Systeme. Und das kann im schlimmsten Fall dazu führen, dass wir an die betreffenden Häftlinge nur noch ganz schlecht herankommen. Die Gruppe wird zum Bollwerk gegen andere Insassen, vor allem aber gegenüber Vollzugsbeamten, denen man mit offener Ablehnung und Misstrauen begegnet.

Dabei spielt die Sprache eine entscheidende Rolle. Russen, Vietnamesen, Chinesen oder Araber, die in ihrer Muttersprache kommunizieren, können sich sicher sein, dass sie von sonst keinem verstanden werden. Sie benötigen keine Geheimcodes mehr, um ihre subkulturellen Geschäfte und Kontakte zu verbergen. Das gilt insbesondere für die Briefe, die sie schreiben, und auch für die, die sie erhalten. Die übliche Kontrolle der Eingangs- und Ausgangspost ist hier fast unmöglich, da die Kosten für eine Übersetzung der Schreiben viel zu hoch wären. Ein arabischer Dealer kann daher auf diesem Weg Aufträge nach draußen geben, ohne dass wir das verhindern können. Wir bekommen es in den meisten Fällen schlichtweg nicht mit. Zwar finden Stichproben statt, zu systematischen Kontrollen kommt es aber nur, wenn konkrete Verdachtsmomente diesen Aufwand rechtfertigen. Und so kann jede Gruppe relativ ungestört ihre Geschäfte organisieren – innerhalb des Knastes und über die Mauern hinweg.

Wo Sprachbarrieren im direkten Umgang auftreten, bitten

wir Gefangene um Unterstützung, die neben Deutsch die Sprache des betreffenden ausländischen Häftlings beherrschen. Das praktiziere ich auch so in meinen Sprechstunden. Allerdings kann man sich gut vorstellen, wie umständlich und zeitaufwendig solche Gespräche sind, in denen ich einem Patienten komplexe medizinische Sachverhalte erläutern muss. Nur bei behördlichen Maßnahmen ist immer ein Dolmetscher anwesend.

Um die Sprachprobleme im Knastalltag besser in den Griff zu bekommen, setzen wir im allgemeinen Vollzugsdienst immer häufiger Mitarbeiter mit Migrationshintergrund ein. Kollegen, die neben Deutsch zum Beispiel auch Russisch oder Türkisch sprechen. Dabei tun sich wiederum neue Schwierigkeiten auf. Einem nur Deutsch sprechenden Vollzugsbeamten kann es schon mal sauer aufstoßen, dass sein Kollege mit den Inhaftierten kommunizieren kann und er nicht. Ein der russischen Sprache mächtiger Beamter kann sich im Gegenzug überfordert fühlen, wenn ihm alle Gespräche mit russischen Häftlingen aufs Auge gedrückt werden. Und es gibt den einen oder anderen Beamten, dem von seinen Kollegen mangelnde Distanz unterstellt wird, nur weil er sich mit einem Insassen in dessen Muttersprache unterhalten kann. Aber ich denke, je öfter es gelingt, zweisprachige Mitarbeiter für den Vollzug zu gewinnen, desto schneller werden sich diese Probleme in Luft auflösen.

Abgeschoben

Die Resozialisierung ausländischer Häftlinge gestaltet sich ebenfalls nicht einfach. Hier stellen sich viele Fragen: Können wir sie überhaupt resozialisieren? Bei wem scheint das Bemühen aussichtsreich? Was machen wir mit denen, die abgeschoben werden? Sollten wir sie für ihre Heimatländer resozialisieren?

Viele ausländische Häftlinge sind nie ausreichend integriert, sondern in einer Parallelgesellschaft sozialisiert worden: Sie sind nicht oder schlecht ausgebildet, die wenigsten hatten vor ihrer Verhaftung einen Job. Sie bewegten sich in einem Umfeld, das von Perspektivlosigkeit und Ausgrenzung geprägt war. Kriminalität erschien ihnen als der einzige Weg, der Erfolg versprach. Nach Verbüßung der Haft haben sie es noch schwerer: Sie sind doppelt stigmatisiert und rutschen so fast zwangsläufig erneut in die Kriminalität ab. Die Hoffnungen, sie könnten von unseren resozialisierenden Maßnahmen profitieren, erfüllen sich leider nur selten.

Grundsätzlich sind Ausländer nicht krimineller als Deutsche, auch wenn das immer wieder gerne behauptet wird. Sie leben allerdings oft unter besonders schwierigen Bedingungen und haben weniger Chancen. Und wer ständig mit den Attributen unserer Wohlstandsgesellschaft konfrontiert ist und keine Möglichkeit mehr sieht, auf legalem Weg daran teilzuhaben, gerät schnell in einen Teufelskreis.

Die Möglichkeiten gegenzusteuern sind begrenzt. Mit Knast allein lässt sich das Problem sicher nicht bewältigen. Als naheliegendste Lösung erscheint daher vielen, mehrfach straffällig gewordene Ausländer einfach abzuschieben. Hauptsache, sie sind weg und richten wenigstens hier keinen Schaden mehr an! Was sie später in ihren Heimatländern treiben, interessiert uns nicht. Eine Haltung, die sich längst verselbständigt hat.

Im Gefängnis erlebe ich regelmäßig Situationen, die mich am Sinn meiner Tätigkeit zweifeln lassen. Soll ich die Behandlung eines HIV-positiven Patienten aus Afrika beginnen, der möglicherweise bei nächster Gelegenheit abgeschoben wird? Der Patient wird in seinem Heimatland nicht mehr weiterbehandelt werden können, entweder weil die entsprechenden

Medikamente fehlen oder weil er sie nicht bezahlen kann. Hier mit einer Behandlung zu beginnen, wäre also ein ärztlicher Kunstfehler. Ich würde dem Patienten nicht nur nicht richtig helfen, sondern ihm damit möglicherweise sogar schaden. Führt doch jede Unterbrechung der Medikamenteneinnahme zur Ausbildung von Resistenzen. Und Patienten mit Hightech-Prothesen auszustatten, die im Heimatland nicht gewartet oder repariert werden können und deshalb in absehbarer Zeit auf dem Müll landen, erscheint mir fast zynisch.

Der Knast ist ein Spiegelbild der Gesellschaft. Seit Jahrzehnten stellen uns der Zuzug von Menschen aus prekären Verhältnissen und politischen Krisengebieten, die Migranten und die Öffnung der Grenzen innerhalb Europas und nach Osten hin vor immer neue Probleme. Über neue Einwanderungsgesetze, die Einführung einer Doppelstaatsbürgerschaft, bessere Integrationsmaßnahmen, die Wiedereinführung von Grenzkontrollen, härtere Bestrafung von kriminellen Ausländern und insbesondere von ausländischen Jugendlichen, konsequente Abschiebung in die Heimatländer, die Strafverbüßung im Herkunftsland und so weiter – über all diese Maßnahmen wird viel diskutiert, aber wirkliche Lösungen sind nicht in Sicht. Große Teile der Bevölkerung fühlen sich der derzeitigen Situation daher nach wie vor ohnmächtig ausgeliefert. Der Justiz, den Strafverfolgungsbehörden und dem Strafvollzug geht es ähnlich. Wir laborieren daran herum wie ein Arzt, der weiß, dass er die Krankheit nicht heilen, sondern nur ihre Symptome lindern kann. Innen- und justizpolitische Vorschläge können nur Stückwerk sein, solange ein gemeinsames europäisches Konzept dafür fehlt. Leitlinien für ein europäisches Einwanderungsgesetz und wenigstens Regelungen für die Strafverbüßung in europäischen Herkunftsländern sind meiner Ansicht nach längst überfällig. Warum können Türken, Polen, Letten und selbst Holländer ihre Strafen, zu denen sie bei uns verurteilt wurden, nicht zu Hause verbüßen? Das setzt ein europaweit gültiges Strafgesetz und gemeinsame Richtlinien für den Strafvollzug voraus. Die aber fehlen bislang. Was im Moment passiert, ist Nabelschau mit Scheuklappen statt Weitblick. Während noch darüber gestritten wird, wie man eine Kerze richtig ausbläst, brennt bereits der Baum.

Kindersoldat

Kurz vor Anbruch der Dämmerung drang durch die Gänge der Haftanstalt ein markerschütternder Schrei. Er war so penetrant, dass einige Häftlinge aus dem Schlaf aufschreckten. Einer der diensthabenden Beamten sagte später, dass sich der gellende Ton wie das Gejaule eines Hundes angehört habe. Es dauerte ein paar Sekunden, bis er erkannte, dass sich offenbar ein Inhaftierter in großer Not befand.

In der Zelle, aus der der Schrei kam, waren zwei Häftlinge untergebracht, einer von ihnen ein Schwarzafrikaner. Das enge Zimmer war sparsam möbliert: neben dem Stockbett ein Holztisch mit zwei Stühlen, auf dem schmalen Wandregal ein eingeschalteter Fernsehapparat, auf dem der Shoppingsender QVC lief, vor dem vergitterten Fenster zwei Blumentöpfe mit vertrockneten Pflanzen. Im Zimmer roch es nach Putzmitteln und Urin. Der Vorhang zur Toilette war zurückgeschoben.

Als die Vollzugsbeamten die Zelle betraten, sahen sie einen Mann ausgestreckt auf dem Boden liegen, von Krämpfen geschüttelt. Sein Mund zuckte, Speichel vermischt mit Blut rann aus den Mundwinkeln, die Augen waren weit aufgerissen und starr. Einer der Beamten, der Erste Hilfe leisten wollte, erhielt einen Schlag mitten ins Gesicht. Nach wenigen Minuten war der

Anfall vorbei. Jetzt wirkte der auf beiden Oberarmen tätowierte Häftling benommen und verwirrt. Auf die Ansprache der Beamten antwortete er nur schleppend.

Als ich dazukam, hatten die Beamten ihn bereits aufs Bett gelegt. Ich gab ihm ein Beruhigungsmittel und bat einen der Bediensteten, bei ihm zu bleiben. Alles Weitere würden die nächsten medizinischen Untersuchungen ergeben.

Für viel mehr blieb erst mal keine Zeit, denn es gab noch ein weiteres Problem zu lösen: Sein Zellennachbar, ein kleinwüchsiger, schmächtiger Afrikaner in Unterhose und T-Shirt kauerte auf dem Flur, die Arme fest um den Kopf geschlungen und den Oberkörper rhythmisch vor- und zurückwiegend. Vollzugsbeamte redeten ihm gut zu. Er reagierte nicht. Als sie ihn mit größerem, körperlichem Nachdruck in die Zelle zurückbringen wollten, versuchte er, einem der Beamten in die Hand zu beißen. Dann deutete er auf den im Bett liegenden Mithäftling und fing wieder an zu schreien. Schließlich brachten wir den Mann in die Beruhigungszelle. Auf dem Weg dorthin stammelte er Sätze in einer uns fremden Sprache.

Zu Anfang lag der Verdacht nahe, die beiden Gefangenen könnten gemeinsam auf ihrer Zelle Drogen konsumiert oder Tabletten geschluckt haben. Dass beide gleichzeitig so völlig von der Rolle waren, sprach jedenfalls dafür. Drogenabhängige im Knast schlucken so ziemlich alles, was irgendwie breit macht, auch Psychopharmaka, die sie sich von Mitgefangenen besorgen, die diese gegen Depressionen oder Psychosen verschrieben bekommen, aber nicht immer regelmäßig einnehmen. Medikamente, die bei einem Gesunden, der sie missbräuchlich einnimmt, die gleichen Symptome hervorrufen, zu epileptischen Anfällen, Verwirrtheits- und Angstzuständen führen können.

In den nächsten Stunden suchte ich den Afrikaner wiederholt auf. Mittlerweile hatte er sich beruhigt. Aus den wenigen verständlichen Sätzen, mit denen er sich mir mitteilte, entnahm ich, dass er der Überzeugung war, Augenzeuge eines Voodoo-Zaubers geworden zu sein. Der Anblick des Epileptikers hatte ihn offenbar so verstört, dass er sich nur langsam davon erholte. Als er sich stabilisierte, verlegten wir ihn in eine Einzelzelle. Dennoch blieb er weiterhin auffällig. Er klagte über Schlafstörungen und berichtete von Geistern, die ihn auf der Zelle aufsuchten und mit ihm sprachen. Da sich sein Zustand zunehmend verschlechterte, wies ich ihn in die psychiatrische Abteilung des Justizkrankenhauses ein.

Nach vier Wochen kam er in deutlich besserer Verfassung zurück. Nach wie vor konnte ich mir nicht vorstellen, dass ihn nur das Erlebnis mit dem Epileptiker in so eine existentielle Not gebracht hatte. Ich vermutete mehr dahinter. Aber der Patient blieb mir gegenüber weiterhin misstrauisch und verschwiegen. Eines Tages fragte er mich in der Sprechstunde: »Waren Sie beim Militär?« Als ich das bejahte, bat er mich um ein Gespräch unter vier Augen. Und das, was er mir damals erzählte, habe ich bis heute nicht vergessen.

»Sie müssen sich vorstellen, Militär in Afrika ist etwas ganz anderes als in Europa. Bei euch wird mit modernen Waffen und über große Distanz gekämpft. Bei uns gibt es nur den Nahkampf. Wir kämpfen mit Kalaschnikows, Messern und Macheten. Das ist etwas ganz anderes.« Und nach einigem Zögern fuhr er fort: »Ich möchte mit Ihnen über Erlebnisse reden, über die ich noch nie mit jemandem gesprochen habe. Aber ich habe Angst davor, dass ich dabei ausraste oder dass ich das nicht überlebe.«

Er war in einem Dorf in Liberia aufgewachsen, zusammen mit fünf Geschwistern, seinen Eltern und seinen Großeltern. Er war ein guter Schüler, wollte später an der Universität Medizin studieren und Kinderarzt werden. Das war sein Traum: als Arzt in einem modernen Krankenhaus arbeiten und einen weißen Kittel tragen – »so wie Sie«, sagte er und schaute mich dabei fast bewundernd an. Dann aber sei alles ganz anders gekommen.

Im Land tobte der Bürgerkrieg. Eines Tages erschienen schwerbewaffnete Rebellen im Dorf. Vor seinen Augen erschossen sie seinen Vater, dann verschwanden sie mit seiner Mutter in einer Hütte. Anschließend verließen sie mit ihm das Dorf. Seine Familie hat er seither nie wiedergesehen. Er erinnerte sich in immer wieder stockenden Sätzen, wie er mit ansehen musste, wie ein Mädchen aus dem Nachbardorf neben ihm bestialisch massakriert wurde. Er selbst wurde gezwungen, in der Mittagssonne so lange auf spitzen Bambusspießen zu stehen, bis er vor Schmerzen ohnmächtig wurde. Zum Beweis zeigte er mir seine vernarbten Wunden an den Fußsohlen. Auch auf andere bestialische Weise habe man ihn gefoltert. Die höllischen Schmerzen waren kaum zu ertragen gewesen, und an den Verletzungen wäre er fast verblutet.

Die Rebellen ließen nichts aus, um ihn gefügig zu machen. Er war noch ein Kind, hatte niemanden, der ihn beschützte, seine Eltern waren tot, er war seinen Peinigern völlig ausgeliefert. Ihm blieb nichts anderes übrig, als sich in sein Schicksal zu fügen. Eines Tages sagten sie zu ihm, er sei ab sofort Soldat. Da war er elf Jahre alt.

Etwa 20 000 Kinder zwischen zehn und achtzehn Jahren haben während des blutigen Bürgerkriegs von 1989 bis 1997 in Liberia gekämpft. Wie er waren sie aus ihren Elternhäusern entführt, mit Folter oder Drogen gefügig gemacht und dann zum Kampf gegen die eigenen Landsleute dressiert worden.

Er wurde ein guter Soldat in einem Krieg, dessen Grausamkeit kaum zu beschreiben ist. Sie gingen in die Dörfer, um Frauen und Kinder zu töten, schlitzten Schwangeren die Bäuche auf und schlugen Kindern die Arme ab. Wer von seinen Kameraden versuchte zu desertieren, wurde nach furchtbaren Misshandlungen erschossen. Das blutige Gemetzel des Krieges sollte er niemals vergessen.

Irgendwann gelang es ihm, dieser Hölle zu entfliehen, und er versteckte sich im Hafen von Monrovia. Auf der Suche nach etwas Essbarem lief er zufällig einer jungen Frau über den Weg, die ihn aus der Rebellenarmee kannte. Er hatte Angst davor, dass sie ihn verraten würde. Kurzerhand brachte er sie um. Genauso wie man es ihm beigebracht hatte, mit einem schnellen Schnitt durch die Kehle. Im Todeskampf lag sie zuckend vor seinen Füßen, bis es endlich vorbei war.

Wenige Tage später half ihm ein französischer Entwicklungshelfer, ohne Papiere auf einem Frachtschiff anzuheuern. Während der langen Fahrt nach Marseille lebte er in ständiger Angst, dass die Mannschaft ihn einfach packen und über die Reling werfen könnte. In Frankreich angekommen, tauchte er in der Illegalität ab, arbeitete auf Baustellen und in Garküchen, bis man ihn erwischte und in Abschiebehaft nahm. Ihm gelang die Flucht über die grüne Grenze nach Deutschland.

In Köln meldete er sich schließlich bei der Ausländerbehörde und bat um Asyl. Man gab ihm Geld und eine Unterkunft. Während sein Antrag auf Aufenthaltserlaubnis lief, durfte er keine Arbeit annehmen. Er brauchte Geld. Beziehungen zu verschiedenen Frauen waren nur kurz, er konnte keine Nähe zulassen.

Schon im Asylantenheim hatten ihm die Mitbewohner gesagt, dass legal kein Geld zu verdienen sei. Deshalb schloss er sich ein paar Nigerianern an, für die er auf der Straße die Drogen verkaufte. Das brachte ihn schließlich hinter Gitter.

All das, was er längst verdrängt zu haben glaubte, holte ihn mit einem Schlag wieder ein, als er den epileptisch zuckenden Mithäftling vor sich auf dem Boden liegen sah. Plötzlich war es wieder da, das Bild von der sterbenden Kindersoldatin, die er in einer Seitenstraße von Monrovia umgebracht hatte, und all das Schreckliche, was er zuvor gesehen hatte.

Während der Mann mir seine Geschichte erzählte, konnte er nicht eine Sekunde stillsitzen. Er lief die ganze Zeit weinend, zitternd und nach Worten ringend im Büro auf und ab. Der Wahnsinn war, dass ihm die Abschiebung drohte, weil das Ausländeramt felsenfest davon überzeugt war, er stamme aus Nigeria und habe seine Geschichte bloß erfunden. Lange hat er dagegen angekämpft. Schließlich wurde er doch abgeschoben. Beweise dafür, dass seine Geschichte der Wahrheit entsprach, konnte er nicht liefern. Ausweispapiere aus Liberia zu beschaffen schien aussichtslos. Da interessieren sich die Behörden nicht für einen Schwarzen, der Jahre zuvor das Land verlassen hat. Einwohnermeldeämter gibt es nicht, die öffentliche Verwaltung ist korrupt.

Die Geschichte des Kindersoldaten zeigt exemplarisch, welche extrem unterschiedlichen Welten in deutschen Gefängnissen unvermittelt aufeinanderstoßen. Und auch wie überfordert wir bisweilen sind – nicht nur die Ärzte und die Bediensteten im Gefängnis, sondern auch die Polizei, die Ausländerbehörden und Gerichte. Natürlich können wir nicht alle seelischen Verletzungen, die diese Menschen erlitten haben, adäquat behandeln. Viele erzählen ihre Geschichten erst gar nicht, weil sie fürchten, dass ihr Gegenüber sie noch weniger verkraftet als sie selbst. Dann lieber nur den kleinkriminellen Dealer geben. Wie soll man auch Sympathie für jemanden aufbringen, der sich als monströse Killermaschine outet und Taten beichtet, die jede Phantasie sprengen. Eigentlich wollen wir auch nichts von alledem wissen, um leichter unsere Vorurteile pflegen zu können.

Viele haben in den vergangenen Jahren vor mir gesessen und Ähnliches berichtet. Junge Männer, die Furchtbares gesehen, selbst erlebt oder selbst getan hatten. Entwurzelte Kriegsopfer, versehrt an Körper und Seele. Aus Afrika, Iran, Irak und Libanon, vom Balkan, Exsoldaten der russischen Armee, die in Tschetschenien oder anderswo eingesetzt waren. Die Drogen nehmen, um die Bilder ihrer Erinnerung auszuhalten. Männer, die an der Hölle in ihren Köpfen langsam verbrennen.

Angst

Telefonterror

Ich werde immer wieder gefragt, ob es Situationen gab, in denen ich Angst empfunden habe. Gott sei Dank ist mir das in den letzten fünfundzwanzig Jahren nur ganz selten passiert. Außerdem ist Angst eine Emotion, die man sich im Knast nicht allzu lange erlauben darf. Wer Angst vor den Inhaftierten, vor Übergriffen oder anderen Formen von Gewalt entwickelt, läuft Gefahr, erstens gesundheitlichen Schaden zu nehmen und zweitens seinen Beruf nicht mehr mit der gebotenen Sorgfalt und Konsequenz ausführen zu können.

Bedienstete oder Mitarbeiter, die dauerhaft Ängste entwickeln, verlieren ihre Durchsetzungsfähigkeit und gehen daher den Auseinandersetzungen mit den Gefangenen aus dem Weg. Sie erkranken häufiger, haben längere Fehlzeiten und fühlen sich dem täglichen Druck nicht mehr gewachsen. »Angst essen Seele auf«, wie das Fassbinder so treffend in seinem Film *Alle Türken heißen Ali* formuliert hat. Meinen Erfahrungen nach haben dennoch viele Mitarbeiter gerade des allgemeinen Vollzugsdienstes Angst vor Übergriffen durch Gefangene, wobei die Zahl solcher Übergriffe in den letzten Jahren de facto nicht zugenommen hat. Gleichwohl machen entsprechende Berichte schnell die Runde. Es dauert oft nur wenige Minuten, bis die Nachricht von einer Attacke auf einen Beamten telefonisch in andere Haftanstalten gemeldet wird.

Es folgen teils heftige Diskussionen unter den Mitarbeitern, und die Art und Intensität der Gespräche zeigen mir immer wieder, dass ein solcher Vorfall bei vielen Angestellten ein tiefes Gefühl der Sorge um das eigene Wohl auslöst.

Es hilft, wenn man das Gespräch mit Kollegen sucht, um sich dieses Gefühl von der Seele zu reden. Und: Man ist im Knast gut beraten, ein hohes Maß an Aufmerksamkeit und Wachsamkeit, an Vorsicht und Umsicht, vor allem aber auch an Respekt walten zu lassen. Nur ein professioneller Umgang mit den Gefangenen schützt vor Übergriffen.

Natürlich sind auch mir genügend Situationen bekannt, in denen Gewaltstraftäter versucht haben, sich durch massive Drohungen gegenüber Bediensteten, Richtern oder selbst gegenüber ihren Anwälten Vorteile oder auch nur Gehör zu verschaffen. So erinnere ich den Fall eines Inhaftierten, der während der gesamten Haftzeit mehrmals gedroht hatte, er werde nach seiner Entlassung als Erstes den Richter, der seine Verurteilung »verschuldet« habe, aufsuchen und umbringen. Da er dieses Szenario bis zum Schluss immer wieder entwarf und ausschmückte, wurde der Richter nach der Entlassung des Häftlings tagelang rund um die Uhr bewacht. Der Bewährungshelfer musste Bericht ablegen, der Wagen des Entlassenen wurde observiert. So lange, bis man davon ausgehen konnte, dass keine Gefahr mehr bestand. Eine Garantie gibt es allerdings nicht, das Restrisiko bleibt und damit manchmal auch die Angst.

Manche Gefangene gefallen sich darin, den Bediensteten gegenüber Drohungen auszustoßen wie zum Beispiel: »Ich weiß, wo du wohnst, ich weiß, du hast Frau und Kind, die werde ich mir packen und mich so an dir rächen.« Man kann sich leicht ausmalen, was dieses Horrorszenario in dem Betreffenden auslöst. Ich kann das sehr gut nachempfinden, denn ich habe einmal eine ähnliche Erfahrung gemacht. Abends klingelte das Telefon bei mir zu Hause, und eine mir unbekannte

Person zischte in den Hörer: »Du hast einen von unseren Kumpels auf dem Gewissen! Das, was wir mit dir und deiner Familie machen werden, dagegen war Euskirchen nichts. Wir wissen, wo du wohnst, und wir werden dich holen.« Mit diesen Worten legte er wieder auf.

So ein anonymer Anruf ist das Fieseste und Mieseste, was einem passieren kann. Ich kramte fieberhaft in meinem Gedächtnis, versuchte mich zu erinnern, ob in den letzten Wochen oder Monaten einer meiner Patienten gestorben war. Oder hatte es mit einem bereits entlassenen Patienten besonders heftige Auseinandersetzungen gegeben? Nichts, mir fiel beim besten Willen nichts ein. Trotzdem war ich beunruhigt, nicht zuletzt wegen des Verweises auf Euskirchen. Natürlich war mir lebhaft im Gedächtnis, dass im März 1994 in einem Gericht in Euskirchen ein 39-Jähriger einen Sprengsatz gezündet hatte, um sich an seiner ehemaligen Freundin zu rächen. Die hatte ihn wegen Körperverletzung vor Gericht gebracht. Kurz nachdem das Gericht einen Einspruch abgelehnt hatte, zog der Angeklagte eine Pistole, schoss um sich und zündete den Sprengsatz. Sieben Personen kamen ums Leben, weitere acht wurden zum Teil schwer verletzt, der Gerichtssaal wurde durch die Detonation verwüstet.

Der Fall hatte eine intensive Debatte über die Sicherheit in deutschen Gerichten nach sich gezogen, in der Folge kam es zu einer technischen Aufrüstung. In den meisten Gerichten, die vor allem über schwerere Verbrechen zu entscheiden haben, wurden Sicherheitsschleusen installiert. Dass es dennoch keinen lückenlosen Schutz vor Amokläufen gibt, zeigte zuletzt der tödliche Zwischenfall in Dachau im Januar 2012, bei dem der Staatsanwalt erschossen wurde. Der Täter war wegen Unterschlagung zu einer Bewährungsstrafe verurteilt worden. Sicherheitsschleusen oder Personenkontrollen gab es keine, da in Dachau nur minder schwere Fälle verhandelt werden.

Nach zwei Tagen des Grübelns entschied ich mich damals, die Anstaltsleitung über den Telefonanruf zu informieren. Man gab mir zu verstehen, dass Drohungen gegen Bedienstete und auch gegen Ärzte durchaus nichts Ungewöhnliches seien, es aber nur in ganz, ganz seltenen Fällen wirklich zu einer Ausführung der angedrohten Tat komme.

Das war ein schwacher Trost für mich. Ich sorgte mich schließlich weniger um mich selbst als um meine Frau und meine Tochter. Sie war damals gerade sechs Jahre alt, und der Gedanke, dass man ihr oder meiner Frau etwas antun könnte, war so ziemlich das Schlimmste, was ich mir vorzustellen vermochte.

Ich musste davon ausgehen, dass der Telefonanruf nicht aus dem Knast, sondern von einem Mittäter draußen kam. Im Gefängnis fühlte ich mich sicher, ich wusste ja, dass mich erfahrene und umsichtige Justizvollzugsbeamte und Krankenpfleger umgaben. Hier ist das Risiko kalkulierbar. Aber wenn ich morgens das Haus verließ, beschlich mich immer wieder ein mulmiges Gefühl. Dieses Gefühl verstärkte sich, weil in den folgenden Wochen weiterhin spät nachts das Telefon klingelte. Wenn meine Frau abnahm, wurde am anderen Ende sofort aufgelegt; wenn ich an den Apparat ging, bekam ich die immer gleich lautenden Morddrohungen zu hören.

Nach einer Weile wandte ich mich an die Polizei. Man entschied, eine Überwachung meines Hauses vorzunehmen. In unregelmäßigen Abständen fuhr eine Streife vor, rollte langsam durch die Straße und hielt Ausschau nach verdächtigen Personen. Ohne Ergebnis. Nach drei Monaten wurde die Observierung eingestellt. Ich konnte nicht mehr tun, außer mir eine Geheimnummer zuzulegen und mit meiner Familie für vier Wochen in den Urlaub zu fahren. Den Gedanken, mir eine Waffe zu besorgen, verwarf ich wieder.

Einige Zeit nach unserer Rückkehr aus dem Urlaub endete

der Telefonterror genauso abrupt, wie er angefangen hatte. Gleichwohl löste auch in den Wochen danach jedes Telefonklingeln einen schnelleren Pulsschlag aus, ich stand weiter unter Anspannung. Und die ließ erst nach, nachdem wir eine neue Bleibe gefunden hatten. Tatsächlich habe ich in dieser Zeit mit meiner Frau darüber gesprochen, ob es nicht besser wäre, wenn ich den Job im Gefängnis an den Nagel hängen würde.

Am Ende führten die Gespräche mit Kollegen, die Ähnliches erlebt hatten, dazu, dass sich meine Ängste wieder legten. Und mein unbedingter Wille, mich von nichts und niemandem in Angst und Panik versetzen zu lassen, setzte sich durch. Diese Situation hat mir auch klargemacht: Wenn ich mit einer konkreten Gefahr rechne, macht mir das weniger Angst, weil ich mich dagegen schützen kann. Wenn ich aber nicht weiß, was mir droht, dann ist das wirklich ein Scheißgefühl.

Supervision

Jeder, der im Knast arbeitet, ist großen psychischen Belastungen ausgesetzt. Außerhalb des Gefängnisses gibt es kaum Menschen, mit denen man sich darüber austauschen kann. Und die Kollegen, die den gleichen Erfahrungshorizont haben, können sich oft nur schwer von ihrem eigenen Film lösen. Deshalb gab es in der Vergangenheit wiederholt Bestrebungen, eine regelmäßige Supervision für Mitarbeiter anzubieten.

Als ich anfing, als Arzt im Knast zu arbeiten, habe ich ziemlich naiv die Belastung verkannt, die ein Job hinter Gittern mit sich bringt. Heute weiß ich: Wenn man über Jahre hinweg mit schwierigen Tätern und ihren entsetzlichen Taten konfrontiert ist, bekommt man die Bilder und Gesichter nicht mehr aus dem Kopf. Deshalb ist es meiner Überzeugung nach notwendig, dass sich das Personal – Vollzugsbedienstete, Ärzte und Krankenschwestern – regelmäßigen Supervisionen unterzieht. Hier haben wir die Gelegenheit, mit Psychologen oder anderen Fachleuten Gespräche über unsere Emotionen zu führen, hier können wir uns öffnen, ohne dass uns dies als Schwäche ausgelegt wird. Es muss einen geschützten Raum geben, in dem man über das Entsetzen, die Abscheu und über die Schwierigkeiten im Umgang mit den Tätern sprechen kann. Anderenfalls gleitet man leicht in Zynismus und Sarkasmus ab oder verliert seine Empathiefähigkeit. Oder gelangt irgendwann an den Punkt, nur noch alles hinschmeißen zu wollen. Dienstunfähigkeit als letzter Weg raus aus dem Knast. Das ist selbst schon sehr engagierten Kollegen passiert.

So weit sollte man es aber gar nicht erst kommen lassen. Ich habe in den letzten Jahren viele junge Beamte und Pfleger erlebt, die mit großem Engagement und Interesse im Gefängnis angefangen haben. Die Arbeit hat sie nach wenigen Jahren verändert. Die anfängliche Offenheit gegenüber den Gefangenen war verloren gegangen – auch aus Selbstschutz –, sie interessierten sich kaum mehr für die Entwicklung der Häftlinge, urteilten sie pauschal ab oder machten komplett dicht. Irgendwann kam der Punkt, an dem sich ihre Gedanken und Gespräche nur noch um die eigenen Befindlichkeiten drehten. Wer aber erst mal das Gefühl hat, alleingelassen zu werden, brennt schneller aus.

Vor allem die Beamten, die die Täter über viele Jahre »vor der Brust haben«, brauchen Unterstützung durch fachkundige Supervision – mehr noch als Ärzte oder Juristen, die im Alltag viel weniger mit den Häftlingen zu tun haben. In anderen Anstalten für psychisch kranke Rechtsbrecher ist das längst gang und gäbe.

Die Kindsmörderin

Sie kollabierte frühmorgens bei der Arbeit hinter dem Tresen der Bäckerei. Bei der Untersuchung im Krankenhaus stellten die Ärzte schnell fest, dass sie am Tag zuvor ein Kind geboren hatte. Doch die junge Patientin gab auf konkrete Nachfragen keine Antwort. Sie wirkte apathisch und schwieg eisern.

Es dauerte eine Weile, bis man das tote Neugeborene, in blutige Handtücher gewickelt, im Kofferraum ihres Autos fand. Auch die Spuren in ihrer Wohnung gaben eindeutig Rückschlüsse auf die Geschehnisse. Sie hatte ihr Kind allein zur Welt gebracht. Die Geburt war nicht leicht. Sie hatte sich über Stunden hingezogen. Als das Kind schließlich da war, hatte sie unterlassen, was nötig gewesen wäre, um das Neugeborene am Leben zu halten. Völlig kopflos sei sie gewesen, gestand sie später. Die bloße Existenz dieses Kindes habe sie als Bedrohung empfunden.

Irgendwann habe sie ihr totes Kind auf den Arm genommen, habe die Wohnung verlassen und sei dann mit dem Leichnam ziellos durch die Gegend gefahren. Schließlich war sie zur Arbeit in der Bäckerei erschienen, als könne man einfach zur Tagesordnung übergehen. Als ginge das Leben einfach so weiter wie bisher. Sie hoffte, dass ihre Scheinwelt funktionieren würde. Doch dann brachte der Ohnmachtsanfall die Wahrheit ans Licht.

Ich war fassungslos, als die Patientin im Justizkrankenhaus eingeliefert wurde. Dass eine Mutter fähig ist, ihr Kind umzubringen, konnte und wollte ich nicht begreifen. Ich war gerade Vater geworden, meine Tochter war zu jenem Zeitpunkt noch keine drei Wochen alt.

Den Krankenschwestern erging es ähnlich. Unter ihnen gab es junge Mütter; zwei Frauen waren schwanger und eine wünschte sich seit Jahren ein Kind. Keiner von uns konnte diese unglaubliche Tat nachvollziehen. Wie ihr Verhalten juristisch zu bewerten war, hatten später die Richter zu entscheiden. Jetzt lag sie hier und war nur noch die »Kindsmörderin«. Niemand wollte mit ihr etwas zu tun haben. Vielleicht war sie ja verrückt. Auf jeden Fall konnte sie nicht ganz klar im Kopf sein. Gut, dass man sie eingesperrt hatte, aber musste sie ausgerechnet bei uns landen?

Mich kostete es große Kraft, sie meine Abneigung nicht spüren zu lassen. Beim Aufnahmegespräch und bei der folgenden ärztlichen Untersuchung vermied ich es, nach Beweggründen für ihre Tat zu fragen. Erst einmal konzentrierte ich mich ausschließlich aufs Medizinische. Neben schwerem Blutverlust und einem Dammriss stellte ich fest, dass die Frau suizidgefährdet war, was ihre Unterbringung erschwerte: Sie durfte auf keinen Fall allein sein.

Da sie tagelang das Gesprächsthema auf der Station war, dauerte es nicht lange, bis auch die Mitpatientinnen wussten, was mit ihr los war. Zwei der Frauen verlangten daraufhin, auf der Stelle entlassen zu werden. Die Neue würde es nicht nur auf der Krankenstation, sondern später auch im Knast sehr schwer haben. Sie bekam die Ablehnung von Anfang an massiv zu spüren, wirkte verängstigt und zog sich zurück. Selbst die Krankenpflegerinnen nahm sie nur sehr zurückhaltend in Anspruch. Als wir ihr sagten, dass sie einen Anwalt konsultieren könne, schüttelte sie nur stumm den Kopf. Sie wirkte auf mich wie ein waidwundes Tier.

Als einmal ihre Mutter zu Besuch kam, beobachtete ich die beiden zufällig. Das war keine liebevolle Begegnung. Sie saßen sich wie zwei Fremde gegenüber. Die Mutter zeigte keinerlei Mitgefühl, sondern machte nur bittere Vorwürfe. Warum hast du mir nichts über die Schwangerschaft erzählt? Warum hast du das gemacht? Weißt du, dass die ganze Stadt über uns spricht? Selbst im Radio haben sie deine Geschichte gebracht. Erwarte bloß nicht, dass dein Vater dich besuchen kommt!

Erst Monate später erfuhr ich von ihr, wie es zu der folgenschweren Tat gekommen war. Die junge Frau hatte auf einer

Weihnachtsfeier einen Mann kennengelernt und sich auf ein Liebesabenteuer eingelassen. Sie kannte nicht einmal seinen vollen Namen. Von der Schwangerschaft erzählte sie niemandem, insbesondere nicht ihrer Mutter. Die junge Frau kam aus einem streng katholischen Elternhaus, Sex vor der Ehe war ein Tabu, und ein uneheliches Kind hätten ihre Eltern als Schande empfunden.

Für eine Abtreibung fehlte ihr der Mut. Bis zum dritten Monat verdrängte sie alles. Als ihr Körper sich veränderte und sie Angst bekam, dass sich die Schwangerschaft nicht länger verbergen ließ, kam sie auf die Idee, sich wie ein Vieh zu mästen und ihren immer runder werdenden Körper in immer weiteren Kleidern zu verbergen. Sie aß alles, was sie zwischen die Finger bekam, und nahm so viel zu, dass ihre Mutter sie eines Tages aufforderte, ihre Völlerei gefälligst sein zu lassen. Derartig unförmig und vollgefressen würde sie niemals einen Mann finden!

Die junge Frau futterte weiter. Bald passten ihr nur noch XXL-Klamotten. Die Arbeit im Bäckerladen kam ihr sehr gelegen, denn sie konnte sich schon vom frühen Morgen an mit Nussecken und Sahneteilchen vollstopfen. Schließlich hatte sie selbst fast vergessen, dass in ihrem Bauch ein Kind heranwuchs. Bis plötzlich die ersten Wehen einsetzten – während sie die Backbleche reinigte.

Es war ihr erstes Kind, und sie hatte sich nie mit dem Thema Geburt und Entbindung beschäftigt. Mit ihrer Mutter wagte sie nicht zu reden. Sie hatte keine Ahnung, was sie erwartete, und wusste auch nichts von Komplikationen. Sie war einzig und allein darauf fixiert, dass keiner etwas mitbekam.

Als die Geburtswehen einsetzten, flüchtete sie allein in ihre Wohnung, ließ die Rollläden herunter und legte sich auf den Boden. Als sie mir ihr Martyrium schilderte, habe ich meine Meinung über diese Frau geändert. Ich hatte nur noch Mitleid. Die junge Frau machte sich Vorwürfe. Nachdem sie körperlich genesen war, wurde sie in eine psychiatrische Klinik eingewiesen.

Jahre später sollte ich ihr wiederbegegnen. Ich war auf dem

Weg durch die Fußgängerzone einer Großstadt, als mich eine Frau grüßte und einlud, mit ihr einen Kaffee zu trinken. Es dauerte einen Moment, bis ich sie wiedererkannte, denn sie hatte sich verändert. Sie sah sehr gut aus, wirkte nachdenklich, aber auch glücklich und zufrieden. Sie erzählte mir, dass sie verheiratet sei, einen kleinen Sohn habe und ein weiteres Kind erwarte. Die Jahre im Gefängnis und in der Psychiatrie seien schwer für sie gewesen, aber sie habe einen Mann gefunden, der sie liebe und um ihre Vergangenheit wisse.

Ich gestand ihr, wie sehr mich ihr Fall belastet hatte. Tatsächlich tat ich mich damals noch schwer damit, Täter losgelöst von ihrer Tat zu betrachten. Die Erfahrung mit ihr aber hat mich gelehrt, wie wichtig es ist, Patienten unvoreingenommen gegenüberzutreten und Gefühle wie Abscheu und Entsetzen zu verdrängen. Ein Patient muss die Chance haben, sich mir anvertrauen zu können.

Wechselwirkungen

Wer im Knast arbeitet, hat täglich einen Spagat hinzulegen. Zwischen der gebotenen Distanz und dem Maß an Nähe, das nötig ist, um aktiv und im Sinne des Behandlungsauftrages an einer Resozialisierung des Häftlings mitzuwirken. Täter reden sowieso nicht gerne über sich und über ihre Verbrechen. Deshalb müssen wir verhindern, dass sich Betreuer auch noch abschotten.

Oft bin ich gefragt worden, wie ich es als Vater einer Tochter aushalte, einen Kinderschänder oder einen Vergewaltiger zu behandeln. Ihn nicht auf seine Tat zu reduzieren, sondern als Menschen zu sehen, der ein Recht auf Würde hat. Mir mag es als Arzt leichterfallen, das zu trennen. Ich betrachte einen Gefangenen, der zu mir in die Praxis kommt, in erster Linie als Patienten, nicht als Verbrecher. Die Konzentration auf das rein Medizinische schützt mich in gewisser Weise. Das ist in einigen Fällen auch sicher nötig. Es darf aber nicht passieren, dass der Patient den Eindruck bekommt, dass ich mich nur für sein geschwollenes Knie interessiere und für sonst nichts.

Jeder, der im Knast arbeitet, sollte sich über seine Haltung im Klaren sein. Er muss seine Abwehrreaktionen, die eigene Frustrationstoleranz und die Mechanismen kennen, die diese nach oben oder unten verschieben. Das erleichtert die Arbeit im Umgang mit den Häftlingen, mehr noch: Das ist häufig die einzige Möglichkeit, an sie ranzukommen. Jedes Gespräch zählt, egal, wer es führt. Deshalb ist es von großem Vorteil, dass verschiedene Berufsgruppen mit einem Häftling zu tun haben und man sich nicht allein mit »seinen« Häftlingen auseinandersetzen muss. Aber dennoch ist jeder mit seinem Beitrag verantwortlich für das Ganze, nämlich für die Resozialisierung des Täters. Das ist unser Job. Man kann sich nicht einfach herausreden, nach dem Motto: »Gespräche mit Ihnen zu führen, das ist nicht meine Aufgabe, so was macht hier der Psychologe oder Sozialarbeiter.«

Hinzu kommt, dass es für einen Psychologen oder externen Gutachter gar nicht möglich ist, die Entwicklung der Häftlinge im Alltag zu beobachten. Er sieht sie nicht bei der Arbeit, nicht beim Sport, nicht während der Freizeit. Er ist auf die Erkenntnisse anderer angewiesen. Auf den Sportbeamten, der ihm sagen kann, wie gut sich der Gewalttäter beim gemeinsamen Fußballspiel beherrscht oder nicht. Auf den Werkdienstbeamten, der ihm berichten kann, wie motiviert ein Häftling arbeitet. Auf den Arzt, der ihm mitteilen kann, ob ein Häftling immer noch Drogen nimmt. Jeder liefert wichtige Informationen. Sie alle sind entscheidende Puzzleteile für die Beurteilung der Gesamtentwicklung, die ein Häftling im Knast durchläuft.

So jedenfalls sollte es sein. Aber in der Realität hakt es leider immer noch. Mehrere Untersuchungen in deutschen Gefängnissen aus den letzten Jahren ergaben, dass Bedienstete häufig über mangelnde Zusammenarbeit, geringe Wertschätzung ihrer Beobachtungen und schlechten Informationsfluss von oben nach unten klagen. Das muss sich ändern.

Erfahrungsgemäß machen viele Häftlinge während ihrer Haftzeit Phasen durch, in denen sie offen sind für psychotherapeutische Angebote. Dafür gibt es nach meiner Ansicht ohnehin nur bestimmte Zeitfenster: Nach der Festnahme ist jeder Delinquent zunächst einmal damit beschäftigt, die U-Haft zu überstehen. In dieser ersten Phase dominierten vor allem die Verleugnung und die Bagatellisierung der Tat, der Neuhäftling ergeht sich in Schuldzuweisungen an andere und verkennt den eigenen aktiven Part. Begünstigt wird diese Haltung dadurch, dass der U-Häftling sich auf die bevorstehende Gerichtsverhandlung vorbereiten muss. Aus seiner Sicht geht es darum, mit Hilfe seines Anwalts die eigene Schuld zu minimieren, sich möglichst positiv darzustellen. Nach der Verurteilung folgt die Orientierungsphase. Der Gefangene muss erst einmal lernen, seinen Knastalltag zu organisieren. Er sucht den angenehmsten Job, die passenden Sportgruppen, die Unterbringung auf der geeignetsten Abteilung. Das kann sich hinziehen, manchmal über Jahre. Geduld ist gefragt.

Erst wenn dieser Abschnitt abgeschlossen ist, öffnet sich ein »therapeutisches Fenster«: Jetzt kann man mit dem Inhaftierten über seine Tat sprechen und ihn fachkundig begleiten. Wenn diese Gelegenheit nicht wahrgenommen wird, ist eine wichtige Chance, auf den Häftling einzuwirken, vertan. Der Täter wird weiter an seiner Legende stricken. Je länger man wartet, desto schwieriger wird's.

Heutzutage finden die Sitzungen mit den Psychologen bei den meisten Häftlingen nur punktuell statt, manche Häftlinge wie Einbrecher, Drogenabhängige oder Betrüger bekommen erst gar keine systematischen Gesprächsangebote. Und Gutachter treten prinzipiell nur auf den Plan, wenn sich die Frage nach einer vorzeitigen Entlassung oder der Verlegung in den offenen Vollzug beziehungsweise eine sozialtherapeutische Einrichtung stellt, aber nicht, wenn es um die Frage der Behandlungsbedürftigkeit oder der Therapiefähigkeit eines Häftlings geht.

Das Wegsperren allein reicht in den wenigsten Fällen aus, um bei einem Täter dauerhafte Einsicht und eine nachhaltige Verhaltensänderung herbeizuführen. Um die Zeit, die er in Haft verbringt, konsequent nutzen zu können, braucht es mehr Personal und mehr Geld. Die Zahl der sozialtherapeutischen Behandlungsplätze ist in den meisten Bundesländern viel zu knapp berechnet. Solange die Situation so ist, wie sie ist, bleibt die Rolle der Justizvollzugsbeamten umso wichtiger.

Recht haben und Recht bekommen

Anwälte

Als Anwalt genießt man eine Sonderstellung. Wer einen seiner Mandanten im Knast besucht, hat Privilegien und einen Vertrauensvorschuss, den andere Besucher nicht haben. Ein Anwalt ist ein Organ der Rechtspflege und wird nur grob gefilzt. Anwälte müssen ihre Handys abgeben, ihren Geldbeutel und ihre Ausweispapiere. Einen Laptop können sie mitnehmen, wenn sie unterschreiben, das Internet nicht zu nutzen. Tonband- oder Diktiergeräte müssen hingegen draußen bleiben. Wie auf dem Flughafen müssen Anwälte einen Detektionsrahmen passieren, der anschlägt, wenn ein metallischer Gegenstand – etwa eine Waffe – am Körper oder im Köfferchen mitgeführt wird. Die Akten und andere schriftliche Dokumente wie Briefe, die sie mitbringen, dürfen nicht gelesen werden. Auch Gespräche, die der Anwalt mit seinem Mandanten führt, werden nicht mitgehört, sondern sind immer vertraulich.

Um diese Sonderstellung wissen natürlich auch die Inhaftierten. Über seinen Anwalt kann man theoretisch Informationen nach draußen schicken, die man auf andere Art nicht gefahrlos versenden könnte. Etwa Nachrichten an andere Tatbeteiligte, die nicht in derselben Anstalt einsitzen. Es ist bekannt, dass dieser Weg auch immer wieder beschritten wird. Einer meiner Patienten sagte einmal zu mir: »Na, hören Sie mal! Ich schicke doch keine Informationen weiter, indem ich mir einen Kassiber in den Hintern stecke. Das sind Methoden aus dem Mittelalter. Nein, ich schicke einfach ein Schreiben an meinen Anwalt und lege einen verschlossenen und frankierten Brief an meinen Kumpel bei. Den leitet er dann weiter – und das macht er auch noch freiwillig.«

Damit man das versteht, muss man Folgendes wissen: Anwaltspost darf grundsätzlich nicht kontrolliert und gelesen werden. Weder die Schreiben, die nach draußen gehen, noch die, die in den Knast geschickt werden. Die Anwälte, die für die einsitzenden Häftlinge tätig sind, werden auf einer Liste erfasst. Eingangs- und Ausgangspost wird mit dieser Liste abgeglichen; wenn der Adressat eingetragen ist, geht die Post ungeöffnet raus. In der Anwaltskanzlei angekommen, kann Folgendes passieren: Die Kanzleikraft öffnet das Schreiben des Insassen X an die Kanzlei, findet darin einen verschlossenen und frankierten Brief, der an Jörg Mustermann in der JVA Münster adressiert ist, versieht ihn mit dem Adressstempel der Kanzlei – und schon gilt das Schreiben in der JVA Münster als Anwaltspost, wenn die Kanzlei ebenfalls in der Anwaltsliste von Jörg Mustermann eingetragen ist. Ohne dass sich also der Knacki den Kassiber »selbst in den Hintern geschoben hat«, werden auf ganz offiziellem Wege zweifelhafte Informationen weitergegeben. Natürlich sollte das nicht so sein. Kein Anwalt darf die Post eines Knackis weiterleiten. Eigentlich muss er sie an den Absender zurückschicken. In den allermeisten Fällen geschieht das auch.

Die Platzhirsche haben es ohnehin nicht nötig, sich für solche krummen Touren einspannen zu lassen. Sie haben weitgehend eine prominente Klientel und verdienen nicht schlecht daran. Um die besten Anwälte zu bekommen, braucht man das nötige Kleingeld. Und wer keinen guten Anwalt hat und keine Presse, der sitzt häufig etwas länger.

Das Gros der Anwälte, das sich mit namenlosen Tätern herumschlagen muss, steht weder im Rampenlicht noch quillt dessen Konto über. Das mag ein Grund dafür sein, dass man in der Zeitung immer mal wieder von Fällen liest, in denen Anwälte legitimierte Pfade verlassen haben.

Der Satz, vor dem Gesetz sind alle gleich, trifft nur bedingt zu. Gelegentlich gibt es Situationen, in denen man einem mittellosen Insassen wünschen würde, dass ein prominenter Anwalt sich seiner Sache annähme. Vielleicht könnte sein Einsatz einem alkoholabhängigen Obdachlosen, der wegen Ruhestörung zu einer Geldstrafe von zweihundert Euro oder ersatzweise zu zehn Tagen Haft verurteilt wurde, die Hölle des Entzugs und die Gefahr eines Delirs ersparen.

Anwälte erlangen mediale Aufmerksamkeit über die Prominenz ihrer Mandanten. Das haben sie schon lange erkannt. Das ist eine Entwicklung, die in den siebziger Jahren zu Zeiten der RAF begann und heute ihre Blütezeit erlebt. Ein RAF-Anwalt ist sogar später Innenminister geworden.

Hungerstreik

In den siebziger und achtziger Jahren wurde die Politik in die Gefängnisse hineingetragen. Nach dem Vorbild der irischen Terrororganisation IRA wollte die RAF über medienwirksam inszenierte Hungerstreiks der inhaftierten Terroristen Hafterleichterungen und die Zusammenlegung von Gefangenen erzwingen.

In der Öffentlichkeit wurde heftig darüber diskutiert, wie man mit den Hungerstreikenden umgehen kann. Sollte man ihren erklärten Willen übergehen und sie zwangsernähren? War die Isolationshaft so unmenschlich, dass die Terroristen den Hungertod vorzogen? War der Hungerstreik vor allem Ausdruck der kompromisslosen, menschenverachtenden RAF-Ideologie, die den Tod ihrer eigenen Mitglieder in Kauf nahm, um ihre Ziele zu erreichen?

Die Fronten zwischen CDU/CSU-geführten und SPD-regierten Ländern, aber auch zwischen Intellektuellen, Künstlern, Kirchenleuten und Rechtspolitikern waren verhärtet. Zwischen dem Staat, den die RAF seit Beginn der siebziger Jahre bekämpft hatte, und seinen inhaftierten Gegnern kam kein Dialog zustande. Die Verbitterung auf beiden Seiten war groß. Einige RAF-Häftlinge verbreiteten die widersinnige Behauptung, die Bundesanwaltschaft propagiere die Ermordung aller politischen Gefangenen in Deutschland. Für die Vertreter von Politik und Justiz waren die Hungerstreiks dagegen ein unmenschlicher Akt, weil die Häftlinge durch den Druck ihrer Genossen genötigt wurden, ihr Leben aufs Spiel zu setzen.

1989 waren nach einer Umfrage des INFAS-Instituts 47 Prozent der Bundesbürger dafür, die RAF-Häftlinge im Hungerstreik sterben zu lassen. Es gab auch zahlreiche Mediziner, die die Zwangsernährung von bewusstlosen Häftlingen aus ethisch-moralischen Gründen ablehnten. Sie wollten den makabren Kreislauf Hungerstreik – Koma – Zwangsernährung nicht aufrechterhalten. Dazu zählten neben mir auch die meisten meiner im Vollzug tätigen Kollegen.

In allen Justizvollzugsanstalten, in denen RAF-Häftlinge einsaßen, lebte man in der nicht ganz unberechtigten Sorge, dass die streikwilligen Häftlinge an die Grenze zwischen Leben und Tod geraten könnten und man eine Entscheidung für oder gegen Zwangsernährung treffen müsste. Man befürchtete auch, dass der Hungertod eines Häftlings – ähnlich wie der Tod des von der RAF als Märtyrer verehrten Holger Meins 1974 – die terroristische Szene erneut beleben könnte.

Auch ich kam unmittelbar mit dem Hungerstreik der RAF in Berührung. Im Herbst 1988, als ich noch Assistenzarzt in einem

Justizkrankenhaus war, wurde eine RAF-Terroristin, die sich seit mehreren Wochen im Hungerstreik befand, auf meine Station eingewiesen. Wir brachten die geschwächte Frau mit einer anderen Patientin zusammen in einem Zweibettzimmer unter. Wie andere RAF-Häftlinge, die in verschiedenen Justizvollzugsanstalten ihre Strafe meist in Einzelhaft absaßen, hatte die Frau eine Zwangsernährung mit der Begründung abgelehnt, es handele sich um eine »brutale faschistische Foltermethode«.

Mir fiel sofort auf, dass sich diese Patientin als etwas Besonderes, als Teil einer kämpfenden Elite oder Avantgarde betrachtete. Sie war intelligent, konnte gut argumentieren und strategisch denken. Und sie schien bereit, ihr Leben für ihre Überzeugungen aufzugeben. Wir wussten nicht, wie die Sache für uns ausgehen würde.

Ich betrachte es heute als großes Glück, dass wir die angedrohten Zwangsmaßnahmen am Ende nicht anwenden mussten. Vielleicht hatte unsere Methode, mit den Häftlingen ins Gespräch zu kommen, einen gewissen Erfolg. Wir waren jung, fast im gleichen Alter wie die Inhaftierten und konnten neben geläuterten linken Gefühlen und medizinischem Sachverstand auch ein bisschen Lebenserfahrung vorweisen. Trotzdem hatten wir überhaupt keine Ahnung, wie lange man einen solchen Hungerstreik durchhalten könnte, zumal sich die Frau wie andere bei uns inhaftierte RAF-Patientinnen bisher hartnäckig geweigert hatte, sich von uns untersuchen zu lassen. Das brachte uns in eine heikle Lage, weil wir uns kein Bild vom Gesundheitszustand der Gefangenen machen konnten und auf pure Vermutungen angewiesen waren. Die eingelieferte Terroristin konnte jederzeit ins Koma fallen. Deshalb versuchten wir uns so gut wie möglich auf den Augenschein zu verlassen, um zumindest eine ungefähre Diagnose zu treffen.

Gab es Symptome einer akuten Unterernährung? Hatte die Patientin Schwierigkeiten, ihre Körperbewegungen zu koordinieren? War ihr Zustand schon akut lebensbedrohlich? Das waren die entscheidenden Fragen, auf die wir keine klaren Antworten hatten. Natürlich haben wir der Patientin regelmäßig Mahlzeiten angeboten. Das Essen wurde niemals angerührt.

Deshalb wuchs die Sorge, dass die Patientin vor unseren Augen wegsterben könnte, mit jedem Tag des Hungerstreiks. Wir suchten händeringend nach irgendeiner Möglichkeit, sie zum Essen zu bewegen. In unserer Verzweiflung verfielen wir auf die unmöglichsten Ideen. Wir spendierten der ganzen Station leckere Tortenstücke in der Hoffnung, dass die Hungernde vielleicht beim Anblick einer Kuchen essenden und Sahne schleckenden Mitpatientin doch schwach werden würde. Aber auch der Versuch funktionierte nicht. Unserer verbissenen Kämpferin für die Weltrevolution lief beim Anblick der gutbürgerlichen Köstlichkeiten weder das Wasser im Mund zusammen, noch waren sonst irgendwelche Zeichen einer bevorstehenden Kapitulation zu erkennen. Von Aufgeben keine Spur.

Erst als die Justizminister der Länder endlich die immer wieder geforderte Kompromissbereitschaft in Sachen Hafterleichterung und Zusammenlegung signalisierten, brach die Patientin ihren Hungerstreik ab. Wir waren sehr erleichtert. Ob diese neue Haltung in der Politik das Ergebnis der Hungerstreiks war oder ob generell ein Umdenken stattgefunden hat, kann ich nicht beurteilen.

Im Rückblick muss man sagen, dass sich durch die große Verweigerungsaktion der RAF-Gefangenen vieles in den Haftanstalten geändert hat. Die verbesserten Haftbedingungen gelten inzwischen für alle Gefängnisinsassen. Die Forderungen der inhaftierten Terroristen unterschieden sich damals ja kaum von denen Zehntausender anderer Gefangener: Sie wollten mehr Fernsehen, weniger Zensur und die Möglichkeit, in eine andere Zelle oder ein anderes Gefängnis verlegt zu werden.

Um es kurz zu sagen: Ihre Forderungen waren oft durchaus

berechtigt. Doch die »normalen« Gefangenen hatten keine Möglichkeit, sich Gehör zu verschaffen. Gefangene haben keine Lobby, und die Öffentlichkeit interessiert sich im Grunde nicht für die Zustände in deutschen Gefängnissen.

Anders sah es bei den Hungerstreikenden aus dem RAF-Umfeld aus. Sie wurden von prominenten Anwälten vertreten, und in ihren Forderungen nach besseren Haftbedingungen wurden sie von zahlreichen deutschen Intellektuellen und einem gar nicht so kleinen Teil der Bevölkerung unterstützt, bis weit in die achtziger Jahre hinein. Viele RAF-Terroristen konnten sich brillant artikulieren und wussten genau, wie man öffentlichen Druck erzeugt.

Viele, die im Knast arbeiteten, erwarteten von der aufgeflammten Diskussion um eine Reform des Strafvollzuges ganz praktische Dinge, die das Leben der Gefangenen erleichtern sollten: den Erwerb von Zeitungen, das Recht, täglich Zugang zu Nachrichten in Rundfunk und Fernsehen zu haben, außerdem eine kritische Auseinandersetzung mit der Frage, welche Folgen Isolationshaft für Gefangene hat und welchen Zweck sie verfolgt. Die öffentliche Debatte vor allem über die letzte Frage war überfällig und ist erst durch den Hungerstreik der RAF-Häftlinge angestoßen worden. Wenn man es paradox und überspitzt formulieren wollte, könnte man sagen: Wenn der RAF überhaupt irgendetwas Substantielles zu verdanken ist, dann sind es die ganz konkreten Veränderungen der Haftbedingungen. Wenn überhaupt, ist das ihr einziges Verdienst.

Für jemanden wie mich, der in den siebziger Jahren Agitprop-Theater gemacht hat und zeitweilig dem Sozialismus einiges abgewinnen konnte, war der direkte Kontakt mit RAF-Protagonisten eine zwiespältige Erfahrung. Wie viele andere hatte ich mich über die Ungerechtigkeit und Ausbeutung in der Dritten Welt empört. Die anfänglichen Ziele der RAF wurden von einem Teil meiner Generation geteilt. Wir protestierten gegen die konservative Springer-Presse und gingen auf die Straße, um gegen die Notstandsgesetzgebung zu demonstrieren, die für uns die Vorstufe auf dem Weg in eine Diktatur war. Aber als dann der Arbeitgeberpräsident Hanns Martin Schleyer erschossen wurde und überall das ominöse Wort von der »klammheimlichen Freude« die Runde machte, kam es bei mir zu einem grundsätzlichen Bruch mit den Positionen der RAF. Ich war nicht nur entsetzt über die Morde an Schleyer, Jürgen Ponto und Siegfried Buback, sondern auch über die Morde an den Polizisten, Hausmeistern und Fahrern, die ihr Leben lassen mussten. Über diese unbekannten Opfer wurde selten gesprochen.

Und nun begegnete ich als Gefängnisarzt mehreren Vertretern der zweiten RAF-Generation, darunter vor allem Frauen. Diese Frauen erlebte ich als viel kompromissloser und konsequenter als alle Männer, die ich bisher im Knast betreut hatte. Es scheint so, als würden Frauen, die sich dem politischen Kampf verschreiben, mit einer besonderen Härte und Radikalität ans Werk gehen.

Da steht man dann plötzlich im weißen Kittel einem Menschen gegenüber, der ursprünglich vielleicht ähnliche politische Ansichten hatte wie man selbst, aber irgendwann eine ganz andere, radikale Weichenstellung für sein weiteres Leben vorgenommen hat. Der für sich entschieden hat, dass es sich nicht lohnt, sich an diesem System abzuarbeiten, sondern der dieses System mit Gewalt zerstören will. Der nur ein Entweder-Oder kannte und den bewaffneten Kampf als einzige Alternative.

Die persönlichen Begegnungen mit den Terroristen der RAF bestärkten mich in meiner früheren Entscheidung, für diese Leute keinerlei Sympathie zu empfinden. Ihre verquaste Sprache hatte mich immer schon gestört. Ihre Arroganz stieß mich ab. Diese elitären Bürgerkinder fühlten sich in ihrer Mehrheit stets als etwas Besonderes, als eine Art intellektuelle Avantgarde. Auch noch als Gefangene ließen sie andere ihre angebliche Überlegenheit spüren. Dass sie gebildet waren und meist aus gutbürgerlichen Elternhäusern stammten, haben sie den anderen Häftlingen fast ständig gezeigt. Das führte dazu, dass sie weder bei den »einfachen« Mitgefangenen noch bei den Beamten des Vollzuges gelitten waren – was nicht einer gewissen Ironie entbehrte. Denn rein von ihrer Ideologie her betrachtet, suchte die RAF ja den Kontakt zur revolutionsbereiten Arbeiterschaft. In der Praxis sah das anders aus.

Nach meiner Überzeugung wäre es viel sinnvoller gewesen, wenn man sie als Kriminelle in den normalen Strafvollzug gesteckt hätte. Die RAF-Terroristen stammten – und das darf man nicht vergessen – aus einer Bevölkerungsschicht, die kaum zehn Prozent der Straffälligen in einer deutschen Haftanstalt stellt. Sie waren eine fast exotisch anmutende Klientel von Straffälligen in unseren Gefängnissen. Unter ihnen befanden sich die Söhne und Töchter von Geistlichen sowie der radikalisierte Nachwuchs von prominenten Intellektuellen und deutschen Wissenschaftlern. Jetzt saßen sie im Knast, den sie bisher nur aus dem Fernsehen oder vom Hörensagen kannten. Sie waren mit Vertretern der unteren Schichten zusammen, mit denen sie früher kein Wort gewechselt hätten. Auf ihrem Weg in die angeblich verheißungsvolle Revolution waren sie plötzlich in eine Gegenwelt geraten, die nur brutal und abstoßend war.

Ein direktes Aufeinandertreffen dieser beiden Welten wäre für die RAF-Häftlinge damals ein »Realitätsschock« gewesen, der vielleicht bei einigen von ihnen zum Umdenken geführt hätte. Aber ein Normalvollzug war in den achtziger Jahren für sie ausgeschlossen, weil sie nach offizieller Lesart politisch begründete Taten begangen hatten. Die Politik räumte ihnen einen Stellenwert ein, der über alles hinausging, was man damals als normale Kriminalität bezeichnete. Sie selbst inszenierten sich immer wieder als politische Gefangene. Ob das ihren Taten gerecht wurde, bleibt dahingestellt.

Als die Sympathiewelle für die RAF allmählich abgeebbt war, hatte auch die Privilegierung der meist zu Höchststrafen verurteilten Terroristen in deutschen Haftanstalten ein Ende. Mit einem Mal wurden sie wie alle anderen behandelt, eben wie normale Knackis, denen man den Rat gab, dass sie sich nicht so wichtigtuerisch aufspielen sollten. Nichts kann im besten Sinne demokratischer sein als ein deutsches Gefängnis. Das haben die RAF-Terroristen dann schließlich auch zu spüren bekommen. Und diejenigen, die über ihre damaligen Taten und die Hintermänner immer noch schweigen, sollten mit diesem Staat endlich ihren Frieden machen.

Fluchten

Restrisiko

Der Freiheitsdrang eines Gefangenen stößt in unserer Gesetzgebung gewissermaßen auf Nachsicht – die Flucht an sich wird nicht bestraft. Nur wer dabei Gewalt anwendet, also Geiseln nimmt oder Menschen verletzt, erfährt die volle Härte des Gesetzes. Wer dagegen lediglich sein Zellengitter aufsägt, den erwartet eine Anzeige wegen Sachbeschädigung.

Kurz bevor ich in Werl anfing, gelang es einem Häftling, ohne jede Gewaltanwendung abzuhauen. Dabei hatte er nur noch etwa acht Monate Knast vor sich. Über mehrere Wochen und ohne dass es bei den Kontrollen aufgefallen wäre, hatte er das Eisengitter vor dem Fenster seiner Zelle mit einem Frühstücksmesser angesägt und so präpariert, dass es nur noch eines Handgriffs bedurfte, um es aus dem Fensterrahmen zu drücken. Damals war das noch möglich, heute sind die Gitter aus Manganstahl gefertigt. Eines Morgens ist er dann in aller Herrgottsfrühe durch das Fenster in den Hof geklettert. Keine allzu schwere Übung, die Zelle lag im Erdgeschoss. Dass um diese Uhrzeit bereits ein Lieferwagen im Hof stand, der Brotwaren aus der Anstaltsbäckerei abholte, wusste er, da er selbst eine Zeitlang in dieser gearbeitet hatte. Er rechnete damit, dass der Lieferwagen vor dem Passieren der Pforte zu dieser frühen Zeit nicht ganz so gründlich kontrolliert würde. Dafür gab es durchaus berechtigte Gründe: Um diese Uhrzeit waren die Gefangenen noch sicher in ihren Zellen eingeschlossen, und die, die Brot backten, konnten die Backstube nicht ohne Begleitung eines Beamten verlassen.

Der Häftling hatte sich im Vorfeld Gurte aus Handtüchern und Bettwäsche gebastelt, mit denen er sich unter den Lieferwagen hängte und so tatsächlich unbemerkt vom Knastgelände verschwinden konnte. Es hat zwei oder drei Jahre gedauert, bis man ihn eher zufällig wieder schnappte. Die Bediensteten im Gefängnis haben die Sache damals relativ sportlich genommen; niemand war zu Schaden gekommen, der Häftling galt als ungefährlich und seine Flucht hatte er clever eingefädelt, wie selbst die Presse fast anerkennend feststellte. Selbstverständlich wurde im Knast anschließend nachgerüstet. Jede Entweichung und jeder Fluchtversuch führen dazu, dass die Sicherheitsvorkehrungen weiter perfektioniert werden. Es ist ein bisschen so wie bei der Geschichte mit dem Hasen und dem Igel. Heute fährt jeder Wagen, der die Pforte passiert, über eine Grube und wird mit Kameras und von mehreren Beamten gründlich kontrolliert.

In der Schreinerei einer anderen Anstalt hat sich einmal ein Gefangener in ein Möbelstück einpacken und sich so, genial versteckt, hinausschmuggeln lassen. Dafür braucht man allerdings Helfer, die Gefahr laufen, bestraft zu werden, wenn die Sache auffliegt. Heute ist auch eine solche Flucht nicht mehr so leicht möglich. Neben anderen Vorkehrungen gibt es inzwischen an allen Schleusen Herzschlagdetektoren: Jeder Lieferwagen wird gescannt, und wenn man einen Herzschlag registriert, der da nicht hingehört, wird der ganze Wagen auseinandergenommen.

Die meisten Ausbrüche gehen allerdings nicht ganz so glimpflich über die Bühne ... Immer mal wieder müssen Häftlinge ausgeführt werden: wegen Gerichtsterminen, Vorstellungen in medizinischen Spezialpraxen, eines Besuchs der kranken Mutter oder einer Beerdigung. Wird die Ausführung bewilligt oder angeordnet, verlässt der Häftling in Begleitung von mindestens zwei bewaffneten Beamten den Knast. In vielen Fällen werden dem Häftling Hand- und Fußfesseln angelegt, die er auch während des Gehens anbehalten muss und die nur abgenommen werden, wenn es zwingend erforderlich ist. Selbt bei einigen medizinischen Untersuchungen werden die Fesseln nicht automatisch gelöst; hier arbeitet man dann schon mal mit Plastikfesseln. Das sind alles Sicherheitsmaßnahmen, die Fluchtversuche bereits im Keim ersticken sollen. Aber die Gefahr, dass es einen Befreiungsversuch durch Dritte geben kann, ist damit nicht gebannt.

Sie waren gerade auf der Rückfahrt von einer Beerdigung. An einer Ampel ist es dann passiert. Alles ging rasend schnell: Ein Wagen quetschte sich neben den Gefangenentransporter, drei maskierte Männer sprangen aus dem PKW und bedrohten die Begleiter des Häftlings mit Waffen. »Macht die Tür auf! Keine falsche Bewegung oder wir legen euch um.« Zwei der Maskierten drängten sich auf den Rücksitz und zwangen den Fahrer, dem PKW zu folgen, mit dem der dritte Maskierte vorausfuhr. Die Beamten hatten keine Chance. In einem abgelegenen Waldstück wurden sie entwaffnet, gefesselt und neben ihrem Transporter zurückgelassen. Dank des Einsatzes von Hunderten von Spezialkräften und Hubschraubern mit Wärmebildkameras konnten der Häftling und seine drei Komplizen allerdings wenige Stunden später gefasst werden.

Ausführungen aus dem Knast sind nach wie vor ein Schwachpunkt. Innen rüsten wir derweil weiter nach, noch mehr Stacheldraht, noch mehr Kameras, Fassadendetektoren, Mauerkronensicherung, Überwachungselektronik, Spezialstahl, Feinvergitterung – alles, was geht. Jede denkbare Lücke wird geschlossen, die Gefängnisse werden immer ausbruchssicherer. Die Kehrseite ist jedoch, dass die Gefahr von Geiselnahmen im Knast damit größer wird. Ausbruchswillige Gefangene wissen, dass dies ihre einzige Chance ist.

Genau das passierte 1992 in der JVA Werl. Zwei Schwerverbrecher hatten im Lazarett einen Zahnarzt, dessen Helferinnen und vier Beamte in ihre Gewalt gebracht, eine Million Lösegeld gefordert, freies Geleit und einen Fluchtwagen. Der Medienrummel war gewaltig. Nach dreizehn Stunden wurde einer der Täter beim Besteigen des Fluchtwagens von zwei Schüssen getroffen. Sein Komplize zündete daraufhin zwei der Geiseln an, deren Kleidung er zuvor mit Reinigungsbenzin getränkt hatte. Sie überlebten schwer verletzt. Und nicht nur die Beamten, die die Geiselnahme aus nächster Nähe erlebt hatten, blieben traumatisiert zurück. Ausgerechnet die beiden Täter, die meinen Kollegen so Furchtbares angetan hatten, Wochen später im Krankenhaus mitbehandeln zu müssen, kostete einige Überwindung.

Seit diesem Ereignis weiß jeder potentielle Geiselnehmer, dass man ihn nicht so ohne Weiteres aus dem Knast lässt und alles daransetzen wird, die Angelegenheit intern zu regeln. Es sei denn, er wird von Justizbeamten unterstützt. Aber das ist ganz selten.

Ausbrüche, Gefangenenbefreiungen und Entweichungen bringen die Verantwortlichen in Verlegenheit, erzeugen ein großes Presseecho und alarmieren die Öffentlichkeit. Deswegen werden alle Anstrengungen unternommen, sie zu verhindern. Auch wir Gefängnisärzte müssen das im Hinterkopf behalten. Hinter jeder plötzlich auftretenden Krankheit oder Verletzung könnte ein von langer Hand geplanter Fluchtversuch stecken.

Ein Patient sollte am Sprunggelenk operiert werden. Es gelang ihm, die geplante OP von Tag zu Tag mit immer wieder neuen Ausreden hinauszuzögern. Erst brauchte er Bedenkzeit, dann klagte er über Grippesymptome, schließlich hatte er Fieber. Während dieser Zeit nutzte er jeden unbeobachteten Moment und vor allem die Nacht dazu, aus den Mullbinden der Verbände, die ihm angelegt wurden, und aus langen Stoffstreifen ein Seil zu flechten. Aus seinem Krankenhausbett löste er dann einen Metallbügel, an dem er das Seil befestigte. Während einer Freistunde verließ er das Krankenzimmer. Dabei hielt er unter seinem Parka das Seil und den Metallbügel versteckt. Während des gemeinsamen Hofgangs ließ er inmitten von siebzig Häftlingen, die unauffällig ihre Runden drehten, plötzlich die Jacke fallen, überwand einen mannshohen Sicherungszaun, rannte mit Karacho auf die Mauer zu und schleuderte den Metallbügel wie einen Wurfanker darüber. Dann kletterte er an dem Seil hoch und sprang beherzt in die Freiheit. Seitdem die Mauern von innen gegen das Übersteigen gesichert worden sind, ist so eine Flucht nicht mehr möglich. Aber bei allem, was wir tun, bleibt ein Restrisiko. Hundertprozentige Sicherheit kann es nicht geben.

Das ganze Paket

Unsere erste Begegnung war kurz. Er kam mit starkem Hustenreiz in meine Sprechstunde und klagte über Schmerzen beim Atmen. Giovanni P., ein etwa fünfundvierzigjähriger Mann, groß, athletische Figur, schmales Gesicht, wache Augen, Glatze und ein bereits grau werdender, ungepflegter Schnauzbart. Trotz offenkundig starker Schmerzen strahlte er Gelassenheit aus. Ein Mann, der sich im Griff hatte und für einen Gefangenen ungewöhnlich wortgewandt war. Die Diagnose war schnell gestellt. Bronchitis. Als er das Sprechzimmer wieder verließ, wurde er auf dem Flur von zwei Vollzugsbeamten in Empfang genommen. Offenbar stand er unter besonderen Sicherungsmaßnahmen.

Einer meiner Krankenpfleger klärte mich auf: »Das ist ein alter Bekannter, ein Deutsch-Italiener, der früher schon mal hier war. Gehört zur organisierten Kriminalität und hat mindestens drei Leute umgelegt, zwei in Italien und einen in Köln. Dafür hat er lebenslang bekommen. Wenn er seine Strafe hier abgesessen hat, also frühestens in fünfzehn Jahren, wird er nach Italien ausgeliefert, und da blüht ihm noch mal lebenslang. Die Hintermänner, die damals die Morde in Auftrag gegeben haben, hat er nie genannt. Man geht davon aus, dass die ihm zu einer Flucht verhelfen könnten. Oder aber, dass sie versuchen könnten, ihn umzulegen, damit er nicht singt. Deshalb, und weil er als äußerst gefährlich gilt, sitzt er jetzt seit drei Jahren in Einzelhaft in der Hochsicherheitsabteilung.«

Monate nach unserer ersten Begegnung während der Sprechstunde fragten die Abteilungsbeamten vorsichtig an, ob ich Giovanni P. nicht auf der Zelle aufsuchen könne. Diesmal klage er über massive Probleme, er huste sich seit Tagen die Seele aus dem Leib und könne nur mit Mühe an die Zellentür treten, um seine Mahlzeiten entgegenzunehmen. Ihn zu mir zu bringen, bedeute einen erheblichen Aufwand. Und es wäre einfacher für alle, wenn ich ihn erst mal in der Zelle untersuchen könnte.

»Hausbesuche« waren früher in jeder JVA eher die Ausnahme und beschränkten sich auf Notfälle. Patienten hatten im Lazarett zu erscheinen, und wenn sie nicht fit genug waren, wurden sie von Beamten und Krankenpflegern im Rollstuhl oder mit einer Transportliege zur Behandlung gebracht. Manche Kollegen scheuten sich auch, ihre sichere Umgebung zu verlassen. Von mir wussten die Beamten, dass ich kein Problem damit hatte, »ins Hafthaus zu gehen«.

Etwa eine Stunde später klopfte ich an Giovannis Zellentür und wartete auf eine Reaktion. Der Insasse sollte wenigstens die

Gelegenheit haben, noch ein »Ja, bitte« oder ein »Augenblick noch« loszuwerden. Und sei es nur, um sich von seinem »Bello« zu erheben, sich noch den Hintern abputzen und die Hose hochziehen zu können. Oder um den »Schüttel-Comic« unters Kopfkissen zu schieben. Ich finde, so viel Zeit und Rücksichtnahme auf ein bisschen Intim- und Privatsphäre müssen sein. Auch wenn einem als Arzt an sich nichts Menschliches fremd ist.

Nach einem lauten und deutlichen »Herein« öffnete ich die Tür und betrat die Zelle. Der kleine Haftraum wirkte unaufgeräumt und leicht angeranzt. Pornographische Plakate an den Wänden, auf denen sich vollbusige Blondinen in aufreizender Pose präsentierten. Der Fernseher lief. Auf dem Tisch lagen Tabakpäckchen und Zigarettenhülsen. Der Aschenbecher quoll über. Die ganze Zelle stank nach kaltem Rauch.

Unter Schmerzen richtete Giovanni sich im Bett auf. Während ich ihn untersuchte, fragte ich ihn all das, was Ärzte eben so fragen, verordnete ihm Medikamente, die fürs Erste seine Schmerzen lindern würden, und erklärte ihm, dass ich eine ambulante Untersuchung im Haftkrankenhaus für dringend erforderlich halten würde.

»Dottore, das ist schwierig, ich muss erst mal ein paar Tage darüber nachdenken. Und außerdem krieg ich Ende der Woche Besuch. Von meinem Bruder aus Lecce. Das ist schon seit Monaten geplant und abgesegnet.« Auf meinen Hinweis, der könne ihn ja auch im Krankenhaus besuchen, sagte er: »Ich weiß nicht, das ist mir zu kompliziert, ich kenne mich da nicht aus, die Untersuchung kann warten. Die eine Woche mehr ist jetzt auch schon egal.«

Als ich die Sicherheitsinspektoren über die geplanten Verlegung unterrichtete, läuteten bei denen sofort die Alarmglocken. Der Verdacht lag nahe, dass Giovanni P. den Besuch seines Bruders nutzen könnte, um Vorbereitungen für einen Befreiungsversuch während des Transports ins Krankenhaus zu treffen. Seine Hintermänner würden nichts unversucht lassen.

Nach dem Besuch seines Bruders ließ mir Giovanni P. mitteilen, dass er jetzt bereit sei für die anstehenden Untersuchungen. Mit einem Riesenaufgebot an Sicherheitskräften und begleitet von SEK-Leuten wurde er in die fünfzehn Kilometer entfernte Klinik transportiert und drei Wochen später mit dem gleichen Aufwand wieder zurück – mit einer lebensbedrohlichen Diagnose: Giovanni P. war an Lungenkrebs erkrankt. Im frühen Stadium. Meine Fachkollegen im Krankenhaus rieten ihm daher, sich sofort behandeln zu lassen. Noch gebe es durchaus Chancen auf Heilung. Aber Giovanni P. lehnte die Behandlung im Vollzugskrankenhaus kategorisch ab.

Die Sicherheitskräfte mutmaßten, der Häftling nehme die absehbare Verschlechterung seines Gesundheitszustandes bewusst in Kauf, um so eine dauerhafte Verlegung in eine Lungenklinik zu erwirken. Die Chancen, aus einem schlecht oder nur unzureichend gesicherten Krankenzimmer – etwa auf der Krebsstation einer Universitätsklinik – fliehen zu können, sind größer als bei einem hochgesicherten Haftkrankenhaus. Und die Tatsache, dass Giovanni P. sogar den Tod in Kauf nehme, zeige, dass er bereit sei, wirklich alles auf eine Karte zu setzen.

Als Erstes wurden die Sicherheitsmaßnahmen noch weiter verstärkt und die üblichen Anweisungen getroffen: Man legte genau fest, wer zu informieren und was zu beachten sei, wenn Giovanni P. bei einer Verschlimmerung seines Gesundheitszustandes – ob tatsächlich oder nur vorgetäuscht – in ein Krankenhaus verlegt werden müsse. Das ganze Paket. So wie man es eben bei hochgefährlichen Mitgliedern der organisierten Kriminalität macht.

Ich hatte die möglichen Befreiungsszenarien im Hinterkopf, als ich Giovanni P. wieder zu mir einbestellte. Ich wollte noch einmal den Versuch machen, ihn umzustimmen. Auf mich wirkte er relativ ruhig und entspannt. Er schien fast ein wenig amüsiert über die hektische Betriebsamkeit, die er ausgelöst hatte.

»Wie geht's Ihnen, Dottore?« Als ich ihn nach einer halben Stunde verabschiedete, war mir klar, dass ich bei ihm auf Granit beißen würde. Er hatte eine Entscheidung getroffen. Und hielt daran fest. »Warum soll ich mich behandeln lassen? Nur damit ich länger im Knast bleibe? Dann löse ich doch lieber die Fahrkarte ins Jenseits.«

Einige Wochen später, sein Zustand hatte sich inzwischen weiter verschlechtert, schien er ein Einsehen zu haben und sagte mir, er sei jetzt bereit, die von mir vorgeschlagenen Spezialuntersuchungen durchführen zu lassen. Seine fünfzehnjährige Tochter habe ihn in einem Brief inständig darum gebeten, sich nicht aufzugeben. »Wir brauchen dich doch noch!«, habe sie geschrieben. Das habe zu seinem Sinneswandel geführt.

Nun wurde er wieder unter großem Sicherheitsaufwand in die nächstliegende Universitätsklinik ausgeführt. Gefesselt und von bewaffneten Sicherheitskräften begleitet kam er in der Röntgenabteilung an. Nach der Untersuchung im Computertomographen klagte er plötzlich über heftige Übelkeit und bat darum, zur Toilette gebracht zu werden. Genau darauf hatten die Beamten gewartet. Was er nicht wissen konnte, war, dass sie die Räume der Röntgenpraxis unmittelbar zuvor gründlich untersucht und dabei eine Waffe im Handtuchspender entdeckt hatten.

Was Giovanni P. am Ende mehr niedergeschmettert hat, weiß ich nicht: der gescheiterte Fluchtversuch oder die Krebsdiagnose. Er hatte zu hoch gepokert und alles verloren.

Schon wenige Wochen später war er tot.

Höchststrafen

Lebenslänglich

Die Höchststrafe für Jugendliche oder junge Erwachsene, die einen Mord begangen haben und nach Jugendstrafrecht verurteilt werden, beträgt zehn Jahre. Alle anderen Mörder bekommen lebenslang, das heißt, es kann tatsächlich sein, dass sie bis zum Ende ihres Lebens hinter Gittern bleiben. Viele meinen, eine lebenslange Haftstrafe sei nach fünfzehn Jahren zu Ende. Das ist ein weitverbreiteter Irrtum. Seit Mitte der achtziger Jahre wird bereits im Urteil eine Mindestverbüßungszeit festgelegt. Diese kann sich je nach Schwere der Schuld zwischen fünfzehn und dreißig Jahren bewegen. Selbst gute Führung ändert daran nichts. In der JVA Werl betreuen wir rund hundert Lebenslängliche. Zusammen mit den Sicherungsverwahrten sind es gut 170 Insassen, die eine zeitlich unbefristete Freiheitsstrafe verbüßen.

Bei besonders spektakulären verabscheuungswürdigen Taten von Serienmördern oder Rückfalltätern packen die Gerichte die ganz große Keule aus und verurteilen die Verbrecher zu einer lebenslangen Haftstrafe und anschließender Sicherungsverwahrung. Einmal um die Sonne und zurück, länger geht's wirklich nicht. Das Signal, das von solchen Urteilen ausgeht, ist eindeutig: »Den wollen wir nie wieder in Freiheit sehen.« Diesen Verwahrungsauftrag nimmt der Strafvollzug ernst. Kritiker reden in diesem Zusammenhang von der »trockenen Todesstrafe«. Dem Verurteilten bleibt höchstens noch die Aussicht, als Greis, hinfällig oder schwerkrank oder zum Sterben aus dem Knast entlassen zu werden.

Anders als noch vor zwanzig Jahren haben sich heute im Justizvollzug die Möglichkeiten für die medizinische und pflegerische Versorgung der Häftlinge erheblich verbessert. Es gibt eigene Justizkrankenhäuser, Pflegeabteilungen, behindertengerechte Hafträume und sogar spezielle Anstalten für ältere Gefangene, denen man die Belastungen des Normalvollzuges und das Zusammenleben mit jüngeren Mitgefangenen ersparen möchte. Seniorengefängnisse. Selbst Nierenkranke, die dreimal in der Woche zur Dialyse müssen, Krebskranke und Aidskranke im Endstadium können angemessen behandelt werden. Früher war das nicht selbstverständlich, und ich bin überzeugt, dass dies ganz sicher der richtige Weg ist. Es hat schließlich auch etwas mit Menschenwürde zu tun, einem Kranken die notwendige Versorgung zukommen zu lassen.

Während man früher einen Schwerstkranken eher entließ, weil man ihn nicht behandeln konnte, kommen Gefangene heute erst sehr viel später frei. Sie sind deutlich älter, häufig auch in einem schlechten gesundheitlichen Zustand. Im Grundgesetz ist jedoch festgelegt, dass ein zu lebenslanger Freiheitsstrafe Verurteilter noch die Aussicht haben sollte, nach seiner Entlassung ein würdiges Leben führen zu können und nicht nur eines, das von Siechtum, Krankheit und Tod gezeichnet ist.

Sich mit diesem Thema zu beschäftigen, ist meines Erachtens auch noch aus einem anderen Grund sehr wichtig. Wegen der rasanten Zunahme der Altersarmut in Deutschland. Bis vor fünfzehn Jahren begingen Männer jenseits der fünfzig weniger Straftaten und wurden seltener straffällig. Das hat sich geändert. Heute sehe ich mehr über Sechzigjährige, die nach Straftaten zum ersten oder wiederholten Mal im Knast landen. Fünfundsechzig- bis Siebzigjährige, die gemeinsam Banken überfallen haben und zu acht bis zehn Jahren Haft verurteilt wurden. Oder NS-Verbrecher, die erst in betagtem Alter vor Gericht kamen und hohe Haftstrafen erhalten haben. Greise, die den absehbaren Rest ihres Lebens im Knast verbringen müssen.

Sicherungsverwahrung – Ein Blick zurück

Seit beinahe fünfundzwanzig Jahren schon bin ich auch für Sicherungsverwahrte zuständig und habe seither sämtliche Veränderungen in diesem Bereich aus nächster Nähe mitbekommen. Die Sicherungsverwahrung, kurz SV genannt, ist eine Maßregel, die 1933 von den Nationalsozialisten als Bestandteil des »Gesetzes gegen gefährliche Gewohnheitsverbrecher« eingeführt wurde. Im Kern hat sich an ihr bis heute nichts geändert.

Sicherungsverwahrte, kurz SVer, sind Straftäter, die ihre eigentliche Strafe bereits abgesessen haben, aber wegen fortbestehender potentieller Gefährlichkeit auch weiterhin hinter Gittern bleiben müssen. Die Sicherungsverwahrung – im Knastjargon auch »Rucksack« genannt – ist also eine zusätzliche »Strafe nach der Strafe«, in die sich der Delinquent nach Verbüßung seiner Strafhaft zu fügen hat. Ihr Sinn und Zweck ist der Schutz der Allgemeinheit vor besonders gefährlichen Kriminellen, in der Regel vor Wiederholungs- und Rückfalltätern.

Die Gerichte legen bei der Verurteilung eines gefährlichen Straftäters nicht nur die Höhe des Strafmaßes fest, sondern ordnen gegebenenfalls auch die anschließende Unterbringung in einer Sicherungsverwahrung an – sofern es berechtigte Hinweise auf eine fortdauernde Gefährlichkeit des Delinquenten gibt. Bis 1998 galt die Regelung, dass die SV, wenn sie das erste

Mal verhängt wurde, nicht länger als zehn Jahre dauern durfte; erst wenn sie das zweite Mal angeordnet wurde, war sie zeitlich unbefristet. Spektakuläre Sexualstraftaten in den Jahren 1996/97, wie die Verbrechen von Marc Dutroux an Sabine Dardenne und anderen Mädchen sowie die Fälle von Nathalie und Kim, führten zu einer Verschärfung der Gesetze: Die Höchstfrist wurde nicht nur für zukünftige Urteile aufgehoben, auch rückwirkend wurde die zeitliche Begrenzung gestrichen. Ich erinnere mich noch genau, dass viele Verwahrte schon auf gepackten Koffern saßen, weil sie davon ausgingen, allerspätestens am Tag X entlassen zu werden. Doch als die Regelung gekippt wurde, hieß das für alle Sicherungsverwahrten *open end*.

Damals nahm ich an einer Tagung teil, auf der Ärzte, Vollzugsbedienstete und Psychologen über die Konsequenzen dieser Gesetzesänderung diskutierten. Wir hatten die berechtigte Befürchtung, dass die Verwahrten – ohne Perspektive auf eine Entlassung – entweder völlig resignieren oder auf die Barrikaden gehen würden. Ganz so schlimm ist es dann doch nicht gekommen, weil viele SVer aufgrund der langen Haftstrafen ohnehin so zermürbt waren, dass sie keine Kraft mehr hatten aufzubegehren.

Vier Jahre später, 2002, beschloss die rot-grüne Bundesregierung eine weitere Verschärfung: Fortan sollte es möglich sein, auch nachträglich eine Sicherungsverwahrung anzuordnen. Aber schon damals war vielen Rechtsexperten klar, dass dieses »Wegsperrgesetz« aus juristischer Sicht nicht zu halten sein würde. Jedes Mal, wenn wieder ein Kind Opfer eines schweren Sexualverbrechens wurde, das ein Täter begangen hatte, der gerade erst aus der Haft entlassen worden war, flammte die emotionsgeladene Diskussion in aller Heftigkeit von Neuem auf. Das Urteil »wegschließen – und zwar für immer«, das Bundeskanzler Gerhard Schröder damals äußerte, stieß in der Bevölkerung und den Medien auf breite Resonanz.

In den vergangenen Jahren kritisierte der Europäische Gerichtshof für Menschenrechte die deutsche Praxis der nachträglichen Sicherungsverwahrung mehrfach. Ein Dorn im Auge war die Tatsache, dass der deutsche Gesetzgeber 1998 die bis dahin geltende Regelung für die Sicherungsverwahrung, insbesondere die Höchstfrist für die erste Verwahrung, rückwirkend aufgehoben hatte. Im Anschluss daran forderte 2011 das Bundesverfassungsgericht den Gesetzgeber auf, bis spätestens Ende Mai 2013 eine neue Regelung zu finden, die allen Einwänden des Europäischen Gerichtshofs Rechnung tragen soll: Insbesondere die Sicherungsverwahrung dürfe keine Fortsetzung der Strafe sein, sondern müsse von konkreten Hilfestellungen begleitet werden. In beiden Urteilen war beanstandet worden, dass es nur unzureichende oder gar keine Bemühungen gebe, die Betroffenen zu resozialisieren. Die Sicherungsverwahrung dürfe nicht zum reinen Verwahrvollzug werden.

Genau das war die SV aber über Jahrzehnte gewesen. Als ich in der JVA anfing, gab es etwa zweihundert Sicherungsverwahrte in Deutschland, in Werl rund vierzig. Bei uns waren sie in einem eigenen kleinen Komplex untergebracht, der sinnigerweise direkt neben dem Haus lag, in dem die Jugendtäter einsaßen. Ganz so, als wolle man denen schon mal zeigen, wo sie am Ende landen könnten. Das Gebäude für die SVer strahlte eine so düstere Atmosphäre aus, dass alle nur vom »Totenhaus« sprachen. Da die Sicherungsverwahrung aber damals als Auslaufmodell galt, sah man keine Notwendigkeit, das Gebäude zu modernisieren oder gar ein neues zu bauen. Ich hatte den Eindruck: Wer hierherkam, den hatte man schon aufgegeben.

Zu meiner Überraschung gab es nicht nur Triebtäter, Mörder, Vergewaltiger und pädophile Kinderschänder in der Verwahrung, sondern auch Bankräuber, Einbrecher, Betrüger und Kriminelle mit hoher Vorstrafenbelastung. Täter also, die sich durch Haftstrafen nicht davon hatten abschrecken lassen, weiter erhebliche Straftaten zu begehen.

Sicherungsverwahrte haben automatisch einen schlechten Ruf – nicht nur bei den anderen Gefangenen, sondern auch bei den Mitarbeitern der JVA. Sie gelten als »Abseitige« – und zwar nicht nur räumlich. Im Vergleich zu den normalen Knackis genießen sie gewisse Privilegien. Ihre Zellen sind größer, die Ausstattung ist komfortabler, sie dürfen ihre Privatkleidung tragen, haben einen eigenen Fernseher auf der Zelle, selbst Aquarien und kleine Vogelvolieren sind zugelassen. Nur die Hackordnung ist ähnlich wie im Rest des Knastes. Jeder Sicherungsverwahrte bemüht sich um Abgrenzung: »Ich bin hier wegen Bankraub, ich bin Einbrecher in der dritten Generation, ich bin Betrüger. Aber ich hatte nichts mit Kindern.«

Anfang der neunziger Jahre wurde in Werl ein neues Gebäude für die SVer errichtet. Es genügt bislang den modernsten Ansprüchen – als Einziges deutschlandweit – und bietet knapp sechzig Insassen Platz. Nach dem Urteil des Bundesverfassungsgerichts aus dem Jahr 2011 hat das Land Nordrhein-Westfalen entschieden, neben der Vollzugsanstalt einen weiteren Gebäudekomplex eigens für Sicherungsverwahrte zu bauen, in dem hundertfünfzig Verwahrte untergebracht werden können. Die Zellen sollen die Größe von Appartements haben, also etwa 15 bis 20 Quadratmeter groß und mit eigenen Duschen und Toiletten ausgestattet sein. Das klingt auf den ersten Blick ganz positiv. Fakt ist jedoch: Das Gebäude ist vergleichsweise schnell errichtet. Geeignete Fachleute zu finden, die die Herausforderungen schultern wollen und können, die die zukünftige Form der Sicherungsverwahrung mit sich bringt, wird noch viele Jahre dauern. Es ist leichter, einen Kampfjet zu kaufen, als geeignete Piloten dafür auszubilden.

Während die Inhaftierten im Normalvollzug ihren Entlassungstermin kennen, wissen die Verwahrten nicht, wann oder ob überhaupt dieser Tag für sie kommen wird. Sie sind auf Gedeih und Verderb der Beurteilung anderer ausgeliefert: der Einschätzung von Bediensteten, von Anstaltspsychologen und externen Gutachtern. Bisher kamen Letztere alle zwei bis drei Jahre für ein paar Stunden oder Tage, um mit den Sicherungsverwahrten Gespräche zu führen. Anschließend studierten sie die Akten der Betreffenden und hoben oder senkten den Daumen. Ihr Gutachten ließ bereits ahnen, wie die Strafvollstreckungskammer später entscheiden würde.

Die Unsicherheit und das ständige Warten sind für die Verwahrten nur schwer zu ertragen. Ihre Stimmung schwankt zwischen hilfloser Wut, tiefer Enttäuschung und Resignation. Und zwar in einer so massiven Form wie nirgendwo sonst im Knastalltag. Bis zu der Kritik aus Straßburg gab es für Sicherungsverwahrte kaum Resozialisierungsprogramme. Auch spezielle Therapien für einsitzende Sexualstraftäter waren eher selten. Die Anstaltspsychologen führten zwar in regelmäßigen Abständen Gespräche mit ihnen, ansonsten galt die Regel: abwarten, mal sehen, wie der sich entwickelt. Man agierte in einer Grauzone und spekulierte auf harte Fakten, die einem die Entscheidung für oder gegen eine Verlängerung der SV abnahmen.

Mit dem Karlsruher Urteil von 2011 wird der Gesetzgeber nun verpflichtet, »ein freiheitsorientiertes und auf Therapie gerichtetes Gesamtkonzept zu entwickeln«. Die einsitzenden Häftlinge müssen intensiver als bisher betreut werden, die Unterbringung in der Sicherungsverwahrung soll, soweit es geht, den allgemeinen Lebensverhältnissen angepasst werden, familiäre und soziale Kontakte sollen ermöglicht werden. Kurz: Die SV soll menschlicher werden.

Altfälle

Seit den Entscheidungen aus Straßburg und Karlsruhe haben bundesweit rund hundertfünfzig sogenannte Altfälle für große mediale Aufmerksamkeit und heftige öffentliche Diskussionen gesorgt. Bei diesen Altfällen handelt es sich um verwahrte Straftäter, die bis 1998, also vor der Verschärfung der Gesetze, zu Haftstrafen und einer sich anschließenden ersten Sicherungsverwahrung verurteilt worden waren. Für sie galt noch die bis dahin gesetzlich vorgeschriebene Höchstdauer von zehn Jahren. Nach den Urteilen war klar, dass die zuständigen Gerichte die Entlassung einer ganzen Reihe dieser Verwahrten anordnen mussten. Vor allem Sexualstraftäter standen und stehen dabei im Brennpunkt der öffentlichen Diskussion.

Die Zeitungen waren voll mit Berichten über entlassene SVer, die irgendwo in Deutschland ein neues Leben in Freiheit beginnen wollten. Ich kann verstehen, wenn Eltern, Nachbarn oder ganze Dorfgemeinschaften sich zusammentun und fordern: »Der muss hier weg, den wollen wir hier nicht, der ist eine Gefahr für unsere Kinder.« Aber das Ganze darf nicht in eine Hexenjagd ausarten. Die ehemaligen Sicherungsverwahrten befinden sich aufgrund eines rechtskräftigen Urteils in Freiheit, man sollte sie nicht wie einen räudigen Hund vor sich her treiben, den man am liebsten erschlagen würde. Die von den Gazetten angeheizte Treibjagdstimmung beschwört nur Ängste herauf und verhindert eine differenzierte öffentliche Diskussion. Mit simplen, populistischen Formeln wird man dem komplexen Problem nicht gerecht. Zudem setzen sie die Politiker unter Druck, die schon seit langem erkannt haben, dass man mit einem humanen und an wissenschaftlichen Kriterien orientierten Strafvollzug keine Wahlen gewinnt, aber jeder weitere spektakuläre Kriminalfall, der von einem entlassenen

Verwahrten verübt wird, dazu führen kann, dass man eine Wahl verliert.

Um wirksame und nachhaltige Veränderungen und Reformen herbeizuführen, brauchen wir jedoch gerade die Schützenhilfe der Politiker. Sie müssen ja nicht nur die notwendigen gesetzlichen Voraussetzungen schaffen und die entsprechenden Mittel bereitstellen, sondern auch in der Öffentlichkeit für ein anderes Klima sorgen. Fakt ist dagegen: Wenn es nicht die Entscheidung aus Straßburg und im Zuge dessen die des Bundesverfassungsgerichts gegeben hätte, wäre alles beim Alten geblieben. Die Gesellschaft erwartet im Grunde nur, dass wir Hang-, Trieb- und Sexualtäter einfach wegsperren, am besten für immer – und das ist wahrscheinlich noch die harmloseste Variante. Sie hat kein Vertrauen in Therapien. Sie hört den Fachleuten nur mit Argwohn zu, und die riskieren häufig genug, sich eine blutige Nase zu holen. Wer als Gutachter versagt hat, läuft Gefahr, sich ein für alle Mal zu diskreditieren.

Die Entscheidung über eine Entlassung ist eine Gratwanderung. Wir haben es nun einmal mit teilweise psychisch schwer gestörten Menschen zu tun, die im doppelten Sinne gefährlich werden können: Erstens können sie erneut eine Gewalttat begehen und furchtbares Leid über ihre Opfer und deren Familien bringen. Und zweitens können sie politisch gefährlich werden; weil sie mit ihren Wiederholungstaten die verantwortlichen Organe – Polizei, Staatsanwaltschaft, Gerichte, Gutachter – öffentlich in Misskredit bringen. »Was habt ihr getan? Warum beschützt ihr uns nicht?« Das sind dann die Fragen, die nicht nur auf den ersten Seiten von Zeitungen gestellt werden. Dann interessiert es keinen Menschen mehr, ob eine Therapie stattgefunden hat oder nicht. Gefangene haben keine Lobby, keine Stimme, und am allerwenigsten die, die bereits in Sicherungsverwahrung sitzen. Zyniker sind schließlich der Meinung, die Triebtäter ließen sich sowieso nicht mit Aussicht auf

Erfolg behandeln. »Aus einem Ackergaul machst du kein Rennpferd«, hat ein altgedienter Vollzugsbeamter einmal zu mir gesagt. Die Fachleute, Juristen, Psychiater, Kriminologen und Politiker sind rar gesät, die da dagegen halten.

Zukunftsmusik

Bisher galten alle Sicherungsverwahrten als »Hangtäter«, Kriminelle, die nicht anders können, als weitere Taten zu begehen. Den neuen Vorgaben des Bundesverfassungsgerichts nach zu schließen, könnte es sein, dass Gerichte in Zukunft nur noch bei Sexualstraftätern eine Unterbringung in der Sicherungsverwahrung anordnen. Im Urteil aus Karlsruhe heißt es, dass nur noch diejenigen Täter in Verwahrung gehalten werden dürfen, von denen eine »hochgradige Gefahr schwerster Gewalt- oder Sexualstraftaten ausgeht« und die zudem an einer »zuverlässig nachgewiesenen psychischen Störung« leiden. Die Richter stützten sich dabei auf eine Erklärung der Europäischen Menschenrechtskonvention, wonach eine nachträglich verlängerte oder angeordnete Sicherungsverwahrung nur dann Bestand haben darf, wenn bei dem Verwahrten ein akutes Gewaltpotential sowie eine psychische Störung vorliegen.

So weit, so gut. Das große Problem bei der praktischen Ausgestaltung der zukünftigen Sicherungsverwahrung wird sein, dass wir schlicht und einfach noch nicht genügend Fachpersonal haben. Schon für den normalen Vollzug fällt es schwer, aus der Zahl der Bewerber die geeigneten herauszufiltern. Von circa hundert Bewerbern bleiben häufig weniger als fünf oder sechs übrig. Und nur ein Bruchteil derer kann sich vorstellen, dauerhaft in der Sicherungsverwahrung zu arbeiten.

Gerade dort aber brauchen wir besonders qualifiziertes Fachpersonal, das über langjährige Erfahrung in der Behandlung von Zwangsuntergebrachten und psychisch gestörten Straftätern verfügt. Die Gefängnisse konkurrieren dabei mit den forensisch-psychiatrischen Kliniken, die ebenfalls über Personalmangel klagen. Selbst wenn wir die größten Anstrengungen unternehmen, wird es nach meiner Einschätzung noch mindestens zehn Jahre dauern, bis wir dieses Problem gelöst haben.

Wenn wir wirklich gute Fachleute haben wollen, müssen wir die Rahmenbedingungen ändern. Eine angemessene Bezahlung steht an erster Stelle. Daneben halte ich eine regelmäßige begleitende Supervision für unverzichtbar. Die besonderen Belastungen, denen das Personal ausgesetzt ist, kann man nicht länger von der Hand weisen. Wir sollten jederzeit in der Lage sein, schnell zu reagieren und jemanden aus einer Situation herauszunehmen, wenn er sagt: »Ich kann momentan mit diesen Leuten nicht länger arbeiten, ich brauche jetzt einmal eine Pause.«

Meiner Meinung nach sollten wir potentiellen Fachkräften schon während ihrer Ausbildung die Möglichkeit einräumen, Einblick in die Arbeit im Vollzug zu nehmen. Die Zusammenarbeit mit Universitäten, kriminologischen Forschungsabteilungen, forensischen Fachkliniken und Weiterbildungsstätten für Psychotherapeuten erscheint mir unerlässlich. Darüber hinaus muss dafür gesorgt werden, dass die Arbeit in der Sicherungsverwahrung ein höheres Ansehen in der Öffentlichkeit gewinnt. Solange das Vorurteil herrscht, der hat ja keinen besseren Job als den im Knast gefunden, wird es schwerfallen, Top-Leute für diese Arbeit zu interessieren.

Diese Leute müssen schließlich entscheiden, wer eine Chance auf Entlassung bekommt oder bis zum Lebensende in Sicherungsverwahrung verbleibt. Einen Knochenbruch kann man leicht heilen und eine Lungenentzündung auch. Doch bei einem schwer gestörten, dissozialen Sexualstraftäter ist der Ausgang der Behandlung ungewiss. Wenn er nach seiner Entlassung wieder ein Mädchen überfällt, wird den Verantwortlichen postwendend Unfähigkeit vorgeworfen. Das Risiko eines Rückfalls abzuschätzen, ist wahnsinnig schwer. Eine hundertprozentige Sicherheit wird es trotz aller Bemühungen auch hier in Zukunft nicht geben. Keiner der Therapeuten, Gutachter oder Richter, die ich kennengelernt habe, geht mit seiner schweren Aufgabe leichtfertig um. Weiß Gott nicht.

Nach dem Richterspruch von Karlsruhe stehen die Gesetzgeber in den Bundesländern unter enormem Druck; sie müssen mit heißer Nadel Richtlinien für ein neues Konzept der Sicherungsverwahrung erarbeiten. Wir werden sehen, ob ihnen der Paradigmenwechsel gelingt. Die Entscheidung der Karlsruher Richter findet jedenfalls meine ungeteilte Zustimmung. Sie war längst überfällig. Die bisher eher auf sichere Verwahrung ausgerichteten Instrumente müssen weiter in Richtung eines modernen, zeitgemäßen Behandlungsvollzugs verändert werden. Eine sachgerechte, wissenschaftlich begleitete Behandlung der Täter gewährleistet einen größtmöglichen Schutz der Allgemeinheit.

In Zukunft wird es für jeden Verwahrten ausreichende Behandlungsangebote geben müssen. Wir werden nachzuweisen haben, welche Angebote gemacht wurden und wie der Betreffende auf die Therapien angesprochen hat. Doch ich mache mir keine Illusionen. Die Regelung, Verwahrte zukünftig alle zwei Jahre zu begutachten, um therapeutische Fortschritte zu überprüfen und ein Urteil über ihre Entlassung treffen zu können, zielt an der Wirklichkeit vorbei. Viele der vorherrschenden Störungsbilder sind auch nach Jahren der Behandlung und nach Hunderten von einzel- und gruppentherapeutischen Sitzungen nicht wesentlich zu bessern. Oft dauert es Jahre, um überhaupt einen Therapieansatz zu finden. Und es dauert noch länger, den Betreffenden zu behandeln.

Erst wenn trotz aller Behandlungsversuche keine positive Prognose zu stellen ist, kann ein Gericht die Fortdauer der Verwahrung zulassen. Natürlich höre ich jetzt schon die Stimmen derer, die sagen werden: »Jetzt wird diesen Verbrechern noch mehr Zucker in den Hintern geblasen. Das viele Geld, das das kosten wird, sollte besser für die Betreuung der Opfer eingesetzt werden.« Dem kann ich nur entgegenhalten: Es geht hier nicht darum, das eine zu tun und das andere zu lassen. Natürlich brauchen die Opfer jede erdenkliche Unterstützung. Aber nur, wenn wir die Täter auch behandeln, schaffen wir ausreichende Gewähr, dass es keine weiteren Opfer gibt.

Visionen

Bislang ist es so, dass viele psychisch kranke oder persönlichkeitsgestörte Verbrecher Jahrzehnte in forensischen Kliniken verbringen, ohne dass Aussicht auf Entlassung besteht. Die Verantwortlichen fordern seit Jahren sogenannte Long-Stay-Einrichtungen, in denen therapieunwillige oder nicht therapierbare Täter untergebracht werden können. Auf der anderen Seite befinden sich immer mehr psychisch auffällige schwer dissoziale Insassen in der Sicherungsverwahrung und in Haftanstalten, die angemesseneren Therapien zugeführt werden müssten. Ein Behandlungsplatz in einer forensisch-psychiatrischen Klinik kostet heute bis zu 300 Euro täglich, während die Unterbringungs- und Behandlungskosten in der SV »nur« mit 120 bis 150 Euro am Tag zu Buche schlagen, weil es hier lediglich niederschwellige therapeutische Angebote gibt.

Meiner Meinung nach sollten SV und Maßregelvollzugskliniken besser miteinander verzahnt werden. Nehmt unsere psychisch schwer auffälligen Verwahrten und Gefangenen, bei denen noch eine Aussicht auf Behandlungserfolg besteht, in eure Kliniken auf! Versucht sie zu behandeln, und wenn's klappt, können sie entlassen werden; wenn nicht, kommen sie wieder zurück zu uns in den Knast.

Seit langem setze ich mich dafür ein, psychisch auffälligen oder kranken Straftätern eine angemessene Behandlung zu ermöglichen. Und zwar nach folgenden Kriterien:

Erstens, welche Risiken gehen von dem Täter aus? Wie sicher muss er untergebracht werden?

Zweitens, was braucht er an Hilfestellungen und therapeutischen Angeboten?

Und drittens, wie spricht er auf die Behandlung an?

Um ein Beispiel zu geben: Ein als gefährlich eingeschätzter Sexualstraftäter aus der Klinik für kranke Rechtsbrecher lehnt alle ihm angebotenen Therapien ab oder zeigt auch nach Jahren der therapeutischen Begleitung keine erkennbaren Fortschritte. Er könnte wieder in die Sicherungsverwahrung übernommen werden. Im Gegenzug könnte man einen Häftling in die hochgesicherte Maßregelvollzugsklinik überstellen, dessen Gefährlichkeit nicht sicher eingeschätzt werden kann. Vorausgesetzt, er ist therapiewillig und erweist sich im Rahmen einer stationären Behandlung auch als therapiefähig.

Es erscheint mir daher sinnvoll, wenn der Gesetzgeber die Verbindungswege dafür öffnen würde, anstatt für viele Millionen neue Einrichtungen zu schaffen. Diese Ansicht teile ich übrigens mit einer ganzen Reihe von Experten.

Eine frühe Unterscheidung zwischen psychisch gestörten und psychisch kranken Rechtsbrechern ist ohnehin nicht möglich. Es fehlt an der nötigen Trennschärfe, wenn man allein nach den Kriterien entscheidet, die die Unzurechnungsfähigkeit oder die verminderte Zurechnungsfähigkeit bestimmen. Diese Vorgaben genügen zwar juristischen Ansprüchen, haben aber für die Unterbringung und die Behandlung der Täter erhebliche Konsequenzen. Und nachträglich ist es schwer, den einmal eingeschlagenen Weg zu verlassen. Außerdem trifft die Vorstellung längst nicht mehr zu, dass in den Maßregelvollzugskliniken nur die unzurechnungsfähigen und im Knast nur die zurechnungsfähigen Verbrecher untergebracht sind.

Können wir es uns erlauben, mit wirksamen Therapien so lange zu warten, bis das Kind schon in den Brunnen gefallen ist? Die meisten schweren Persönlichkeitsstörungen werden ja nicht erst während der Sicherungsverwahrung offenbar. Davor saßen die Gefangenen viele Jahre hinter Gittern. Bereits im Jugendstrafvollzug gibt es schwerstgestörte Intensivstraftäter. Genau hier müssen wir ansetzen.

Es reicht nicht, dass sich Häftlinge nur in den Knastalltag einfügen und ihrem Job nachgehen. Es reicht nicht, ihnen Mittel an die Hand zu geben, damit sie ihr Leben im Knast so angenehm wie möglich gestalten können. Schon in der Strafhaft muss jede Gelegenheit wahrgenommen werden, Gewalt- und Sexualstraftäter in therapeutische Prozesse einzubinden. Es darf keine Schlupflöcher mehr geben. Die Insassen müssen gegebenenfalls mit Nachdruck dazu gebracht werden, sich mit ihrer Tat auseinanderzusetzen, sich an wirksamen Therapien zu beteiligen, ein Antigewalttraining zu absolvieren und so weiter. An erster Stelle muss die Behandlung stehen. Keiner darf abtauchen können. Ich bin der Meinung: Wer bereit ist, sich behandeln zu lassen, der soll dafür belohnt werden. Dann erst bekommt er den Job, den er sich wünscht, die Vergünstigungen, die er gerne hätte, und kleinen Freiheiten, die es hinter Gittern zu verteilen gibt. Ist keine Behandlung möglich oder schlägt der Betreffende jegliche Bemühungen aus, muss er menschenwürdig untergebracht und, wenn nötig, bis zu seinem Lebensende verwahrt werden.

Tod im Knast

In Würde sterben

Der Tod ist eines der letzten Tabus in unserer Gesellschaft. Früher waren Geburt und Tod in das häusliche Leben integriert, heute lagern wir das gerne aus. Gestorben wird in Kliniken, Hospizen oder Altenheimen, das Personal ist entsprechend geschult und kann den Sterbenden und dessen Angehörige im Idealfall medizinisch und psychologisch begleiten. Dennoch ist das eigene Sterben oder das eines Angehörigen mit vielen Ängsten belastet: der Sorge, allein gelassen und seiner Würde beraubt zu werden, einen unnötig verlängerten Sterbeprozess durchstehen zu müssen oder anderen zur Last zu fallen. Der Gedanke an den Tod setzt bei allen Menschen ähnliche Mechanismen in Gang. Wer mit einer tödlichen Diagnose konfrontiert wird, schwankt zwischen Ohnmacht, Verzweiflung, Wut und dem Klammern an jeden noch so kleinen Strohhalm. Bei vielen Häftlingen löst die Vorstellung, während der Haft schwer zu erkranken oder gar zu sterben, Panik aus. Wie oft habe ich den Satz »Ich möchte hier nur heil wieder rauskommen« gehört, nicht selten von Insassen, die selbst viel Leid oder Tod über andere gebracht haben. Fakt ist aber, dass sich Krankheit und Tod nicht nach dem Vollzugsplan richten, nicht nach der Delinquenz oder einer Kriminalprognose. Krankheiten und Tod treffen einen unvermittelt.

In der Präambel der »Grundsätze der Bundesärztekammer

zur ärztlichen Sterbebegleitung« heißt es: »Aufgabe des Arztes ist es, unter Beachtung des Selbstbestimmungsrechts des Patienten Leben zu erhalten, Gesundheit zu schützen und wiederherzustellen sowie Leiden zu lindern und Sterbenden bis zum Tod beizustehen. [...] Dazu gehören unter anderem menschenwürdige Unterbringung, Zuwendung, Körperpflege [...]« Die Frage, wie diese Vorgaben in der Haft umgesetzt werden können, wird indes nicht beantwortet. Tatsächlich verbringen immer mehr Inhaftierte eine wesentlich längere Lebensspanne im Knast, die von Krankheit, Siechtum und Todesnähe geprägt ist.

Für die meisten todkranken Inhaftierten gibt es draußen keinen sozialen Empfangsraum mehr. Angehörige haben sich schon vor Jahren abgewendet, Eltern sind verstorben, Kinder wollen oder können sich nicht mit einem sterbenden Angehörigen belasten, Einrichtungen wie Alten- oder Pflegeheime sehen sich kaum imstande, ehemals gefährliche Verbrecher in ihre Einrichtungen zu übernehmen. Einige Kostenträger legen zudem große Zurückhaltung an den Tag, wenn es um die Finanzierung einer solchen Unterbringung geht.

Für die Gefängnisse heißt das, sich um sterbende Insassen zu kümmern, weil Alternativen nur begrenzt zur Verfügung stehen. Die Häftlinge selbst gehen mit dieser Perspektive unterschiedlich um. Meiner Erfahrung nach entscheiden sich immer mehr Langjährige ganz bewusst, ihr Leben auch in Haft zu beschließen. Für viele ist die Vollzugseinrichtung zum Zuhause geworden, ein anderes haben sie nicht mehr. Andere haben schlechte Erfahrungen mit Einrichtungen außerhalb des Vollzugs gemacht, wo sie auf voreingenommene Ärzte gestoßen und sich als Patienten dritter Klasse vorgekommen sind. Dann schon lieber im Knast sterben.

Aber das ist einfacher gesagt als getan. Nicht selten gerät ein Schwerstkranker mit einer geringen Lebenserwartung zwischen die Mühlen von Vollzug und Strafvollstreckungsbehörden. Oder er nutzt – sofern er dazu noch in der Lage ist – die Diagnose ganz bewusst aus: Ich habe Patienten erlebt, die sehenden Auges eine Verschlechterung ihres Zustands in Kauf genommen haben, um so auf Entscheidungen der Gerichte zu reagieren oder ihre Vorstellungen durchzusetzen. Für uns Ärzte ist es häufig schwer, sie zu einer Behandlung zu motivieren. Wozu die Qual einer Therapie auf sich nehmen, damit man die Strafe noch länger durchhält? Und danach? Als Krüppel rauskommen, auf Hartz IV in einer winzigen Bude hocken und allein auf das Ende warten?

Was macht man mit einem todkranken Straftäter? Entweder entlässt man ihn schnell, weil von ihm keine Gefahr mehr ausgeht und es Angehörige gibt, die sich um ihn kümmern. Oder es dauert länger, weil erst eine geeignete Unterbringung mit Betreuungs- und Pflegemöglichkeiten gefunden werden muss. Das bedeutet manches Mal ein Wettlauf mit der Zeit. Oder aber der Häftling kann auf keinen Fall entlassen werden, weil es jetzt erst recht gefährlich wird, da er nichts mehr zu verlieren hat.

Deshalb ist eine angemessene Sterbebegleitung im Knast wichtig. In einem Passus der »Europäischen Konvention zum Schutz der Menschenrechte« heißt es: »Die Achtung menschlicher Würde ist auch dort erforderlich, wo sie nicht auf Gegenseitigkeit beruht.«

Coming home

Alle nannten ihn Berti. Er verbrachte insgesamt über dreißig Jahre seines Lebens im Gefängnis. Gerne erzählte er, dass er mal der jüngste Insasse in einem deutschen Knast gewesen sei. Damals, kurz nach dem Krieg, mit noch nicht einmal achtzehn Jahren. Seine Eltern waren bei einem schweren Bombenangriff getötet worden, andere Familienangehörige hatte er nicht.

In einem Taubenschlag unter altem Geröll und einer Schicht Taubenscheiße hatte er eine P8 mit Munition gefunden, die ein Wehrmachtsoffizier dort versteckt hatte, bevor er sich den Amerikanern ergab. Berti war ein Angeber. Er behielt die Waffe, zeigte sie stolz seinen Freunden und machte immer wieder Schießübungen im Steinbruch. Das kam auch bei den Mädels gut an. Wochen später, als ein erschossenes Reh nahe dem Steinbruch gefunden wurde, bezichtigte man Berti schnell der Tat, nicht ganz zu Unrecht. So landete er wegen unerlaubten Waffenbesitzes und Wilderei zum ersten Mal im Zuchthaus. Hier rebellierte er gegen alles und jeden. Es war keine einfache Zeit, aber er ließ sich nicht unterkriegen.

Anfang der Fünfziger war er wieder auf freiem Fuß. Schnell erkannte er, dass sein Äußeres sein größtes, wenn nicht sogar sein einziges Kapital war. Vor allem bei älteren Frauen kam er gut an – und vermögende Witwen gab es damals genug. Er hatte ein erstaunlich selbstsicheres Auftreten und konnte, wenn er wollte, sehr charmant sein. Zeitweilig ließ er sich von mehreren Frauen aushalten und führte ein Leben, das selbst in den Wirtschaftswunderjahren nicht alltäglich war. Er trug feine Anzüge, rauchte amerikanische Zigaretten und chauffierte die Damen in ihren schicken Limousinen durch die Innenstädte. Er hatte immer Zeit für die Frauen, bei so viel Einsatz kam er nicht zum Arbeiten.

Während die Damen von einer gemeinsamen Zukunft mit Berti träumten, träumte er von einem eigenen 190 SL. Dafür ließ er sich sogar heiraten. Den Autos blieb er treu, den Frauen nie. Zwei Ehen gingen kurz hintereinander in die Brüche. Jedes Mal musste er wieder bei null anfangen, er hatte die Schnauze voll, wollte endlich sein eigenes Geld. Und so dachte er sich ein neues Geschäftsmodell aus, mit dem er seinen aufwendigen Lebensstil weiter finanzieren konnte. Er brach in die Wohnungen seiner Ex-Frauen ein und nahm sich das, wovon er glaubte, dass es ihm zustand: wertvollen Schmuck und Tafelsilber. Bei einem Hehler machte er die Beute zu Geld. Wenig später wanderte er wieder für ein paar Jahre in den Knast.

Alles, was er bis dahin an Tricks noch nicht draufhatte, lernte er nun im Gefängnis. Erzbetrüger wurden seine Lehrer. Und hier bekam er den letzten Schliff in der Kunst, sich zu verstellen und andere zu manipulieren.

Von dem wenigen Geld, das er bei der Entlassung erhielt, gab er Heiratsannoncen in seriösen Zeitungen auf: »Wanderjahre abgeschlossen! Welche finanziell unabhängige attraktive Frau, gerne auch mittleren Alters, möchte sich von gutaussehendem fünfunddreißigjährigen Mann, selbständiger Unternehmer, ledig, ohne Kinder, leichte Gebrauchsspuren, verwöhnen lassen? Gemeinsame Zukunft erwünscht.« Er traf sich mit allen, die einsam und vermögend waren, und begann mit denen, die seinem Charme erlagen, eine Beziehung. Allen täuschte er die große Liebe vor und zog ihnen so lange das Geld aus der Tasche, bis die Ersten misstrauisch wurden. Bevor die Chose zu platzen drohte, verschwand er oder fing das gleiche Spiel mit anderen an. Eine Frau zeigte ihn schließlich an, und damit krachte das Lügengebäude in sich zusammen. Andere Frauen zogen nach. Und wieder musste Berti in den Knast.

Da war er inzwischen ein alter Bekannter: Er kam, blieb für kurz oder lang, wurde entlassen und kehrte schnell wieder zurück. Die Zeiten in Freiheit wurden bald kürzer als die in Haft. Das Leben draußen wurde für ihn immer aufreibender, im Knast hatte er es vergleichsweise ruhig. Außerhalb der Mauern musste er sich dauernd verstellen, drinnen konnte er bei Mitgefangenen und Bediensteten mit seinen Geschichten und den Fotos seiner attraktiven Frauen und dicken Autos Eindruck schinden. Draußen konnte er sich nur mit Betrügereien durchschlagen, drinnen wurde für ihn alles geregelt. Draußen hatte er weder Verwandte noch echte Freunde – weil er sie alle betrogen hatte –, drinnen war seine Familie. Beamte, die ihn wie einen verlorenen, wenn auch etwas missratenen Sohn willkommen hießen. Auch die eine oder andere Frau blieb Berti treu, glaubte an ihn und vertraute ihm – wider besseres Wissen. Weil er einfach ein so glänzender Unterhalter war, ein so humorvoller Charmeur.

Die Zeiten in Freiheit waren inzwischen nur noch kurze Ausflüge, Urlaub von Zuhause. Wenn er entlassen wurde und mit seinem Koffer durch die Pforte ging, riefen die Beamten ihm zu: »Mach's gut, Berti. Wann sehen wir uns wieder?« Allzu lange ließ er nicht auf sich warten. Bei den Gefangenen war er beliebt, weil er Autorität besaß, alle Beamten kannte und wusste, bei wem er auf welchen Knopf drücken musste.

Die nächste Entlassung muss Berti als Rausschmiss empfunden haben. Er fühlte sich wie ein Galgenvogel, den man aus dem Nest geworfen hatte. Wieder die alten Nummern durchzuziehen, war ihm zu anstrengend und zu zeitaufwendig geworden. Dieses Mal ging er aufs Ganze. Er beschaffte sich in Belgien eine Waffe und überfiel anschließend eine Sparkasse in Dinslaken. Das Geld aus der Beute reichte gerade einmal für die Anzahlung. Wenig später saß Berti glücklich in einem roten 911er. Auf dem Beifahrersitz Annemarie, die Frau, die bis zuletzt an ihn glaubte. Sie fiel aus allen Wolken, als das SEK die Autobahn vor ihnen sperrte und beide mit vorgehaltener Waffe festgenommen wurden. Showdown. Das Urteil: fünfzehn Jahre und anschließend SV. Ein pensionierter Beamter, der aus den Nachrichten von Bertis Verhaftung erfuhr, stellte nur lapidar fest: »Jetzt hat er den Deckel über sich zugemacht. Ist auf Nummer sicher gegangen. Hat sich den Sarg auf den Buckel gebunden.«

Ende der achtziger Jahre traf ich Berti zum ersten Mal. Er kam zu mir in die Sprechstunde und klagte über einen Hexenschuss. Ein Mann, Ende fünfzig, deutlich vorgealtert, stattliche Figur, schlohweißes volles Haar, gute Manieren, gepflegte Sprache. Niemals wäre ich auf die Idee gekommen, dass da einer vor mir stand, der schon über zwanzig Jahre Knasterfahrung hatte.

Ein Jahr später war ich auf dem Weg, mich in der Zelle eines Sicherungsverwahrten umzusehen, der dort einen Papagei halten durfte. Andere Insassen hatten sich beschwert, der Vogel mache zu viel Lärm und zu viel Dreck und sie hätten zudem Angst, er könne irgendwelche Krankheiten übertragen. Ich öffnete die Tür. Der Papagei schlug an wie ein Wachhund und schrie: »Hände hoch! Polizei!« Am Fenster stand Berti in einem dunkelblauen Kimono. Er schmunzelte. »Marilyn, gib Ruhe, das ist nur der Arzt«, sagte er, nahm den Papagei auf die Hand und setzte ihn in den Käfig. Der Vogel machte zwar Lärm, aber die Zelle sah ordentlich und aufgeräumt aus. Von Infektionsgefahr keine Spur.

Wir kamen ins Gespräch. »Wissen Sie, ich habe mich hier für länger eingerichtet. Und Marilyn ist eine geduldige Zuhörerin und gibt keine Widerworte. Ich habe jetzt über zwanzig Jahre im Knast verbracht. Den Großteil meines Lebens. Draußen bin ich zum Schluss nicht mehr zurechtgekommen. Wenn Annemarie von ihren Urlaubsreisen oder von Besuchen bei ihren Kindern erzählte, konnte ich nur zuhören, aber nicht mitreden. Bei den Familienfesten war ich am Anfang der Exot, später interessierte sich keiner mehr für meine Geschichten. Ich hatte ja nur Geschichten aus dem Knast zu erzählen. Die hat eh keiner verstanden. Irgendwann erschien mir das Leben draußen schlimmer als hier. Deshalb habe ich die Bank überfallen. Volles Risiko. Ich wollte zurück. Dahin, wo mich jeder kennt und wo ich mich am besten auskenne … nach Hause.«

Fünf Jahre später, an einem Sonntagnachmittag, veranstaltete Marilyn einen Höllenlärm. Beamte öffneten die Zellentür und fanden Berti tot in seinem Sessel.

Das Böse

Schon lange bevor ich anfing, im Knast zu arbeiten, beschäftigte mich die Frage, was einen Menschen zum Verbrecher werden lässt. Warum wird aus einem Jugendlichen ein gewalttätiger Körperverletzer, ein Totschläger, Vergewaltiger oder Mörder? Weshalb wird aus einem Familienvater ein Kinderschänder, der seine eigene Tochter über Jahre im Keller gefangen hält und missbraucht? Was lässt Menschen böse werden? Was verleitet sie zu monströsen Taten? Wie kommt das Böse in die Welt? Die Literatur dazu füllt ganze Bibliotheken. Aber liefert sie auch schlüssige Erklärungen?

Mord, Totschlag und Inzest sind die großen Themen – sie beherrschen die klassischen griechischen Tragödien ebenso wie unsere Gegenwart. Auf der Bühne habe ich oft Mörder und Triebtäter gespielt – auch schon bevor ich anfing, im Knast zu arbeiten. Zur Vorbereitung habe ich damals viel über solche Tätertypen gelesen. Bei dem Versuch, mich in einen Gewaltverbrecher hineinzuversetzen, stoße ich dennoch bis heute immer wieder an die Grenzen meiner Vorstellungskraft. Als ich dann im Knast den ersten echten Verbrechern begegnet bin, war ich überrascht, dass bis auf wenige Ausnahmen die meisten tatsächlich so auftraten, wie ich sie gespielt hatte. Sie sprachen und benahmen sich genauso wie der freundliche Nachbar von nebenan. Menschen, denen die Brutalität ihrer

Taten nicht anzumerken ist. Und in ihre Köpfe kann man nun einmal nicht hineinschauen. Einige von ihnen hatten ein liebevolles Zuhause, kamen aus geordneten Verhältnissen und lebten in Wohlstand – es gab selbst auf den zweiten Blick nichts, was als Erklärung hätte herhalten können. Bei denjenigen, die aus schwierigen Verhältnissen kommen, vernachlässigt, misshandelt oder missbraucht worden sind, gelangt man eher zu dem Schluss, dass ihr Weg vorgezeichnet war.

Wenn es aber nicht immer die Lebensumstände sind, die einen Menschen zum Verbrecher werden lassen, ist man recht schnell bei folgender Frage: Gibt es den geborenen Verbrecher, der das, was er tut, tun muss, weil er gar nicht anders kann? Jeder von uns kann wütend sein und Böses denken, wird aber noch lange nicht zum Mörder. Der Gedanke, dass in den Gehirnen der Menschen, die es tatsächlich werden, etwas schiefläuft, etwas anders funktioniert als bei normalen Menschen, beschäftigt Mediziner und Hirnforscher seit langem.

Kranke Hirne

Mit dem lapidar dahingesagten Satz: »Der hat einen Hardware-Schaden, da ist jede Behandlung aussichtslos!«, hat ein Psychiater bei mir die intensive Beschäftigung mit der Materie in Gang gesetzt. Ist es das kranke Gehirn, das aus vermeintlich normalen Zeitgenossen ruchlose Serientäter und mörderische Psychopathen werden lässt? Oder gibt es das Gen für das Böse? Bei einem Großteil der Täter reicht ein kleiner Schritt, ein kurzer unkontrollierter Moment, eine Banalität, damit sie kriminell werden. Bei einigen wenigen, die geradezu zwanghaft den Weg des Grauens fortsetzen, scheint mehr dahinterzustecken.

Aber was? Schwere Traumata während der Kindheit? Das Umfeld? Eine Störung im Gehirn? Warum werden manche, denen Übles widerfahren ist, zu Tätern, während andere trotz allem ein ganz normales Leben führen?

Früher waren es fast ausnahmslos Soziologen, Anthropologen und Mediziner, die Antworten zu geben versuchten. Den deutschen Arzt Franz-Josef Gall beschäftigte schon im 18. Jahrhundert die Frage, ob es einen »Würge- oder Mordsinn« gibt. Wie sein italienischer Kollege Cesare Lombroso, der die Lehre des »geborenen Verbrechers« begründete, war er davon überzeugt, dass man Verbrecher an bestimmten äußerlichen Merkmalen erkennen kann. Buschige, zusammengewachsene Augenbrauen oder Wülste über den Ohren galten als Beleg für potentielle Blutrünstigkeit.

Im 19. Jahrhundert haben Forscher toten Verbrechern und Genies die Gehirne entnommen, diese in Scheiben geschnitten und mit dem Mikroskop nach Unterschieden gesucht. Heute ist man in der Lage, mit modernsten bildgebenden Verfahren Einblicke direkt in das Gehirn des Menschen zu bekommen.

Neurophysiologen konnten Ende der sechziger, Anfang der siebziger Jahre durch Hirnstrommessungen nachweisen, dass etwa die Entscheidung, einen Finger krümmen zu wollen, erst *nach* dem Moment einsetzt, in dem das Gehirn bereits die Vorbereitungen zu dieser Handlung in Gang gesetzt hat. Und zwar ohne dass wir davon etwas bemerken würden. Mit anderen Worten: Wir tun nicht wirklich das, was wir wollen, sondern wir wollen, was wir tun. Eine aktuelle Schätzung besagt, dass wir vom täglichen Informationsstrom fünfundneunzig Prozent unbewusst aufnehmen und verarbeiten. Wenn dieser Wert auch nur annähernd zutrifft, signalisiert dies, was uns im Leben leitet: nicht die Vernunft, sondern animalische Instinkte. Heißt das in letzter Konsequenz, dass Willensfreiheit eine Illusion ist? Dass es also auch nicht unsere freie Entscheidung ist, Gutes oder Böses zu tun?

Um diese Frage zu beantworten, muss man noch etwas tiefer in die Materie gehen: Seit Anfang der neunziger Jahre können Psychiater und Neurowissenschaftler mit Hilfe der funktionellen Magnetresonanztomographie (fMRT) dem Gehirn beim Arbeiten zuschauen. Während man Testpersonen Horrorbilder zeigt – etwa von Messerstechereien, Schießereien und Verstümmelungen –, wird die Aktivität in verschiedenen Hirnregionen gemessen. Bei normalen Personen zeigt sich dabei schnell eine starke Aktivitätssteigerung in den Bereichen des Gehirns, die für die Wahrnehmung und Bearbeitung von Gefühlen und die Erzeugung von Mitgefühl zuständig sind. Bei psychopathischen Patienten bleibt der Bereich des Mandelkerns – jenes Hirnareals, das bei der Erzeugung von Mitgefühl eine wichtige Rolle spielt – häufig »dunkel«: Die Aktivitäten waren gering oder gar nicht messbar. Das könnte bedeuten, dass einige dieser Menschen grundlegende Emotionen gar nicht erst aufrufen können. Oder im Umkehrschluss: dass die primitiven Killerinstinkte, die wir alle in uns tragen, von diesen Menschen nicht mehr in Schach gehalten werden können.

Was aber passiert, wenn im Gehirn die Bremse, die diese Instinkte eindämmen soll, nicht richtig funktioniert? Ist dann der Weg zu einer Gewalttat vorgezeichnet, weil nichts mehr da ist, das hemmt? Organveränderungen und Funktionsstörungen – so die Meinung der Forscher – bedingen, dass der Betroffene unfähig ist zu Empathie. Was bei fast jedem von uns Alarm auslöst, lässt diese Menschen kalt. Sie kennen kein Mitgefühl, kein Mitleid und Erbarmen, kein Gewissen. Sie haben weniger Angst, Furcht und Skrupel. In den Untersuchungen wurde festgestellt, dass es in bestimmten Hirnarealen dieser Personen zu »Fehlzündungen« kommt. Bei verschiedenen Gewalttätern konnten massive Störungen oder Veränderungen im Gehirn, vor allem in Bereichen des Stamm-, Mittel- und Stirnhirns festgestellt werden. Hier ein paar prominente Beispiele:

Ein Lehrer tötete anno 1913 seine vier Kinder, seine Ehefrau und acht weitere Personen; er verletzte zwölf Menschen schwer und brannte mehrere Gebäude nieder. Die Obduktion ergab Veränderungen in der mittelhirnnahen Rinde; diese führten zu einer Störung der Realitätsbewertung und der Kontrolle emotionaler Funktionen.

Der Amokläufer Charles Whiteman aus Texas tötete 1966 zunächst seine Frau und seine Mutter und schoss anschließend neunzig Minuten lang auf alles, was sich bewegte. Es gab vierzehn Tote und achtunddreißig Verletzte. Der Täter beging anschließend Selbstmord. Bei der Untersuchung des Gehirns zeigte sich ein walnussgroßer Tumor neben dem rechten Mandelkern.

Als »Monster von Terrazzo« ging Gianfranco Stevanin in die italienische Kriminalgeschichte ein. 1994 hatte er im Alter von sechzehn Jahren einen Motorradunfall, bei dem er ein Schädeltrauma erlitt. Anschließend lag er einige Wochen im Koma. Danach hatte er Konzentrationsstörungen, erkrankte an Migräne und einer Hirnhautentzündung und bekam epileptische Anfälle. Er wurde verhaftet, nachdem er eine Prostituierte überfallen hatte, und kurz darauf wegen Mordes an mindestens vier weiteren Prostituierten zu fast dreißig Jahren Haft verurteilt. Stevanin leidet an einer seltenen Atrophie. In seinem Stirnhirn fehlt Hirngewebe vom Ausmaß einer Orange, und zwar genau in der Hirnregion, die für menschliches Verhalten von Bedeutung ist, die zu moralischem Denken, zu Vorausschau und Planung befähigt und die spontane Handlungsimpulse bremsen oder unterdrücken kann.

Im Fall von Ulrike Meinhof gehen einige Neurobiologen inzwischen davon aus, dass bei der Operation an einer Gefäßmissbildung, einem Kavernom, in unmittelbarer Nähe des Mittelhirns das limbische System – das Hirnzentrum für die

Verarbeitung von Gefühlen und Affekten – geschädigt wurde. Auffällig war, dass sie nach dem Eingriff »nicht mehr die Alte war«, deutliche Verhaltensänderungen zeigte, nur noch bewaffnet aus dem Haus ging und zunehmend paranoid reagierte. Als Überlegungen darüber angestellt wurden, ihr Weg in die Gewalt könnte im Zusammenhang mit der Hirnoperation stehen, machte die RAF damals Justiz und Ärzte verantwortlich und unterstellte, man wolle »Ulrike zur Wahnsinnigen abstempeln«.

Eindrucksvolle Ergebnisse liefert auch eine Studie der Universität Magdeburg, die Bernhard Bogerts, Kolja Schiltz, Joachim Witzel und ich gemeinsam veröffentlicht haben. Sie beruht unter anderem auf meinen Untersuchungen von Gefängnisinsassen. Die Auswertung von über 300 Hirnuntersuchungen ergab: Gewalttäter haben im Vergleich zu nicht gewalttätigen Gefängnisinsassen und unbescholtenen Normalbürgern deutlich häufiger Hirnveränderungen. Und zwar in den Arealen, die für die Verarbeitung und Weiterleitung von Emotionen, Affekten und Instinkten verantwortlich gemacht werden.

Diese und andere Untersuchungsergebnisse sind jedoch kein Beweis dafür, dass gewalttätigem Verhalten zwangsläufig eine organische oder funktionelle Hirnveränderung zugrunde liegen muss. Ärzten und Psychiatern ist hinreichend bekannt, dass die Neigung zu gewalttätigem Verhalten oft aus der Kindheit der Täter hergeleitet werden kann. Natürlich wird nicht jeder kriminell, der in einem problematischen Umfeld aufwächst. Aber es ist Fakt, dass viele Weichen für eine günstige oder ungünstige Entwicklung früh gestellt werden.

Menschen mit massiven Persönlichkeitsstörungen machen zwar nur weniger als fünf Prozent der Gesamtbevölkerung aus, begehen aber mehr als siebzig Prozent der schweren Verbrechen. Eine Studie der Universität Liverpool belegt, dass 63 Prozent der Serienkiller in der Kindheit sexuell missbraucht oder misshandelt wurden, 43 Prozent trugen schwere Kopfverletzungen oder andere massive körperliche Schäden davon. Diese Zahlen können auch durch Untersuchungen bei Sicherungsverwahrten in Deutschland bestätigt werden. Aus meiner persönlichen Erfahrung weiß ich, dass im Knast der Anteil derjenigen, die Kopfverletzungen hatten oder an Epilepsie erkrankt sind, deutlich höher ist als draußen.

Und dann gibt es da noch die Frage nach der erblichen Veranlagung. Han Brunner, ein Molekularbiologe aus Nimwegen, entdeckte eine Genmutation, die das Verhalten des Menschen entscheidend verändern kann. Sie bewirkt, dass der Abtransport von Botenstoffen im Gehirn gestört ist und der Betreffende deshalb zu Aggressionen und Gewalt neigt. Allerdings gibt es nicht nur ein Gen, das für Aggressivität verantwortlich ist.

Einige Genetiker schätzen die Vererbbarkeit aggressiven Verhaltens auf fünfzig bis siebzig Prozent. Weit über neunzig Prozent der Täter sind Männer. Frauen sind bei diesen Verbrechen meistens Mittäterinnen, der Anstoß für die Taten geht selten von ihnen aus. Viele meiner Patienten berichten von Vätern, die schon im Knast waren, von Brüdern, die einsitzen. Gelegentlich finden regelrechte Familienzusammenführungen hinter Gittern statt. Doch nach allem, was wir heute wissen, gibt es keine geborenen Verbrecher. Wer allerdings mit einer bestimmten erblichen Vorbelastung zur Welt kommt, hat ein höheres Risiko, zum Täter zu werden. Vor allem dann, wenn er selbst Opfer von Gewalt wurde.

Die Ursachen für kriminelles Verhalten sind vielfältig. Sie reichen vom Erbgut über organische oder funktionelle Störungen im Gehirn bis hin zu den Umwelteinflüssen, also der Erziehung und der Liebe und Förderung, die ein Kind erfährt. Geht an irgendeiner Stelle etwas schief, kann jeder Mensch zum Verbrecher werden.

Tatort Gehirn

Das Gehirn ist nicht nur der Ausgangspunkt von Verbrechen, sondern auch der Ort, wo Verbrechen die schlimmsten Spuren hinterlassen. Es müssen noch nicht einmal spektakuläre Taten sein, auch die vielen alltäglichen Unterlassungen richten großen Schaden an. Das beginnt bereits vor der Geburt.

Mütter, die während der Schwangerschaft nicht auf Nikotin, Alkohol und Drogen verzichten können, gefährden die gesunde Hirnentwicklung des Ungeborenen. In frühkindlichen Lebensphasen haben fehlende emotionale Zuwendung und Reizarmut nachhaltigen Einfluss auf die Entwicklung des Gehirns. Auch soziale Armut hat messbare negative Folgen. Das haben verschiedene Studien gezeigt. Demnach sind die Gehirne von Kindern aus einkommensschwachen Schichten bei der Verarbeitung von Sinneseindrücken manchmal genauso eingeschränkt wie die von Schlaganfallpatienten. Manchmal schlimmer als bei Kindern von Crack-Konsumentinnen. Kinder aus »Bildungsfamilien« hören bis zum Alter von vier Jahren dreißig Millionen Wörter mehr als Kinder aus bildungsfernen und sozial problematischen Schichten. Kinder, die in Armut aufwachsen, haben einen niedrigeren IQ, ihre Gedächtnisleistung und ihre Sprachfähigkeiten sind weniger ausgeprägt. Nicht weil sie es nicht besser könnten, sondern weil sie nicht entsprechend gefördert werden. Solche Entwicklungsdefizite sind laut einer US-Studie nur bis zu einem Alter von vier Jahren reversibel: »Das Gehirn ist wie ein Gebäude. Ist das Fundament schon beschädigt, bekommt auch das Dach leicht Risse.« Auch die körperliche und seelische Gesundheit der Eltern hat messbaren Einfluss auf die Hirnentwicklung.

Hunger, Krieg, Vernachlässigung und womöglich auch ein unkontrollierter Medienkonsum können ebenfalls zu psychischen Fehlfunktionen führen. Und nicht zuletzt ein früh einsetzender Drogenmissbrauch. Viele meiner Patienten haben schon im Alter von zwölf Jahren oder früher angefangen, Drogen zu konsumieren. Einem wachsenden, sich dauernd verändernden Gehirn kann so etwas nicht guttun.

Was Dauerstress in der Familie – selbst in gutbürgerlichen Verhältnissen – an den Gehirnen der Kinder anrichtet, ist messbar. Die Hoffnung, das verwächst sich mit der Zeit, trügt. Auch wenn das Hirn alles versucht, um die Verletzungen zu reparieren. Fehlentwicklungen können nur in einer Umgebung, die das Kind fördert, korrigiert werden.

Jedes Jahr werden in Deutschland immer mehr Kinder im Alter zwischen sechs und vierzehn aus desolaten Familienverhältnissen in staatliche Obhut genommen. Kinder, die von ihren Vätern und Müttern vernachlässigt oder sogar misshandelt wurden. Die nicht so umsorgt, geliebt und gefördert wurden, wie sie es verdient hätten. Allein im letzten Jahr waren es 36 000 Kinder in Deutschland, nicht etwa in der »Dritten Welt«. Fast hundert Kinder täglich. Eine erschreckende Zahl, wie ich finde. Und das sind nur die, bei denen die Folgen von Vernachlässigung und Misshandlungen im Kindergarten oder in der Schule bemerkt wurden. Die sprechen und sich mitteilen konnten. Wie viele Kleinkinder im Alter von wenigen Monaten bis zu sechs Jahren unter unerträglichen, die körperliche und seelische Entwicklung massiv gefährdenden Lebensbedingungen aufwachsen, lässt sich nur erahnen.

Wir entrüsten uns kollektiv, wenn wir von grausamen Kindesmisshandlungen erfahren, von Babys, die zu Tode geschüttelt, brutal geschlagen oder einfach wie Müll aus dem Fenster geworfen wurden. Wenn wir in der Zeitung lesen, dass Eltern ihre Kleinkinder über Monate langsam verhungern ließen. Doch das sind nur die extremen Auswüchse. In viel mehr Fällen erfahren wir nichts. Nichts von den Kindern, deren Hirne dauerhaft geschädigt werden. Solange wir das einfach so als gesellschaftspolitischen Kollateralschaden hinnehmen, werden wir mit den Folgen leben müssen. Entrüsten allein reicht nicht.

Seit ich im Knast arbeite, habe ich mir die Frage gestellt, was ich dafür tun kann, dass es zukünftig weniger Opfer und weniger Verbrecher gibt. Die Antwort lautet schlicht: Prophylaxe ist nicht nur in der Medizin ein effektives Mittel.

Seit einigen Jahren begleite ich Anti-Aggressions-Therapien für jugendliche Straftäter. Ich halte Vorträge über die Hirnentwicklung von Kindern und Heranwachsenden vor Kindergärtnerinnen, Erziehern, Lehrern und Ärzten. In Seminaren spreche ich über Verhaltensauffälligkeiten bei Kindern und Heranwachsenden und darüber, wie enorm wichtig es ist, diese früh zu erkennen und schnell zu behandeln. Ich setze mich dafür ein, dass von der Politik und Sponsoren mehr Geld für die Behandlung früh auffälliger Kinder bereitgestellt wird. Jeder Euro, der hier investiert wird, rechnet sich später nachgewiesenermaßen im Verhältnis eins zu acht.

Mit anderen Worten: Der beste Weg, die Allgemeinheit vor Verbrechen zu schützen, ist es, dafür zu sorgen, dass es weniger Verbrecher gibt. Und nicht nur der Knast.

Epilog

Dissoziales und kriminelles Verhalten so früh und nachdrücklich wie möglich zu korrigieren, ist meiner Meinung nach der richtige Weg der Prävention. Je früher wir ansetzen, umso nachhaltiger ist die Wirkung, umso weniger Opfer werden zu beklagen sein. Der Knast sollte dabei das letzte Mittel der Wahl sein und am Ende einer eng verzahnten Kette stehen. Gesellschaft, Politik, letztlich jeder Einzelne von uns ist gefordert hinzusehen. Denn der Knast steht nicht am Rand der Gesellschaft, sondern mittendrin. In den Gefängnissen eines Landes spiegeln sich die Probleme einer Gesellschaft wider: die Folgen einer gar nicht erst stattgefundenen oder gescheiterten Erziehung, mangelnde Sozialisation, ungenügende Integrationsversuche, das Aufwachsen in »Parallelgesellschaften« oder einer Subkultur, ein Schulwesen, das die Schwachen nach unten durchreicht und Aufstieg nur selektiv und gerne nach Herkunft ermöglicht. Fast die Hälfte meiner Patienten verfügt über keinen Schulabschluss, der sie für eine qualifizierte, einträgliche Arbeit befähigen würde. Hinzu kommen die Folgen einer uneinheitlichen europäischen Einwanderungspolitik, die Hunderttausenden legale Beschäftigungsverhältnisse verwehrt und es ihnen unmöglich macht, Deutschland oder ein anderes europäisches Land als ihre neue Heimat anzunehmen. Immer wieder erlebe ich, dass »Ausländer« in der dritten Generation, die hier geboren wurden, in das Land ihrer Großväter, deren Sprache und Schrift sie nicht einmal mehr beherrschen, abgeschoben werden – der letzte Ausweg, im Grunde ein Bankrotterklärung. Viele kehren schon nach wenigen Wochen zu ihren Familien in Deutschland zurück, tauchen unter in die Illegalität. Und damit beginnt der Kreislauf von neuem. Ein mittelbarer und zudem kostspieliger ewiger Drehtüreffekt, der auch als Konsequenz einer längst überfälligen politischen Willensbildung zum Thema doppelte Staatsbürgerschaft betrachtet werden kann.

Im Knast spiegeln sich auch die Kollateralschäden wider, die unsere Ellenbogengesellschaft verursacht, die das rücksichtslose Streben nach dem schnellen Erfolg, der unmittelbaren Bedürfnisbefriedigung des Einzelnen über das Glück der Gemeinschaft gehoben hat. Die Folgen davon sind soziale Ausgrenzung, Armut, der Mangel an Solidarität, gelegentlich auch fehlende Zivilcourage: Weil das Wegsehen und das Sich-nicht-einmischen-Wollen zur allseits beherzten Regel geworden sind. Das beginnt bei Nachbarschaftsbeziehungen – und zwar nicht nur in der Anonymität der Großstädte – und gipfelt in einer generellen Unlust, Verantwortung zu übernehmen. Wir delegieren, wir schieben ab, jemand anderes wird's schon richten, und wer durch sämtliche Raster gefallen ist, der landet eben im Knast. Letzte Ausfahrt eines Irrweges, dessen Verlauf in vielen Fällen durchaus absehbar gewesen ist.

Natürlich mache ich mir keine Illusionen. Es wird, selbst wenn alle Institutionen, die Familien und die Gesellschaft an einem Strang ziehen würden, auch weiterhin Verbrecher geben, an denen wir uns die Zähne ausbeißen. Täter, die allen Intervenierungs- und Behandlungsversuchen trotzen, die mit keiner noch so intensiven Therapie zu bessern sind. Jedenfalls nicht so weit, dass man sie guten Gewissens wieder in die Gesellschaft entlassen könnte. Für sie bleibt – und damit kann ich gut leben – nur die dauerhafte, sichere Verwahrung, die Unterbringung im Strafvollzug. Aber einem, der nach den Prinzipien von Humanität und Menschenwürde ausgestaltet ist. In der Bundesrepublik sind wir, was das angeht, auf einem guten Weg. Nur wenige andere europäische Staaten können in dieser Hinsicht mit unserem Standard konkurrieren, nur wenige geben so viel Geld für ihre Gefängnisse aus. Die Entwicklung, die der Strafvollzug in den letzten drei Jahrzehnten bei uns genommen hat, ist vor allem dem Einsatz erfahrener Strafvollzugspraktiker zu verdanken. Frauen und Männern vom Fach, die tagtäglich mit Straftätern arbeiten. Viele haben geduldig dicke Bretter gebohrt und häufig lange auf die Unterstützung der Politik und der Gesetzgebung warten müssen. Die Strafjustiz gerät immer dann in den Mittelpunkt des öffentlichen Interesses, wenn sie tatsächlich oder auch nur vermeintlich versagt hat. Manchmal waren es erst spektakuläre Ereignisse oder wie zuletzt höchstrichterliche Urteile, die den Ausschlag für überfällige Veränderungen gegeben haben, für mehr Sicherheit, mehr Behandlungsangebote und eine menschenwürdigere Unterbringung. Ein stärker vorausschauendes und weniger reaktives justizpolitisches Handeln könnte die naturgemäß eher schwerfällige Institution beweglicher machen und dabei helfen, die jeweils zeitgemäßen Instrumente schneller bereitzustellen.

»Strafvollzug kann gar nicht teuer genug sein«, das hat einmal ein erfahrener Mitarbeiter aus dem Krankenpflegedienst zu mir gesagt, der noch die alten Zuchthauszeiten erlebt hat. Diesen Satz kann man durchaus zynisch meinen. Es gibt genügend Leute, die glauben, es sei Geld- und Zeitverschwendung, sich mit den Rändern der Gesellschaft auseinanderzusetzen. Ich bin allerdings tatsächlich der Meinung: Knast kann gar nicht gut genug sein. Denn er ist mehr als nur ein Platz, an dem ein Straffälliger sicher weggesperrt werden kann. Ein moderner Strafvollzug bietet den Häftlingen auch Hilfestellungen und eröffnet ihnen Chancen. Die Gelegenheit, einen Schulabschluss oder eine Berufsausbildung nachzuholen und regelmäßig einer Beschäftigung nachzugehen und Befriedigung aus einer Arbeit zu ziehen. Zu lernen, eigene Bedürfnisse solange aufzuschieben, bis man sie sich leisten kann.

Auch der Beitrag, den die Medizin im Knast leistet, ist enorm. Der Knast ist für viele Häftlinge der Ort, an dem sie zum ersten Mal Zeit und Gelegenheit finden, ihre Krankheiten diagnostizieren und behandeln zu lassen. Für manche sogar der einzige Ort, wo sie eine Behandlung überhaupt zulassen. Manchmal nur deshalb, weil sie sich ihr nicht länger entziehen können. Die Behandlung von Krankheiten wie HIV, Hepatitis und Tuberkulose leistet einen nicht zu unterschätzenden Beitrag zur Gesundheit der Gesamtbevölkerung. Psychisch kranke Straftäter erfahren hier eine (je nach Strafmaß) langfristig angelegte Behandlung, die eine Wiedereingliederung erleichtert. Für Abertausende Drogenabhängige ist der Knast der Ort, an dem sie eine medizinische Unterstützung bekommen, die helfen kann, ihre Sucht zu überwinden und ihr Leben zu verlängern. Das alles sind Aspekte, die Häftlingen eine Perspektive geben können. Deshalb ziehe ich aus meiner Arbeit im Knast auch eine so große Befriedigung.

Ohne Gefängnisse kann eine Gesellschaft nicht auskommen. Sie beständig weiter zu entwickeln und dafür zu sorgen, dass sie den Anforderungen gewachsen sind, die sie in Zukunft mehr noch als heute erfüllen müssen, ist eine Aufgabe von uns allen. Welchen Stellenwert Humanität und Menschenwürde in einer Gesellschaft einnehmen, und wie viel sie bereit ist auszuhalten, um diesen Prinzipien überall gerecht zu werden, lässt sich in vielen alltäglichen Situationen beobachten.

Manchmal muss man dafür erst ein Blick in den Knast werfen.

Danksagung

Besonders dankbar für ihre Hilfe an diesem Buch bin ich:

Volker Mauersberger, der sich seit Jahren für meine Arbeit interessiert, mich dazu brachte, meine Erlebnisse und Ansichten als Gefängnisarzt endlich einmal aufzuschreiben und mich über die Rampe geschoben hat.

Bettina Eltner und Heike Gronemeier für ihr Lektorat und ihre mutige, geduldige und ausdauernde Unterstützung bei der Entstehung des Buches.

Hanna Leitgeb für ihre Gelassenheit und ihre kritischen Bemerkungen.

Ingrid Ponce Cabrera, die bei der Niederschrift des vorliegenden Textes von Anfang an und mit großer Begeisterung dabei war.

Gritlis Baukmann, die ausdauernd meine stundenlangen Diktate schrieb.

Christina Fahrenbach für ihre Unterstützung in schwierigen Augenblicken.

Gavin Knight
The Hood

Aus dem Englischen von Jürgen Bürger
304 Seiten. Paperback
ISBN 978-3-550-08898-8
www.ullstein-verlag.de

»Die wichtigste Kriminalgeschichte der nächsten zehn Jahre« ***Scottish Mail***

In London wird der einst gefürchtete Gangleader Pilgrim aus dem Gefängnis entlassen. Auf den Straßen herrscht längst ein anderer: Der ehemalige Kindersoldat Troll ist vierzehn und kennt keine Hemmungen.
In Manchester jagt Detective Svensson den Drogenboss Merlin und dessen Vollstrecker, den eiskalten Killer Flow. Doch ihm bleibt nicht viel Zeit.
In den tristen Vororten von Glasgow bekämpfen sich Teenager in Gangfights bis aufs Blut. Polizeianalystin Katryn McClusky will die Gewaltspirale in Europas gefährlichster Stadt durchbrechen. Ihr Kampf scheint aussichtslos.

Drei wahre Geschichten – atemlos erzählt
wie ein Thriller.

ullstein